Родная речь

An Introductory Course for Heritage Learners of Russian

Родная речь

Rodnaya rech'

Irina Dubinina and **Olesya Kisselev**

GEORGETOWN UNIVERSITY PRESS
Washington, DC

© 2019 Georgetown University Press. All rights reserved. No part of this book may be reproduced or utilized in any form or by any means, electronic or mechanical, including photocopying and recording, or by any information storage and retrieval system, without permission in writing from the publisher.

The publisher is not responsible for third-party websites or their content. URL links were active at time of publication.

The transliteration of the original Cyrillic title is used for CIP Data purposes.

Library of Congress Cataloging-in-Publication Data

Names: Dubinina, Irina, author. | Kisselev, Olesya V., author.
Title: Rodnaya rech' : An Introductory Course for Heritage Learners of Russian/Irina
    Dubinina and Olesya Kisselev.
Description: Washington, DC : Georgetown University Press, 2019. | Includes index.
Identifiers: LCCN 2018014462 | ISBN 9781626166394 (pbk. : alk. paper)
Subjects: LCSH: Russian language—Textbooks. | Heritage language speakers.
Classification: LCC PG2112 .D82 2019 | DDC 491.782421—dc23
LC record available at https://lccn.loc.gov/2018014462

♾ This book is printed on acid-free paper meeting the requirements of the American National Standard for Permanence in Paper for Printed Library Materials.

20 19   9 8 7 6 5 4 3 2 First printing

Printed in the United States of America

Steve Kress Design, page design
click! Publishing Services, composition
Martyn Schmoll, cover design

Нашим студентам, бывшим, настоящим
и будущим, посвящается...

Содержание / Contents

Acknowledgments   xiii

Preface   xv

Вводная глава
(Introduction) 1

Phonetics   1

    Syllables   2

    Vowels   3

    Consonants: hard–soft pairs   4

    The hard sign and the soft sign   5

    Voiced and voiceless consonants   6

    Word stress: stressed and unstressed vowels   10

Morphology: the composition of a word   11

    Morphological principle of spelling   12

        Writing unstressed vowels   12

            Spelling of prefixes   12

            Spelling of suffixes   13

            Spelling of unstressed vowels in the root   14

            Vowels and consonants of the root that cannot be checked   16

Grammar: parts of speech   17

    Adverbs   18

    Nouns   19

        Gender   19

        How to determine a noun's gender?   21

        Number   22

            Exceptions   24

Подводим итоги   25

Chapter 1: Как описать внешность и характер человека
(How to describe people) 27

В центре внимания: значение слова   27

В центре внимания: форма слова   35

    Части речи: прилагательные и наречия (Parts of speech: adjectives and adverbs)   35

    Согласование существительных и прилагательных (Noun–adjective agreement)   38

    Окончания прилагательных (Adjectival endings)   41

    Нюансы окончаний прилагательных (Nuances of adjectival endings)   42

    Превосходная степень прилагательных (Superlative degree of adjectives)   46

Подводим итоги   50

**Chapter 2: Как говорить о распорядке дня
(How to talk about daily routine)** 53

В центре внимания: значение слова   53

В центре внимания: форма слова   59

Глаголы (Verbs)   59

Начальная форма глагола (Infinitive)   60

Возвратные глаголы (Reflexive verbs)   60

Время глагола (Tense)   61

Прошедшее время (Past tense)   61

Настоящее и будущее время (Present tense and future tense)   63

Чередование согласных (Consonant mutation)   69

Проблемные глаголы (Tricky verbs)   71

Глаголы с суффиксом -ОВА- (Verbs with the -ОВА- suffix)   71

Глаголы УЗНАВАТЬ, ВСТАВАТЬ и ДАВАТЬ (Verbs of the type ДАВАТЬ)   72

Неправильные глаголы (Irregular verbs)   73

Подводим итоги   76

**Chapter 3: Как говорить о том, что было, что есть и что будет
(How to describe past, present, and future events)** 79

В центре внимания: значение слова   79

В центре внимания: форма слова   86

Вид глагола (Verbal aspect)   86

Формы глаголов несовершенного и совершенного вида (Imperfective and perfective forms of verbs)   88

Функции (использование) видов глагола (Functions of verbal aspect)   91

Вид глагола и время (Verbal aspect and tense)   92

Вид глагола и наречия (Verbal aspect and adverbs)   94

Сложные видовые формы (Tricky aspectual pairs)   95

Подводим итоги   97

**Chapter 4: Как говорить о семье и друзьях
(How to talk about family and friends)** 101

В центре внимания: значение слова   101

В центре внимания: форма слова   107

Концепция падежа (Grammatical case)   107

Родительный падеж существительных (Genitive case of nouns)   111

Важные нюансы (Important nuances)   113

Прилагательные и притяжательные местоимения в родительном падеже (Adjectives and possessive pronouns in the genitive case)   114

Личные местоимения в родительном падеже (Personal pronouns in the genitive case)   116

Функции родительного падежа (Functions of the genitive case)   117

Принадлежность: у кого что есть (Possession: expressing the idea of 'having')   117

Притяжательная функция: чей? (Expressing belonging: whose?)   119

Описательная (атрибутивная) функция (Attributive function)   120

Недостаток или отсутствие чего-либо (Insufficient amount of something, lack of something, or absence of something or somebody)   121

Подводим итоги   123

**Chapter 5: Как говорить о мире, который меня окружает
(How to describe a community where I live)** 127

В центре внимания: значение слова   127

В центре внимания: форма слова   132

Существительные множественного числа в родительном падеже (Plural nouns in the genitive
case)   132

Прилагательные множественного числа в родительном падеже (Plural adjectives in the genitive
case)   134

Важные детали в форме родительного падежа множественного числа (Important details on the
form of the plural genitive)   135

Разделительная гласная (The fill vowel)   136

Исключения (Exceptions)   137

Новая функция родительного падежа: счёт (Additional function of the genitive case:
counting)   139

Подводим итоги   143

**Chapter 6: Как говорить об учёбе
(How to talk about academic studies)** 149

В центре внимания: значение слова   149

В центре внимания: форма слова   157

Винительный падеж существительных и прилагательных в единственном числе (Accusative of
nouns and adjectives: singular)   158

Личные местоимения в винительном падеже (Personal pronouns in the accusative
case)   161

Функции винительного падежа (Functions of the accusative case)   161

Функция №1: прямое дополнение (Function 1: direct object)   162

Функция №2: направление и направленность (Function 2: direction and directionality)   164

Функция №3: винительный падеж с предлогами (Function 3: accusative case with
prepositions)   166

Винительный падеж существительных и прилагательных во множественном числе (Accusative
of nouns and adjectives: plural)   168

Подводим итоги   170

**Chapter 7: Как говорить о поездках, переездах и путешествиях
(How to talk about trips and travel)** 175

В центре внимания: значение слова   175

Глаголы движения (Verbs of motion)   175

Направленность (Directionality)   176

Средство перемещения: пешком или на транспорте (Conveyance: on foot vs. via
transportation)   177

Глаголы движения с приставками (Prefixed verbs of motion)   179

Общее значение глаголов движения (Generalized meaning of verbs of motion)   182

В центре внимания: форма слова   183

Спряжение глаголов движения (Conjugation of Verbs of Motion)   183

Направление и направленность (Direction/destination and directionality)   185

Повторение окончаний в винительном падеже единственного числа (Review of the accusative
singular)   188

Глаголы позиционирования, самопозиционирования и положения (Verbs of positioning,
self-positioning and location)   189

Повторение окончаний в винительном падеже множественного числа (Review of the
accusative plural)   191
Подводим итоги   195

**Chapter 8: Как говорить о чувствах и эмоциях, радостных и грустных событиях
(How to talk about feelings and emotions)** **199**
В центре внимания: значение слова   199
В центре внимания: форма слова   210
Дательный падеж существительных   210
Прилагательные и притяжательные местоимения единственного числа в дательном
падеже   213
Личные местоимения в дательном падеже   214
Описание эмоциональных состояний   215
Существительные, прилагательные и местоимения множественного числа в дательном
падеже   216
Глаголы, требующие дательного падежа   217
Разные окончания—разное значение—разные падежи   219
Подводим итоги   220

**Chapter 9: Как говорить о том, где мы живём
(How to talk about where people live)** **225**
В центре внимания: значение слова   225
В центре внимания: форма слова   233
Предложный падеж существительных   234
Дополнительные функции предложного падежа   238
Личные местоимения в предложном падеже   241
Прилагательные и притяжательные местоимения в предложном падеже   242
Выражения времени в русском языке   244
Подводим итоги   245

**Chapter 10: Как говорить о своих профессиональных и любительских интересах
(How to talk about people's interests)** **249**
В центре внимания: значение слова   249
В центре внимания: форма слова   258
Творительный падеж существительных   258
Дополнительные функции творительного падежа   261
Прилагательные и притяжательные местоимения в творительном падеже   263
Личные местоимения в творительном падеже   264
Глаголы, требующие творительного падежа   265
Глагол 'to be' и творительный падеж   267
Подводим итоги   268

**Chapter 11: Подводим итоги
(Tying It All Together)** **273**
Категория рода и числа   273
Категория падежа   274
Субъект и объект   275
Дополнение места: место нахождения, место направления и место отправления   275
Пространственные предлоги   276

Категория времени   277
Временные предлоги   278
Категория времени и вида глагола   279
Конкуренция вида   280
Глагольное управление   280
Сочетаемость   280
На прощание   282

Credits   283

Acknowledgments

The authors would like to express their sincere gratitude to a number of colleagues whose expert advice and contributions were invaluable in the creation of this textbook. The work on heritage linguistics by Maria Polinsky (University of Maryland) gave us a foundation for the development of a textbook that is research driven in its methodology. Alina Israeli (American University) has given us advice and consultation on a number of issues of Russian language usage throughout the textbook and has graciously allowed us to cite her work in some of our explanations of difficult cases. Elena Shmeleva (Vinogradov Institute of Russian Language of the Russian Academy of Sciences) has also contributed her unmatched expertise on the structure of modern Russian.

We are grateful to many of our colleagues and friends who recorded texts and dictations for the textbook: Sergei Kokovkin, Oleg Proskurin, Alexey Shmelev, Elena Shmeleva, Elena Sadina, Aleksandr Solovov, Olga Glotova, Dmitri Kisselev, and Evgeny Dengub.

The evolution of our approach to heritage language pedagogy has been shaped by Heritage Language Research Institutes organized by the National Heritage Language Center at the University of California in Los Angeles. We are immensely indebted to its founder and long-time director, the late Dr. Olga Kagan, whose ground-breaking work has greatly influenced the field of heritage language pedagogy and on whose advice and support we could always rely. We were fortunate to have the earlier version of the textbook reviewed by Olga; in many ways, this textbook is one small piece of her vast legacy.

Finally, we would like to acknowledge the help of all our colleagues from various universities and colleges in the US who tested and reviewed earlier versions of the textbook in their classrooms and provided valuable feedback, and especially Maria Yakubovich, Veronika Egorova, Julia Denne, and Anna Ice.

Preface

Родная речь addresses the linguistic needs of heritage learners of Russian, specifically those who have some listening and speaking skills (approximately within the Intermediate range on the ACTFL scale), but lack strong reading and writing abilities. A lack of literacy skills in the heritage language is typical of a heritage speaker, because they are often exposed only to the language of their parents at home and receive little to no formal instruction in Russian. Heritage learners usually enter Russian language courses at high schools or colleges with better oral communication skills than their non-heritage peers. However, they do not have the same intuitive understanding of the language as native speakers of Russian, and their linguistic knowledge differs from the knowledge of a typical full speaker, often in dramatic ways. Because the normal development of Russian is interrupted at an early age by the introduction of another language (English in the USA, German in Germany, etc.), the grammatical system of Russian becomes re-structured for these speakers. Therefore, the **first** major goal of this textbook and a course (or courses) based on it is to address the reduced morphological repertoire of heritage learners, especially in the nominal and pronominal declension systems, by

- tapping into learners' existing linguistic knowledge and helping them systematize it,
- developing their metalinguistic awareness in Russian,
- exposing them to the full range of grammatical endings in Russian, thus bridging the distance between their re-structured grammatical systems and the native speaker norm,
- strengthening their confidence in their existing abilities and intuitions regarding the gender and case system, and
- teaching them strategies and skills for the independent exploration of unfamiliar language patterns to help them become lifelong language learners.

The **second** important goal of the textbook is to expand learners' vocabulary knowledge. Since the majority of heritage students are already functional speakers of Russian, this textbook places an emphasis on gaining depth in vocabulary knowledge, rather than breadth, in order to develop a deeper conceptual understanding of the lexical system in Russian. Hence, the textbook will have fewer items in its vocabulary lists than a typical Intermediate-level textbook for Russian as a second language. At the same time, there is a comprehensive exploration of patterns of word usage. Vocabulary items are not presented in isolation but rather as parts of constructions and collocations, i.e., conventionalized patterns used in a speech community and entrenched as language knowledge in the mind of a speaker. The textbook also encourages students to explore words and phrases as well as their grammatical and pragmatic characteristics on their own. Many homework assignments target the development of independent learning skills and call for work with outside sources, such as authentic language corpora, dictionaries, and authentic written sources. Teachers are encouraged to develop additional homework assignments and projects that promote self-study.

Finally, the textbook aims to provide heritage learners with opportunities to explore their bilingual and bicultural world and to express their bilingual and bicultural selves.

Structure and Format

The textbook, primarily intended for in-class use, has a traditional format, with chapters structured along co-related grammatical and vocabulary topics. The electronic workbook includes homework activities and has a variety of different types of exercises designed to reinforce and provide practice for the concepts covered in class. The majority of online exercises offer dynamic feedback and prompts for students whose first attempt is incorrect. Some exercises are automatically corrected, while others will need instructor review. The electronic workbook also contains important additional grammatical material not covered in the textbook.

Textbook

The textbook has 12 chapters. Each chapter, with exception of the first and the last ones (Вводная глава and глава 11), opens with a section В центре внимания: значение слова, *Focus on Meaning.* In this section, the learners are first provided with an activity that invites them to evaluate their knowledge of words related to the theme of the chapter. It is followed by explanatory notes on those lexical items that present particular difficulties to heritage learners of Russian. This section concludes with a series of exercises that provide opportunities to practice key words in context. Next section, В центре внимания: форма слова, *Focus on Form,* provides a detailed overview of the grammatical concept at hand. Whether the material is presented deductively or inductively, it is explicated in a step-by-step, easy-to-digest manner to facilitate lesson planning for the instructor or self-guided study for the learner. The corresponding exercises address each point of the grammatical concept and do so in a way that gradually increases learner autonomy and creativity. Finally, each chapter closes with the section Подводим итоги, *Tying It All Together,* which includes a set of exercises that review and integrate material. This review also allows for a self-check of the chapter's vocabulary and grammar points, which adds to learner autonomy and motivation.

Electronic Workbook

The electronic workbook, a website designed primarily for use at home, includes homework practice activities, additional important grammar material not covered in the textbook, and texts for reading. This additional material is meant to enhance and/or expand the coverage of certain grammatical topics, and to accommodate learners' differing proficiency levels. Suggestions for when to assign certain activities are indicated by the ▨ icon throughout the textbook. Within the workbook's instructor dashboard, teachers can monitor students' progress and provide individualized feedback on their work.

Reading texts are selected with regard to the themes and the grammatical structures being studied and represent different genres (fiction, popular-science, and journalistic texts). Each text includes a set of comprehension check questions. All texts are accompanied by recordings. Learners are invited to track the texts while listening to these recordings. This approach allows even lower-proficiency learners to advance their reading at a faster pace, as current research suggests. In an intensive course, the reading activities can be omitted without disrupting the overall structure of *Родная речь*.

The electronic workbook is complementary for instructors and is available for purchase by students, either together with the textbook or directly through the website.

Additional materials

Родная речь also includes an Instructor's Manual and a Student Self-Study Guide, both of which are available to download for free from the Georgetown University Press website (press.georgetown.edu).

Learning Environment

The textbook can be used in any environment, including in specialized courses for heritage learners, as a supplemental textbook for bilingual students in traditional classrooms, for independent study (guided study) in which a student works one-on-one with an instructor, or for self-study. Because the textbook and electronic workbook purposefully contain a variety of exercises and the latter has a reading assignment at the end of each chapter, instructors can use the materials at two paces: at a more measured pace, in a two-semester course, or at a more intensive one-semester pace. Instructors may decide to skip the reading assignments and use exercises selectively to adjust to the pace of the course and the level of students. In an intensive environment, each chapter is intended for 140–160 minutes of instructional time, i.e., two sessions per week, 70–80 minutes each. At a more measured pace, each chapter can provide two weeks of material (up to 320 instructional minutes). In this case, the instructor will be able to take advantage of the whole spectrum of exercises offered by the textbook, the electronic workbook, and the reading assignments.

We hope you will enjoy working with this textbook. We would be grateful for any feedback or suggestions for improvement.

ВВОДНАЯ ГЛАВА

В этой главе вы... / In this chapter you will . . .

- выучите или повторите фонетическую систему русского языка и как она представлена графически на письме
  - learn or review the phonetic system of the Russian language and how it is represented in writing,
- выучите или повторите правила правописания
  - learn or review basic spelling conventions,
- выучите или повторите морфологический состав русских слов (корни, приставки, суффиксы)
  - learn or review the morphology of Russian words: roots, prefixes, and suffixes, and
- выучите или повторите базовые концепции грамматики, включая концепцию рода и числа существительных
  - learn or review the fundamental concepts of grammar, including the concepts of the gender and number of nouns.

A few words about meta-language
One of the greatest surprises for heritage bilinguals is the fact that meta-language is needed to learn Russian. **A piece of advice at the start of the textbook**: because of the specific character-istics of Russian, **this meta-language is an irreplaceable and necessary tool in your explora-tion of the language** you have spoken or heard at home but never studied formally.

РАЗДЕЛ 1. Phonetics. Фонетика.

Phonetics (фонетика) is the study of the sounds (звуки) produced during speech. These are different from letters (буквы), which are graphic representations of speech sounds in writing. As you probably know, *звуки* are divided into two large groups: consonants (согласные звуки) and vowels (гласные звуки). The Russian alphabet contains 31 *буквы* that represent sounds and two that do not: the soft sign (мягкий знак) and the hard sign (твёрдый знак). Out of the 31 *буквы* in the alphabet, 21 represent *согласные* and 10 represent *гласные звуки*. Note that Й is indeed a consonant and should not be confused with the vowel *И*.

1.1.

Look at the letters of the Russian alphabet and identify all of those that represent vowel sounds. Read all the consonants out loud, paying attention to how your lips, teeth and tongue work together to produce them.

А Б В Г Д Е Ё Ж З И Й К Л М Н О П
Р С Т У Ф Х Ц Ч Ш Щ Ъ Ы Ь Э Ю Я

Syllables. Слоги.

Звуки can be arranged into syllables (слоги), which in their turn make up words. *Слог* usually consists of a consonant and a vowel, and sometimes of just a vowel.

- В слове «мама» 2 слога: ма-ма
- В слове «помидор» 3 слога: по-ми-дор
- В слове «университет» 5 слогов: у-ни-вер-си-тет

Note that if a word begins with *гласная*, it forms *слог* by itself. The next *слог* usually begins with *согласная*: у-ни-(верситет). However, it could also begin with *гласная*, usually this time followed by *согласная*: и-юль. If a word contains a cluster of consonants, such as *униве**рс**итет*, the boundary between *слоги* falls between the two consonants in the cluster: *у-ни-ве**р**-**с**и-тет*.

Reading in Russian differs cognitively from reading in English. Russian speakers learn to read syllable by syllable (по слогам), and when they are asked to spell a word, they say it out loud *по слогам* (not by individual letters!), highlighting every sound, as it should be pronounced in the alphabet. For example, if you ask somebody to spell the Russian word for 'dog', they will say: *со-ба-ка* (emphasizing the O in the first syllable). This also means that when you read, you cannot allow your eyes to stop noticing syllables until the very last letter of the word.

1.2.

Break up the following words into syllables. Then spell them out loud to your partner.

привет	до свидания[1]
здравствуйте	пока
пожалуйста	студент
спасибо	школьник

1. That's two words!

Now make a list of five to six words in Russian (if you are not sure how to spell them, use an online dictionary) and spell them to your partner *по слогам*. Your partner must then read the words back to you *по слогам* while you check the spelling against your list.

Рабочая тетрадь, упр. 1–2

Vowels. Гласные.

Although there are 10 vowel letters in the Russian alphabet, there are only 6 vowel sounds. The letters *а, о, у, э, ы,* and *и* represent the basic vowel sounds /a/, /o/, /y/, /э/, /ы/, and /и/. The remaining four vowel letters *е, ё, ю,* and *я* each represent two sounds, not one. All of these vowel letters refer to a combination of the sound /j/ = й with a basic vowel sound, /a/, /o/, /y/, or /э/. Note: In this book, indications of how a letter, syllable, or word is pronounced are placed between slashes / /.

> е = й + э → je /yeh/
> ё = й + о → jo /yo/
> ю = й + у → ju /yoo/
> я = й + а → ja /yah/

Vowel letters and sounds are usually arranged in this way in Russian textbooks:

Hard row/Твёрдый ряд:	а	о	у	э	ы
Soft row/Мягкий ряд:	я	ё	ю	е	и
	й+а	й+о	й+у	й+э	

You have noticed that the pair Ы—И is separated from the rest of the *гласные* in the chart. Although Ы is *гласная твёрдого ряда,* and И is *гласная мягкого ряда,* their relationship to each other is different from the relationship of the other eight vowel letters. The letter И does not represent a combination of the sounds Й + Ы.

   This division into hard and soft *гласные* is important for *согласные* that precede these vowels. Depending on which *гласная*—from the hard or the soft row—follows the *согласная,* they are pronounced as hard or soft. Imagine that the process of consonant softening happens in the following way: the й sound of the soft я, ё, ю, and е "runs away" from the *гласная,* joins with the preceding *согласная,* and merges with it, making it soft and releasing the basic vowel sound from being bound to /й/:

> ма = м + а   лу = л + у
> мя = м^й + а   лю = л^й+ у

Although *гласная* И does not participate in this process in the same way, because the Й sound is not part of its composition, it also softens the preceding consonant:

> мы = м + ы
> ми = м' + и (where ' indicates the softness of the consonant М).

1.3.

Read the following pairs of words out loud and concentrate on pronouncing the difference between the hard and the soft syllables. Do you know these words? Do you see how the meaning of the words changes when the consonant becomes soft? Your instructor will help you with pronunciation and explanation/translation.

мал—мял	рад—ряд	воз—вёз
нос—нёс	мыла—Мила	рык—Рик
лук—люк	нить—ныть	был—бил

Continue with the practice, this time using syllables that do not necessarily carry any meaning. This practice will show you that the softness/hardness aspect of Russian *согласные* can be created (and maintained) even when certain combinations of letters do not express meaning.

ра—ря	ро—рё	ру—рю	ры—ри	рэ—ре
па—пя	по—пё	пу—пю	пы—пи	пэ—пе
ва—вя	во—вё	ву—вю	вы—ви	вэ—ве
да—дя	до—дё	ду—дю	ды—ди	дэ—де
ба—бя	бо—бё	бу—бю	бы—би	бэ—бе

 Рабочая тетрадь, упр. 3

Consonants: hard–soft pairs.
Согласные: мягкие и твёрдые парные и непарные.

As you can see from examples above, most *согласные* in the Russian language can form hard–soft pairs: м—м', в—в', д—д', etc. However, there are six *согласные* that are not paired according to this feature:

> Всегда твёрдые: Ж, Ш, Ц
> Всегда мягкие: Й, Щ, Ч

This is of great importance to you as novice writers in Russian, because the first spelling convention we introduce below, which every self-respecting Russian knows, contradicts the principle outlined above: i.e., that *гласные мягкого ряда* indicate that the preceding consonant is soft, and *гласные твёрдого ряда* follow hard consonants.

Spelling Rule 1. Орфографическое правило №1.
ЖИ и ШИ пиши с буквой И!
ЧА и ЩА пиши с буквой А!
ЧУ и ЩУ пиши с буквой У!

If Ж and Ш are always hard, why do we have to write И after them? And if Ч and Щ are always soft, why are they followed by the vowels А and У? → It is because these are spelling conventions (that have to do with historical changes in the language) and for no other reason.

1.4.

Диктант. Запишите слова, которые прочитает учитель. Обращайте внимание на твёрдость и мягкость согласных и на орфографические правила. / Your instructor will read some words that contain soft and hard consonants and involve the spelling conventions. Write them down.

_____

_____

_____

Рабочая тетрадь, упр. 4

The hard sign and the soft sign. Твёрдый знак и мягкий знак.

As we are talking about hardness and softness of _гласные_ and _согласные_, we must pay attention to _твёрдый знак_ and _мягкий знак._ These letters do not represent any sounds. Their purpose is to make/keep the preceding _согласные_ hard or soft.

Твёрдый знак: sometimes when a prefix is added to the root of a word, _согласная_ ends up being followed by _гласная мягкого ряда_, which normally would make the consonant soft. However, Russian prefixes are always hard and must remain hard even when they are added to a root that begins with _гласная мягкого ряда. Твёрдый знак_ serves this unique function. In the process of keeping the consonant hard, _твёрдый знак_ preserves the sound composition of the vowel letters я, е, ё, and ю: it does not allow the hidden Й sound to "run away." Consider the following examples:

> он **ел** торт → он **съел** торт.
> When the prefix С is added to a root that begins with Е, _твёрдый знак_
> keeps it from becoming soft and keeps the Й with its vowel. As a result,
> the vowel letter Е still represents two sounds /й+э/ → /сйэл/.

As it has this function of separating _согласные_ from _гласные мягкого ряда, твёрдый знак_ is sometimes called the "separating hard sign" (разделительный твёрдый знак).

Мягкий знак serves two purposes:

1) Consider the phonetic shape of the word /писат'/, where ' indicates that _согласная_ Т is soft. How would you represent this word in writing? There is no _гласная_ following the Т that would make it soft. _Мягкий знак_ does just that: it indicates that the preceding _согласная_ is soft in the absence of _гласная._ This may happen at the end or in the middle of a word:

> письмо, деньги, пыль, любовь, лошадь, секретарь, брать

2) Consider now the phonetic shape of the word /брат'йа/. It looks like the Т is soft and is followed by a combination of sounds й+а. We know that graphically this combination of sounds is represented in Russian with one letter, Я and not with two letters, ЙА. We also know that when a consonant is followed by _гласная мягкого ряда_, the Й in the combination _й + basic vowel sound_ "runs away" and merges with the preceding _согласная_, making it soft. _Мягкий знак_ stops that from happening. It softens the preceding consonant but keeps the Й from "running away." This can happen in the

middle of a word or at the end of a word, but not between a prefix and a root. For this reason, in this function *мягкий знак* is sometimes called the separating soft sign (разделительный мягкий знак).

стулья, семья, обезьяна, вьюга[1]

[1]snow storm with strong wind

Importantly, both *твёрдый знак* and *мягкий знак* can have a meaning-differentiating function. In other words, if you fail to use them properly, you risk writing a word you do not intend.

1.5

Прочитайте вслух пары слов, чтобы услышать разницу в произношении. Подумайте о разнице в значении слов. / Read the following pairs of words out loud to hear the difference in pronunciation and the difference in meaning.

съел—сел   семя—семья   был—быль   угол—уголь   полька—полка

1.6.

Диктант. Запишите слова, которые учитель прочитает вам. В этих словах может быть *твёрдый знак* или *мягкий знак*. Слушайте внимательно! / Write down the words your teacher will read out loud. These words may have the hard or the soft sign. Listen carefully!

Do not despair if you cannot hear the difference very well! With practice, your ears will start hearing the difference, now that you know to watch out for it.

_____

_____

_____

_____

Рабочая тетрадь

- Упр. 6–7
- Read information about transliteration rules and complete упр. 8

Voiced and voiceless consonants. Звонкие и глухие согласные.

The second most important feature of Russian *согласные* is voicedness (звонкость) or lack thereof (глухость). Unlike the feature of softness/hardness, which does not characterize the sounds of the English language, this new feature is not unique to Russian. English also has voiced (звонкие) and voiceless (глухие) consonants, as do other languages, but in Russian, this feature plays a much larger role.

Almost all Russian *согласные* can be made hard or soft, as you saw above, except for six (three that are always hard and three that are always soft). In other words, softness/hardness is not, for the most part, an inherent feature of Russian *согласные*. Voicedness/voicelessness is! Half of Russian *согласные* form pairs based on this feature:

```
┌─────────────────────────────────┐
│   Б—П     В—Ф     Г—К            │
│   Д—Т     Ж—Ш     З—С            │
└─────────────────────────────────┘
```

The positions of the tongue, the mouth, and the teeth—the instruments for the production of consonants—are the same for both *согласные* in each pair. What is different is the engagement of vocal cords
when they are pronounced. Б is different from П only in the presence of voice in its phonetic composition.

1.7.

А. Произнесите каждую пару звонких и глухих согласных вслух, чтобы услышать и почувствовать
    физическую разницу в том, как работают голосовые связки. / Pronounce each of the voiced–
    voiceless pairs above, noting the difference in the engagement of vocal cords (you can hold your
    hand on your neck where the cords are and feel the vibration when you pronounce the voiced
    member of the pair and the absence of such vibration of vocal cards for the voiceless member).

 Обратите внимание: Do not add vowels to the consonants, i.e., do not try to say **вэ**. Say only **в**!

Б. Теперь придумайте несколько слов, которые начинаются со звонкой и с глухой согласной
    для каждой пары. / Now think of several words that begin with each of the member in each pair.
    Say them out loud and note how the addition of a vowel does not change whether the preceding
    consonant is *звонкая* or *глухая*.

┌───┐
│ **Образец:** баба, буква, был—папа, пушка, пылесос.   │
└───┘

More on the topic: As you have noticed, not all *согласные* form pairs according to the feature *звонкий–
глухой*. Five Russian *согласные* are always *звонкие* (they do not have a voiceless counterpart)—Й, Л,
М, Н, and Р—and five are always *глухие* (they do not have a voiced counterpart)—Х, Ц, Ч, Ш, and Щ.

In Russian, the voiced–voiceless feature of paired consonants (парные согласные) is crucial. One
of the most pervasive phonetic rules of the language is that in a vowelless environment, *звонкие парные
согласные* become devoiced (оглушаются/становятся глухими), i.e., turn into their voiceless counter-
parts. Vowel-less environments include the end of a word or next to some other *глухая согласная*. Consider the following examples:

> /грип/ is spelled гриб. [Звонкая Б стала глухой]
> /скаска/ is actually written сказка. [Звонкая З стала глухой перед К]

This phonetic rule poses tremendous challenges for monolingual Russian children and heritage bilinguals
(teenagers or adults) when they first start learning to write in Russian. You must pay conscious attention
to the consonants you produce or hear, identify whether they are paired by the voicedness feature, and
apply the rule for consonants in weak and strong positions.

Russian *парные согласные* are said to be in a weak position when they are at the very end of a
word (not followed by a vowel) or when they are followed by *глухая согласная*. In this position, *звонкие
парные согласные оглушаются*.

Russian *парные согласные* are said to be in a strong position (когда звонкость или глухость
согласных чётко слышна) when they are followed by *гласная* or *звонкая согласная*, and preferably

one of those that are permanently voiced (Р, М, Н, Л, М). For example: *грибок*, *деньги*, and *морозный* (день). Note the О after Б in *грибок*, the И after Г in *деньги*, and the Н after З in *морозный*.

Spelling Rule 2. Орфографическое правило № 2.
In its spelling system, Russian follows the rule of preserving the root. If there is a voiced consonant in a root, it is spelled as such even if it is pronounced as a voiceless consonant.

To check whether *согласная* in a root is *глухая* or *звонкая*, one needs to change the form of the word in such a way that *согласная* in a weak position would end up in a strong position. If *согласная* in question is followed by *гласная* or *звонкая согласная* (i.e., it is in a strong position), its voicedness or voicelessness will become clear: */грип/ → пишем п или б? → мы пошли за грибами → гриб*. Words that allow us to check the spelling are called *проверочные слова*. In the example above, the word *грибами* serves as *проверочное слово*.

There are several ways in which you can put *согласная* in a strong position:

1. Identify the root of the word (the central part that carries the general meaning of the word).
2. Try making the word plural. However, beware of the suffix -K! In the word /my**sh**ka/, the sound in question is Ш (or Ж?). It is followed by К, *глухая согласная*. This is a weak position for Ш/Ж, but not for К (since it is followed by the vowel А). You need to change the position of Ш/Ж into a strong one, where it is followed by *гласная* or *звонкая согласная*. The word *мышки* will not help your quest, but the word *мыши* will!
3. Try switching between noun and verb forms of the same word: ска(з?с?)ка — сказать, рассска(з?с?) — рассказать.
4. Try using diminutive suffixes (уменьшительно-ласкательные суффиксы) -ОЧК (-ЕЧК), -ИК, -ОК. They may work precisely because they begin with *гласная*, which would follow *согласная* in question: ло(ж?ш?)ка — ложечка, гри(б?п?) — грибок.
5. Finally, one important concept to keep in mind is the alternation, also known as mutation (чередование), of some *согласные* in Russian. You know the verb писать (я хочу написать тебе имейл); you also know that when it is used in reference to specific people performing this action, the phonetic shape of the root -ПИС- changes: я пишу, они пишут; напиши мне. You are also probably familiar with the fact that comparative forms of adjectives sometimes change the consonant of the root: близкий — ближе, дорогой — дороже. This *чередование* is always systematic, in the sense that only certain *согласные* alternate with only certain other *согласные*, and in that the voiced-voiceless feature is preserved. *Глухие согласные* alternate with other *глухие согласные*, and *звонкие согласные* alternate with other *звонкие согласные*. Memorize *согласные* that are prone to alternation/mutation:

Г → Ж	С → Ш	К → Ч
Д → Ж	Х → Ш	Т → Ч
З → Ж		

1.8.

Напишите пропущенные парные согласные, используйте проверочные слова (смотрите комментарии № 1–5 выше). / Insert the correct *парные согласные в корне*. Use *проверочные слова* to check. Refer back to comments 1–5 above.

Согласная в корне	Проверочное слово
Г или К?	
сапо_____	_____
сне_____	_____
(нет) дене_____	_____
дура_____	_____
бере_____	_____
Б или П?	
шу_____ка	_____
тру_____ка	_____
кно_____ка	_____
ку_____	_____
ке_____ка	_____
З или С?	
ука_____ка	_____
подска_____ка	_____
(много) берё_____	_____
привё_____ (подарок)	_____
но_____	_____
Ж или Ш?	
пробе_____ка	_____
каранда_____	_____
пиро_____ки	_____
сапо_____ки	_____
В или Ф?	
остро_____	_____
шка_____	_____
ла_____ка	_____
здоро_____	_____
Д или Т?	
тетра_____ь	_____
бу_____ь здоров!	_____
го_____	_____
бан_____	_____

Рабочая тетрадь, упр. 9–10

Word stress: stressed and unstressed vowels.
Ударение: ударные и безударные гласные.

The next important phonetic feature of Russian is word stress (ударение). It is not unique to Russian; English has this feature, as do other languages. For example, pronounce the word "photo"; you will notice that the first *o* is pronounced as a full /o/ while the second *o* is rather different. The difference in pronunciation of the two o's is conditioned by word stress. Consider now the sound of the letter *a* in the word "about," which is unstressed. It is a highly reduced sound, although we can still hear that it is a vowel. Linguists call this highly reduced vowel sound a schwa and mark it with the symbol /ə/.

In English, *ударение* sometimes plays a major role in distinguishing verbs from nouns, as in 'conduct' or 'present'. In Russian, *ударение* is crucial to the understanding of spelling conventions. Before you learn these conventions, you need to understand how *ударение* affects *гласные звуки*.

Гласные are said to be in a strong position when they are located within a stressed syllable (ударный слог) and in a weak position when they are in an unstressed syllable (безударный слог). The farther away from *ударение* a vowel is, the weaker its position is. Of all the vowels in the Russian language, only three undergo a dramatic reduction of quality and quantity in weak positions: these are the vowels represented by the letters О, Е, Я (remember the last two letters represent a combination of *гласная* and Й).

О in a weak position consistently sounds like the vowel /a/ or even /ə/; after inherently *мягкие согласные*—Ч or Щ—it sounds closer to /и/:

молоко́ /малако/
хо́лодно /холаднә/
на́чал /начил/
пригото́влю /пригатовлю/

Е in a weak position sounds like /и/; when it follows inherently *твёрдые согласные* Ц, Ж, or Ш, it sounds like /ы/ or /ə/.

ребёнок /рибёнак/
весна́ /висна/
жена́ /жына/
полоте́нце /палатенцə/

Я in a weak position sounds like /и/ or a soft /ə/.

янва́рь /ʲинвар'/
за́яц /заиц/
по́яс /поис/
ста́нция /станцыə/

Because of this pervasive phonetic reduction, when we write Russian words, we always must be cautious when we seem to hear the vowels /a/, /и/, /ы/, or /ə/. For example, is what we hear really an /a/ or a disguised /o/?

One of the greatest challenges in acquiring literacy in Russian for monolingual children and for bilingual young adults is to learn how to check which vowel to write in unstressed, weak, position. You will return to addressing this challenge after we talk about morphology.

1.9.

Найдите ударные слоги в каждом из этих слов. Прочитайте слова вслух, утрируя ударные гласные (т.е. произносите их громче и длиннее, чем обычно). / Find the stressed syllable for each of the words below. Read the words out loud, exaggerating stressed vowels (i.e., pronounce them louder and longer than usual).

согласная	буква	звонкий	грамматика
ударение	мягкий	чередование	русский

РАЗДЕЛ 2. Morphology: the composition of a word. Морфология: состав слова.

Before we continue talking about phonetic features of Russian words, we need to discuss their morphological form. *Морфология* studies how words are formed and how they relate to other words in a language. At the phonetic level, Russian words are formed by *звуки* arranged into *слоги*. At the morphological level, words consist of <u>identifiable minimal units of meaning</u>: roots (корень/корни), prefixes (приставка/приставки), and suffixes (суффикс/суффиксы). These elements interact to create the meaning of a word. For example, the word «подкрасить» consists of *корень* -КРАС-, *приставка* ПОД- and *суффикс* -И (and окончание -ТЬ) → *под-крас-и-ть*. Each of these elements contributes an element of meaning to the total word meaning: *корень* -КРАС-, the center of meaning, refers to the idea of «краска», *суффикс* -И (and окончание -ТЬ) tells us that the word describes an action, i.e., it is a verb; *приставка* ПОД- suggests that the action was done to a minimal extent. The entire word, hence, means 'to do a touch-up of paint'.

Words that are formed from the same *корень* are called *одно**корен**ные*, i.e., having the same root. Because *суффиксы* and *приставки* also express meaning, *однокоренные слова* may have somewhat different compositional meanings and belong to different parts of speech. Note that *приставки* do not change the part of speech, whereas *суффиксы* can: the words «закра**сить**», «закра**ска**», «закраш**енн**ый» belong to different parts of speech because of their different *суффиксы* (they also have different endings); neverhteless, they have identical prefixes.

2.1.

Соревнование парами: придумайте как можно больше слов в своей паре. Определите пару-победителя. / Pair competition: think up of as many words as possible. See which pair wins!

а) Придумайте слова с корнями / Think of words with the following roots:
    -ПРАВ-
    -РОД-
    -КРАС-

б) Придумайте как можно больше слов с суффиксами / Think of as many words with these suffixes as you can:
    -ОСТЬ
    -ТЕЛЬ

в) Придумайте как можно больше слов с разными приставками, которые сочетаются с корнем -ПИС- / Think of as many words with various prefixes that can be added to the root -ПИС- as you can.

Morphological principle of spelling.
Морфологический принцип письма.

The fundamental rule of Russian spelling is dictated by the morphology of words. Roots must be preserved so that *однокоренные слова* can be identified in writing. In speech, however, the same words may sound as if they have different roots. Consider the following list of words, all related to the idea of 'water'.

Correct spelling	Pronunciation	English translation
водка	/votka/	vodka
вода	/vada/	water
водный	/vodnyj/	water (adj. form)
водяной	/vad'inoj/	water spirit (of Slavic folklore)

In each of the four words, the root relating to 'water' sounds slightly different—/vot/, /vad/, /vod/, and /vad'/. Yet, in writing the spelling of the root -вод- is preserved.

This is what is called *морфологический принцип письма*. We will now talk about how to deal with *безударные гласные* in different parts of a word.

Writing unstressed vowels. Правописание безударных гласных.

Unstressed vowels that are subject to reduction—О, Е, Я—may be found *в окончании, в корне, в суффиксе*, or *в приставке*.

Суффиксы and *приставки* present the least amount of problems because there are not too many of them (in comparison to all the roots in the language) and, therefore, they can be memorized.

Spelling of prefixes. Правописание приставок.
Приставки lend themselves to memorization with the greatest degree of ease.

Приставки с гласной А	Приставки с гласной О	Приставки с гласной Е	Приставки с гласными Ы, У, И + приставки без гласных
на-, за-, над-, раз/рас-	о-, об-, от-, до-, по-, под-, про-	пре-, без/бес-, пере-	с-, в-, вы-, у-, из/ис-, при-

Приставки have a fixed form and cannot be spelled in any other way. This includes not only *гласные*, but also *согласные*. Pay attention to these observations:

1. Note that there are only five *приставки* containing the letter А. The rest of the *приставки* in which you hear /a/ will actually be spelled with the letter О.
2. Note the final Д in *приставка* ПОД- will be devoiced before a voiceless consonant of the root: e.g., you will hear /патписат'/. However, now that you are familiar with the *морфологический принцип письма*, you must analyze the composition of this word: if the *корень* is -ПИС-, then what is before the *корень* must be a particular *приставка*. It does not belong to the group of *приставки с гласной А*; therefore, the vowel must be О. And now we know that there is no *приставка* пот-; there is only *приставка* ПОД-. Hence, we spell the word this way: *подписать*.

3. You may have noticed three sets of *приставки* which have two spelling variants: РАЗ-/РАС-, БЕЗ-/БЕС- AND ИЗ-/ИС-. These three pairs violate the statement above that *приставки* have a fixed form. Instead these three pairs provide variants for spelling depending on their phonetic environment: the variants РАЗ-, БЕЗ-, and ИЗ- are used before *гласные* or *звонкие согласные*: *разбить, разобрать, безответственный, безногий, израсходовать,* and *изобразить.* Do you know all of these words? If not, look them up in an online dictionary!

   The other variants (РАС-, БЕС-, ИС-) are used when the prefix is added to a root that begins with a voiceless consonant, as in *расстроить, расписать, бесполезный,* and *использовать.* This deviation from the general rule that *приставки* have a fixed form is due to historical reasons and the prescriptive rules dictated by the Academy of the Russian Language.

4. When *приставки* that end in *согласный* are added to a root that begins with Й, a fill vowel О is inserted to avoid an uncomfortable cluster of 'consonant + Й': «от**о**йти», «под**о**йти», «раз**о**йтись», and «об**о**йти».

5. Note that *приставка* С- will sound like its voiced counterpart З before *звонкая согласная* of the root, and you will hear */зделат'/, /збит'/, /згареть'/.* You need to remember that there is no such prefix з- in the Russian language! You need to write *сделать, сбить,* and *сгореть,* no matter what you hear.

6. Finally, you have noticed the two similar-sounding *приставки* ПРИ- and ПРЕ-. This pair is problematic, because *безударная* Е will always sound like /и/. You will be guided in your choice of correct *приставка* by the meaning it expresses: ПРЕ- means 'to go over some boundary or limit', as in *преступление* (crime, i.e., an act where one steps over the law), and *прекрасный* (more than just beautiful), and *предатель* (traitor, i.e., somebody who betrays/steps over the trust), whereas ПРИ- denotes approaching a goal or a destination, as in *приехать, приготовить,* and *прислать.*

2.2.

Диктант. Запишите слова, обращайте внимание на гласные и согласные в приставках. / Write the words you hear, paying attention to the vowels and consonants in the prefixes.

1. _____читать перед сном
2. _____править имейл
3. _____писать лучшего друга
4. _____йти к остановке
5. _____бежать марафон
6. _____дать привет
7. _____читать роман
8. _____ставаться с девушкой
9. _____бежать за автобусом
10. _____бегать за хлебом
11. _____резать колбасу
12. _____водиться

Spelling of suffixes. Правописание суффиксов.

Суффиксы in Russian fulfill many different functions, and there are dozens of them. They can be used to differentiate between different parts of speech (verbs vs. adjectives vs. nouns, etc.); they can make a noun or an adjective diminutive (тетрадочка, зайчик, ручонка); they can augment a word (ручище, глазища), or they can express a speaker's negative feeling toward something or somebody (грязища, книжонка, профессорша, адвокатишко).

You cannot possibly remember all of the suffixes at once. We invite you to analyze the morphological composition of words you will encounter in this textbook and note the different suffixes, working with *морфологическая таблица* in every chapter in the Electronic workbook.

There are a few suffixes that we do want to bring your attention to from the very beginning:

- Diminutives (уменьшительно-ласкательные суффиксы): -ОЧК (-ЕЧК), -ОК, -ИК, -ОНЬК (-ЕНЬК).
  Note them in these words:
    - *тетрадочка, ложечка, грибок, домик, маленький, лёгонький*
- The suffix -ОСТЬ (-ЕСТЬ) is used specifically to derive feminine nouns from abstract adjectives:
    - *молодость, сырость, храбрость, свежесть*
- The suffixes -ТЕЛЬ and -ОНОК (-ЁНОК) create masculine nouns. -ТЕЛЬ forms nouns from verbs
  and has the meaning 'doer of the action' while suffix -ОНОК is used to refer to the offspring of people
  or animals. Note these suffixes in these words:
    - *учитель, преподаватель, ребёнок, мышонок*

As you noticed, some *суффиксы* have two variants where *гласная* О *чередуется с гласной* Е.
This *чередование* is crucial to your understanding of the noun and adjectival system of the Russian language. You must always keep in mind *Орфографическое правило № 3*, known as "the 5-letter spelling
rule."

Spelling Rule 3. Орфографическое правило № 3.
После согласных Ж Ш Щ Ч Ц нельзя писать **безударную** О. Нужно писать Е!

Consider the following examples:

- большо́й—О is stressed, and therefore, we can write it even after ш
- тетра́дочка—the consonant Д is not part of the 5-letter rule; we can write О
- ло́жечка—the vowel О comes after Ж and it is unstressed; we must write Е
  (and the entire suffix now turns into -ЕЧК-)

2.3.

Диктант. Запишите слова, обращайте внимание на безударные гласные в суффиксах. / Write down
the words you hear, paying attention to the unstressed vowels in suffixes.

1. шап_____а
2. жереб_____
3. дев_____а
4. облачн_____
5. созда_____
6. свеж_____
7. худ_____ий
8. стар_____
9. стар_____
10. руч_____
11. нож_____
12. предпринима_____
13. нежн_____
14. мал_____ий
15. ламп_____а
16. стол_____
17. мяг_____ий

Spelling of unstressed vowels in the root.
Правописание безударных гласных в корне слова.

Many *безударные гласные в корне* can be checked by finding such *однокоренное слово* which will
force the stress onto the vowel in question. Since *ударение* in Russian shifts frequently between different
forms of the same word or between words with the same root, it is possible to find several *проверочные
слова* which will validate *гласная* in question. Take note that *проверочные слова* must be related
through *корень*, i.e., they must be derived from the same *корень*. They cannot be related through

meaning by association (e.g., мыться is related to the word душ by semantic association) or through synonyms (синонимы) or antonyms (антонимы). Consider the following examples:

- В каком /гаду/ ты /радилас'/?
  The two words in question here are /гаду/ and /радилас'/. Find a word that has the root meaning 'year' to check the first word, and a word with the root 'birth' to check the other word.
  год → году
  родина, родственник → родилась
- на /спинé/—we are not sure what vowel to write in the root because it is unstressed. Is it И or Е?
  Сп... нá is not a *проверочное слово*, because the vowel in question is still unstressed. The plural form спи́ны is the appropriate *проверочное слово*, because the vowel of the root is stressed. We clearly hear /и/. Thus, we write на спине.

It is important to know various related words derived from the same root (разные проверочные слова) because they check each other. For example, the form *в году* checks the Д in the word *год,* which in its turn checks the О in the form *в году.*

Рабочая тетрадь, упр. 11

2.4.
Допишите пропущенную безударную гласную и запишите проверочное слово. / Insert the missing unstressed vowel and write down the проверочное слово you used.

А или О? Е или И (Ы)? Я или И?

Безударная гласная в корне	Проверочное слово
г_____ра	_____
д_____машний	_____
н_____жи	_____
х_____л_____дильник	_____
бр_____сать	_____
гл_____за	_____
б_____льшой	_____
к_____тёнок	_____
ж_____на	_____
к_____р_____ткий	_____

А или О? Е или И (Ы)? Я или И?

Безударная гласная в корне	Проверочное слово
(я) з_____н_____та	_____
пол_____жать	_____
кр_____снеть	_____
пос_____неть	_____
сл_____ва	_____
гр_____знуля	_____
(в) л_____су	_____
шк_____фы	_____
в жив_____те	_____
_____сенний	_____
зам_____рзал	_____
ч_____сы	_____
пон_____л	_____
_____йцо	_____

Рабочая тетрадь

• Read information on words related through root and words with two roots and complete упр. 12–13

Vowels and consonants of the root that cannot be checked.
Непроверяемые гласные и согласные в корне слова.

Sometimes it is impossible to check *безударная гласная* or *звонкая/глухая согласная* in a weak position. The only way to know the correct spelling is to look this word up in a dictionary; this is why such words with *непроверяемые гласные и согласные* are also called *словарные слова*.

Make it a habit to look up any word that you cannot check with *проверочное слово*!

Memorize the spelling of these words.

> **1: непроверяемые гласные**
> хорошо, собака, кровать, Россия
> **2: непроверяемые согласные**
> все, всё, пожалуйста, мужчина, женщина, солнце, **в**стреча, **сч**астье, **сч**астливый,
> сердце, здра**вств**уйте, **в**чера, чувство, **в**стреча, **в**стречаться, когда, завтра, сегодня

Рабочая тетрадь, упр. 14

РАЗДЕЛ 3. Grammar: parts of speech.
Грамматика: части речи.

A part of speech (часть речи) is a grammatical term, which refers to the way of organizing words into categories based on their similar grammatical properties. Words that belong to the same category (same part of speech) have similar (or even identical) roles in sentences and phrases and have similar morphological characteristics (i.e., have similar suffixes or endings). The most common categories for Indo-European language family, to which both Russian and English, along with German, French, Norwegian, and many others belong, include the noun (имя существительное, или существительное), verb (глагол), adjective (имя прилагательное, или прилагательное), adverb (наречие), pronoun (местоимение), number (имя числительное, или числительное), preposition (предлог), conjunction (союз), participle (причастие), and interjection (междометие). Russian also has particles (частицы) and verbal adverbs (деепричастия). In this textbook, you will closely analyze and learn *существительные*, *прилагательные*, *числительные*, *местоимения*, *глаголы*, *наречия*, and *предлоги*.

Almost all languages have the categories of *существительное* and *глагол*. The rest of the part of speech categories can vary significantly among languages. Very often languages do not differentiate between *прилагательные* and *наречия*. In English, for example, these two categories are often indistinguishable in their form (e.g., **fast** food; do it **fast**!). In contemporary usage, especially in American English, adjectives are often found where adverbs should be according to prescriptive rules (I did so **bad/ badly** on the exam!).

In addition, English often does not mark the difference between *существительные*, *прилагательные*, and *глаголы* morphologically: there are no special suffixes that separate one from another. For example, the word 'text' can be used as a noun (read this text!), an adjective (a text file) or a verb (they text a lot!).

Unlike the English word *text*, which can be used as *существительное*, *прилагательное*, or *глагол* (as you saw in the examples above), the Russian word «текст» is an identifiable *существительное* and cannot be understood as anything else. *Прилагательное* has the same root, but has a special *суффикс* and *окончание*, which indicate that it is *прилагательное*: *текст-**ов-ый** файл*. The corresponding *глагол* is formed from the root -ТЕКСТ- with the help of a special *суффикс*: *текст-**ова-ть***. When this *глагол* is conjugated, the *суффикс* changes: *текст**ую**, текст**у**ешь*.

Обратите внимание: This word is frequently used in the American Russian dialect, but it is uncommon for monolingual speakers in Russian-speaking countries, where they say «писать СМС-ки».

> **Your success in learning how to speak and write Russian better depends in part on your understanding of the formal differences between different parts of speech.**

3.1.

Распределите слова по частям речи. / Assign words to correct part of speech.

Глаголы	Наречия	Прилагательные	Существительные
читает			

читает • чтение • хорошо • хороший • плохо • плохая человек • человеческий • писать • письмо • письменный • немец немецкие • американский • знают • умно • умный • умнеешь красиво • красота • красавицы • красивая • накрасилась

Adverbs. Наречия.

Knowing *части речи* will help figure out what to write at the end of a word. We'll spend the entire textbook learning what to write at the end of *прилагательные*, *местоимения*, possessive pronouns (*притяжательные местоимения*), and *существительные* in various cases, gender, and number. We will also spend some time learning what to write at the end of *глаголы*. Other parts of speech are easy in that they do not change their endings.

If you can identify which *часть речи* a word you are dealing with belongs to, you already have a 50% chance of success in spelling its ending. *Наречия* do not change their form to accommodate words they describe. Therefore, once you know that you are dealing with a *наречие,* you can immediately decide on an ending. The majority of Russian *наречия* end in -О (although you will rarely hear it). There are only a few *наречия* that end in -А/Я. Some may end in -У or -И, but those vowels do not undergo a reduction and are clearly heard.

> Наречия на -А/Я: спра**ва**, сле**ва**, вовре**мя**
> Наречия на -И: сзад**и**, сперед**и**
> Наречия на -У: внизу́, вверху́
> Наречия на -О: хорошо́, плох_____, красив_____, мног_____, мал_____, чудесн_____, прекрасн_____, отвратительн_____, ужасн_____

Рабочая тетрадь

- Упр. 15–16
- Рабочая тетрадь: read additional information on adverbs

Nouns. Имя существительное.

Имя существительное names objects, people, creatures, actions, places, qualities, ideas, states of existence, or phenomena. It answers the questions *кто это?* for animate referents (одушевлённые референты) and *что это?* for inanimate objects or things (неодушевлённые предметы). Notably, different languages divide entities into *одушевлённые* and *неодушевлённые* in different ways. Russian assigns the feature of *одушевлённость* not only to people (real or imaginary, such as Batman), but also to all representatives of the animal kingdom, including insects, and even to unborn babies, whereas English treats those categories as *неодушевлённые*:

What are you going to have, a boy or a girl?	**Кто** у вас будет — мальчик или девочка?
Something just bit me!	Меня **кто-то** только что укусил!
What are you going to be when you grow up?	**Кем** ты будешь, когда вырастешь?

Gender. Род.

Существительные in Russian have the category of gender (род), the understanding of which is of paramount importance to the acquisition of Russian: *прилагательные* agree with *существительные* in gender (number and case); the formation of plural forms for nouns depends on the nouns' *род*; the endings of past-tense verbs also depend on the noun's *род*; the endings of nouns (and adjectives) in the six Russian cases likewise depend on *род*; and cases, in their own turn, are connected to verb usage.

> **You should view your understanding of *род* as the foundation of your success in learning Russian grammar.**

Существительные are divided into three gender groups: masculine (мужской род), feminine (женский род), and neuter (средний род). To determine *грамматический род* of a written word is not very difficult. You simply need to look at the ending:

У существительных мужского рода нет окончания (т.е. нет гласной в конце):
стол, стул, университет, студент, преподаватель
(Notice that masculine nouns can end in a hard or a soft consonant.)

У существительных женского рода есть окончание -А или -Я:
книга, ручка, мышка, мама, бабушка

У существительных среднего рода есть окончание -О или -Е:
окно, общежитие, письмо, платье

Semantic characteristics of *неодушевлённые существительные* do not play a role in assigning their *род*, i.e., there is nothing feminine about a book (книга) or masculine about a table (стол). But the semantics of *одушевлённые существительные* plays a crucial role in gender assignment: e.g., *папа* is masculine because he is a male. Hence, we need to amend the statement about *существительные мужского рода*: some of them do have the endings -A or -Я **if** the words refer to biological males.

3.2.

Распределите слова по колонкам в зависимости от их грамматического рода. / Assign words to their correct gender category.

Мужской род	Женский род	Средний род
	лампа	

~~лампа~~ • мороженое • шоколадка • шоколад • дерево
лекция • мыло • семинар • общество • преподавательница
язык • радио • чашка • чай • молоко
здоровье • общежитие • диаспора • интуиция

Рабочая тетрадь, упр. 17

More on the topic: You have encountered Russian words mostly (or exclusively) aurally (i.e., by hearing them), and that has caused the reduction of the intuitive system of gender assignment which native speakers of Russian have. You can see that the endings of *средний род* nouns can be misleading:

- if the O is not stressed, the word will appear feminine even if it is not: /горлə/ горло, /деривə/ дерево, /зеркалə/ зеркало, and /мылə/ мыло;
- *безударная* E at the end of a neuter word is in its weakest position, and therefore, you may not even hear an ending, which may cause you to assign the word randomly to any gender. Such is the case with the words /плат'ə/ платье, /апщижытиə/ общежитие, and /здаров'ə/ здоровье.

Keep in mind that two highly frequent nouns with the ending -Я—*имя* and *время*—belong to *средний род*! Hence, *моё имя—моё время; у меня было время*. This will go against your intuition, but please remember the gender of these two words.

There is also one more category of nouns that belong to *женский род*, but end in *согласный* and *мягкий знак*. These present particular difficulties to heritage bilinguals: *мать, дочь, мышь, дверь, любовь, ненависть, радость*, and *храбрость*. Whether you hear or see such words, if you do not know what they mean and go by their formal characteristics alone, you will conclude that all of these words belong to *мужской род* because they do not have a vowel ending.

We will offer you some strategies for how to assign gender to the nouns you have heard and used all your lives but never had to write down. These tools will help activate your intuition but may not be entirely reliable, as their use depends on the size of your vocabulary and the amount of Russian you have in your bilingual system.

The strategies for tapping into your intuition are based on the grammatical feature of agreement between nouns, adjectives, possessive pronouns (words like 'my' or 'your'), past-tense verb forms, and personal pronouns (words like 'he', 'she', or 'it'). It is impossible to say in Russian: #*мой книга был дома*. If we use the noun *книга*, it must be described with the feminine form of the possessive pronoun *моя* and with the feminine form of the verb *была*. And if I ask *где твоя книга*, you can say *вот она!* (here **she** is!). Each gender will have its own forms of agreement with adjectives, verbs, and pronouns. Here is a summary of strategies for gender assignment in Russian.

How to determine a noun's gender?

1. Describe *существительное* in question with the help of the words *мой* (моя, моё) or *твой* (твоя, твоё). What combination sounds best? If the noun is masculine, the combination with the forms *мой твой* will sound best (мой телефон); if the noun is feminine, the forms *моя* and *твоя* will sound most appropriate (моя сумка); and if the noun is neuter, you'll like the forms *моё* and *твоё* best (моё яблоко).

 ## Рабочая тетрадь
- Read information on possessive and demonstrative pronouns and complete упр. 18

2. Combine *существительное* in question with the past-tense form of the verb 'to be' by saying that the object (or person, etc.) was somewhere, using *был*, *была*, or *было там*. Masculine nouns will demand the form *был*: *там был телефон*. Feminine nouns will need the form *была*: *там была книга*. And neuter nouns will need the form *было*: *там было платье*. It is important to note the vowel O at the end of the neuter form of the verb: было. It is unstressed and, therefore, sounds like /A/, but the letter A can only be in the ending of a past-tense verb form if it is combined with a feminine noun (была), and it is always stressed.
3. Ask the question *Где X?* And then answer it with the phrase 'here it is' in Russian: *вот он, вот она*, or *вот оно*.
4. If you are deciding whether a noun that ends with a combination of a consonant and *мягкий знак* (СЬ) is masculine or feminine, try adding the diminutive suffix -КА: feminine nouns will accept this suffix, whereas masculine nouns will not be able to take it: compare *лошадь—лошад*КА but *конь—#конь*КА.
5. You can also rely on your knowledge of morphology when choosing between masculine and feminine gender of nouns ending in -СЬ. Only feminine nouns have the suffix -ОСТЬ (молодость, старость), while the suffix -ТЕЛЬ indicates only masculine nouns (учитель, строитель).
6. In order to be sure of gender assignment, all three (and for differentiating the feminine and masculine genders, all five) strategies must align and produce one and the same result. If your strategies give you a different gender assignment (even if only one result is different), your intuition is not reliable. Use a dictionary to look up the word in question and memorize its gender!

Род	Окончание	Пример	Притяжательное местоимение	Глагол	Личное местоимение
Мужской	согласный	дом	мой	был	он
*Мужской	а или я	папа	мой	был	он
Женский	а или я	ручка	моя	была	она
*Женский	-СЬ	тетрадь	моя	была	она
Средний	о или е (ё)	письмо	моё	было	оно

Part of knowing what a word means for any speaker of any language is knowing its grammatical features, such as gender. Therefore, if you do not know the word you are asked to assign a gender to, these strategies will not help you. You MUST look it up in the dictionary and determine its gender.

 Рабочая тетрадь, упр. 19—20

 ### 3.3.

Определите род каждого слова (напишите рядом м.род, ж.род или ср.род) и допишите пропущенные окончания существительных, используя стратегии определения рода. / Determine the grammatical gender of each word and insert the missing endings, using the strategies outlined above.

1. яблок_____   _____
2. печь   _____
3. горл_____   _____
4. лекци_____   _____
5. день   _____
6. упражнени_____   _____
7. деревн_____   _____
8. парень
9. дерев_____   _____
10. любовь   _____
11. сердц_____   _____
12. настроени_____   _____
13. гордость   _____
14. внимани_____   _____

 ### Рабочая тетрадь

- Read information on common gender nouns and complete упр. 21

Number. Множественное число.

You have noticed by now that each gender has two variants for its ending: the majority of masculine nouns end in a *твёрдый* or *мягкий согласный* (a consonant followed by *мягкий знак*); feminine nouns can end in -А or -Я (they can also end with a *согласный* and *мягкий знак*); and neuter nouns can end with -О or -Е.

> Мужской род: студент, преподаватель
> Женский род: мама, тётя, радость
> Средний род: письмо, настроение

The ending of *существительное* communicates to us whether the stem of the word is *мягкая* or *твёрдая*. Once we change the ending of *существительное* to make it plural (or to use it in a particular case, as you'll see later), we must keep hard stems hard and soft stems soft.

The endings of *существительные* in the plural depend on the noun's *род* in the singular. Feminine and masculine *существительные* form *множественное число* by adding the vowels Ы or И, whereas neuter *существительные* form *множественное число* by adding vowels А or Я. The choice of a hard or soft ending for the plural form depends on whether the original stem is hard or soft. Consider the following examples:

> студент—студент**ы**, преподаватель—преподавател**и**
> мама—мам**ы**, тётя—тёт**и**, радость—радост**и**
> письмо—письм**а**, настроение—настроени**я**

There are three nuances that need to be mentioned:

- some consonants—Г К Х Щ Ч—cannot be combined with the vowel Ы to create word forms. These consonants are part of the ЖИ—ШИ rule (Орфографическое правило №1), which now can be amended to state that consonants Ж Ш Г К Х Щ Ч can only be followed by И.
- Ь and Й at the end of singular words are dropped before adding the plural vowel И. They are not needed any more to keep the stem soft!
- word stress often shifts between singular and plural forms; this is especially prevalent in neuter nouns: *письмо—письма* and *слово—слова*. Note the difference in pronunciation and spelling of the word pair *слово /сло́ва/—слова /слава́/*.

Обратите внимание:

1. Once a word is made plural, it does not have *род* any more.
2. Just like in English, there are Russian words that cannot be made plural (сахар, вода, снег), and there are words that can only be plural (брюки, шорты, очки). Can you think of a few more nouns like this?

Рабочая тетрадь

- Read information on Tantum pluralum and Tantum singularum and complete упр. 22

3.4.

Запишите формы множественного числа. Не забывайте об орфографическом правиле № 1 (ЖИ и ШИ пиши с буквой И! После Ж Ш Г К Х Щ Ч пиши И!). Внимание: не у всех слов есть множественное число! / Provide plural forms. Don't forget about Spelling Rule #1! Remember: not all words will have a plural form.

1. карандаш → _____
2. ручка → _____
3. тетрадь → _____
4. учебник → _____
5. университет → _____
6. библиотека → _____
7. парта → _____
8. рюкзак → _____
9. оценка → _____
10. любовь → _____
11. секретарь → _____
12. лаборатория → _____
13. коридор → _____
14. зал → _____
15. аудитория → _____
16. гараж → _____
17. печаль → _____
18. кафетерий → _____
19. нож → _____
20. ложка → _____
21. вилка → _____
22. тарелка → _____
23. кровать → _____
24. словарь → _____
25. общежитие → _____
26. слово → _____
27. море → _____
28. платье → _____
29. зеркало → _____

Рабочая тетрадь, упр. 23

The fact that neuter nouns have the endings -A or -Я in the plural complicates gender assignment. When you hear a word that ends in either of these vowels (or their reduced versions) and you do not know what the noun means, how can you be sure whether it is a plural form (of formerly neuter nouns) or a singular feminine form? Context may help you determine the difference, the key again being the principle of agreement between *существительные*, past-tense *глаголы* and *притяжательные местоимения* or *прилагательные*. Compare:

Раньше тут бы**ли** здания.
Раньше тут был**а** аудитория.

The ending of the past-tense verb suggests the gender and number of the noun it refers to: *здания* is plural while *аудитория* is feminine singular.

Мо**я** ирония остала**сь** незамеченной.
Мо**и** настроения остал**ись** незамеченными.

In these examples, the possessives (моя, мои) as well as the past-tense forms of the verb (осталась, остались) help determine the gender and number of the nouns they agree with. In the absence of such disambiguating contexts, you have to refer to the dictionary.

Рабочая тетрадь
• Read information on special plural ending

Exceptions. Исключения.
Of course, there are exceptions to the plural rule, just like in any other language. Here is a list of most notable exceptions that you need to memorize.

человек — люди
ребёнок — дети
друг — друзья
брат — братья
стул — стулья
муж — мужья
яблоко — яблоки
дерево — деревья

Рабочая тетрадь, упр. 24

Подводим итоги

В этой главе вы узнали...

- о фонетической системе русского языка и о том, как она представлена графически на письме,
- о правилах правописания,
- о морфологическом составе русских слов (корни, приставки, суффиксы),
- о грамматической категории рода и числа существительных.

Проверьте себя.

1. Назовите все грамматические термины, которые использовались в этой главе. Они вам пригодятся и дальше!
2. Назовите мягкие и твёрдые гласные.
3. Назовите гласные мягкого и твёрдого ряда.
4. Назовите пары звонких и глухих согласных.
5. Объясните своими словами, что значит «морфологический принцип письма». Какие части слова вы знаете?

 Рабочая тетрадь, упр. 25–26

Применяем знания на практике.

 ### 4.1.
Определите род и число выделенных (bolded) существительных. (Hint: even if you do not know a word, you can guess its gender and number from the context. Pay attention to the forms of the adjectives and verbs that are used with the noun in question.)

Отрывок из поэмы «Руслан и Людмила»

У лукоморья[1] **дуб** зелёный;
Златая **цепь** на дубе том:
И днём и ночью **кот** учёный
Всё ходит по цепи кругом;
Идёт направо — **песнь** заводит,
Налево — **сказку** говорит.
Там чудеса: там **леший**[2] бродит,
Русалка на ветвях сидит;
Там на неведомых **дорожках**
Следы[3] невиданных зверей;
Избушка[4] там на курьих ножках
Стоит без окон, без дверей;
Там **лес** и дол видений[5] полны;
Там о заре прихлынут **волны**
На брег[6] песчаный и пустой,

И тридцать витязей[7] прекрасных
Чредой[8] из вод выходят ясных,
И с ними **дядька** их морской;
Там **королевич** мимоходом
Пленяет[9] грозного царя;
Там в облаках перед народом
Через **леса**, через **моря**
Колдун[10] несёт богатыря[11];
В темнице там **царевна**[12] тужит[13],
А бурый **волк** ей верно служит;
Там **ступа**[14] с Бабою Ягой
Идёт, бредёт сама собой,
Там **царь Кащей** над златом чахнет[15];
Там русский **дух**... там Русью пахнет!
И там я был, и **мёд** я пил;
У моря видел **дуб** зелёный;
Под ним сидел, и кот учёный
Свои мне **сказки** говорил.

—*А.С. Пушкин*

1. cove, curved seashore   2. forest spirit in Russian folklore   3. trace(s)   4. log cabin   5. imaging, images, fantasies, dreams   6. берег, bank/shore   7. knights   8. in a row   9. captures   10. sorcerer   11. epic character; hero of Russian folk legends   12. a czar's daughter   13. is being sad   14. mortar   15. withers away

 Рабочая тетрадь, упр. 27

ГЛАВА 1

КАК ОПИСАТЬ ВНЕШНОСТЬ
И ХАРАКТЕР ЧЕЛОВЕКА

В этой главе вы...

- повторите или узнаете, как использовать ключевые слова по теме,
- научитесь подробно (in detail) описывать внешность и характер человека,
- повторите или узнаете, как работают прилагательные в русском языке,
- научитесь правильно писать окончания прилагательных.

РАЗДЕЛ 1. В центре внимания: значение слова

1.1.

Просмотрите список слов и выражений. Какие из этих слов вы знаете? Определите знание каждого слова по шкале от 1 до 5. / Look at the list of words and expressions below. Which of them do you already know? Determine your knowledge of each word on the scale from 1 to 5.

1 Не знаю, никогда не слышал/а это слово.

2 Мне встречалось это слово, но я не уверен/а, что оно значит.

3 Я могу легко догадаться о значении этого слова в контексте.

4 Знаю, использую это слово сам/а.

5 Знаю слово и его синонимы, могу объяснить, что это слово значит и в каком контексте и/или с какими другими словами его нужно использовать.

_____	веснушки	_____	внешность
_____	выглядеть	_____	доброжелательный
_____	женщина/мужчина средних лет	_____	интеллигент
_____	курносый	_____	личность
_____	неряшливый	_____	обаятельный
_____	опрятный	_____	открытый характер
_____	полная фигура	_____	порядочный
_____	располнеть	_____	раскосые глаза

_____ рыжий	_____ симпатичный
_____ стройный	_____ человек среднего возраста
_____ чуткий	_____ широкие скулы
_____ широкоплечий	_____ элегантный

Посчитайте сумму очков: _____

1.2.

Внимательно прочитайте заметки о значении и использовании ключевых слов главы. Отметьте слова и выражения, которые вам встречаются впервые. / Read the notes below on the meaning and usage of key words of this chapter. Mark the words and expressions that you see for the first time.

человек (pl. люди; common gender noun) **личность**	The Russian words _человек_ and _личность_ are both translated as 'person'; like many words for professions and occupations, both are applied to people regardless of gender, like _врач_ or _адвокат_. Notice that in the formal register, adjectives describing these nouns must agree with them, regardless of the actual gender of the person being described (_она прекрасный преподаватель, она опытный адвокат_). ● Классным руководителем у нас была Анна Петрова Осина. **Человек** уже немолодой, но удивительно живой, энергичный, умеющий увлечь (captivate) даже самых «неподвижных» подростков (teenagers)... As a reminder, Russian also has nouns known as common gender nouns, which include a number of words describing character traits, such as _умница, молодец, тихоня, плакса, неряха_, and _пьяница_. Adjectives agree with common gender nouns based on the actual gender of the person (_его отчим страшный пьяница; он такой тихоня!_)
внешность (no pl.) **выглядеть**	The word _внешность_ is translated as 'appearance' or 'looks'. Just as in English, this word refers to a very general, gestalt way of describing a person's looks. ● **Внешность** её не была такой броской (catchy/striking) как у моей матери или сестры Дины, тех за километр видно, что красавицы. (А. Рыбаков «Тяжёлый песок», РНК[1]) ● Тут дверь открылась, и вошёл мужчина довольно заурядной (ordinary) **внешности**, бледный, невысокий. The verb _выглядеть_ (to look, to look like) is most often used with adverbs and adjectives to describe non-static, non-permanent features of a person's appearance, such as looking well (compared to your regular self), tired or sick. ● Ты сегодня прекрасно **выглядишь**! ● Миша **выглядел** усталым и раздражённым (annoyed/irritated).

1. From hereon after, РНК stands for Национальный корпус русского языка, ruscorpora.ru.

маленький	When describing someone's age remember that Russian makes a distinction between *маленький*, which is reserved for children, and *молодой,* which is used for young adults. The combination #*молодой ребёнок* (young child) is impossible in Russian.
молодой	
человек (мужчина, женщина) среднего возраста или средних лет	• **Когда я был маленьким**, ещё во втором классе, я упал с этого самого дерева, и с тех пор жутко боюсь высоты. • **Когда я был молодым**, на первом-втором курсе университета, мы вообще не учились.
	Middle age may be described in Russian as *средний возраст (мужчина/ женщина среднего возраста или средних лет).*
немолодой	
старый	• 44% ответивших на анкету в интернете — молодые люди до 34 лет, 40% — представители **среднего возраста** (от 35 до 54 лет). (О. Белоконева «Анкета читателя», журнал «Наука и жизнь», РНК)
	People over 50 years of age can be described in Russian as *немолодой/ немолодая* оr *пожилой/пожилая.*
	• Преподавателем у нас был **немолодой** человек, ему было 55–60 лет... • Передо мной сидел **пожилой** болезненный (sickly) человек, умный, начитанный, всю жизнь работавший не разгибая спины (idiom., work without letup).
	Старый, старая, and, to a greater extent, *старик* and *старуха*, have certain negative connotations and should be used sparingly.
высокий	When describing height, it is important to remember that although one can say *высокий* (as well as *невысокий*) about a person (*в комнату вошёл молодой высокий мужчина*), such collocations as #*средний человек* are impossible in Russian and the collocation #*низкий человек* is overwhelmingly dispreferred (in fact, this phrase is usually used to mean 'a person with low morals, a scoundrel'). Russian opts for such constructions as *человек среднего роста/человек низкого роста.*
невысокий	
человек (мужчина, женщина) среднего роста	
человек (мужчина, женщина) низкого роста	• Зорин был худой, **низкого роста**, с костлявым (bony) лицом, на котором выделялся длинный, крючковатый (hooked/beaked) нос.
фигура	The terms *красивая фигура* and *хорошая фигура* have to do with bodily proportions; their synonyms are *стройный, хорошо сложенный.*
худой	• У него действительно была **красивая фигура**: широкие плечи, узкие бёдра и сильные жилистые руки.
стройный	• Он был **стройным, хорошо сложенным** брюнетом с глупым лицом и большими отрешёнными глазами.
худеть/похудеть	

толстый	Adjectives and verbs associated with weight gain and loss are frequently loaded with emotional connotations: the word *толстый/толстая* and the corresponding verb *толстеть/растолстеть*, when used in relation to people, have negative connotations. *Полный/полная* is a neutral term, and the corresponding verbs are *полнеть*, *поправиться*.
толстеть/растолстеть	
полный	
полнеть/располнеть	

- Она и гляделась (looked) неплохо: хорошо пошитое пальто облегало (fit tightly/fit like a glove) **полную фигуру**, высокие сапожки ладно сидели на ноге. (Б. Екимов «Пиночет»)

The adjective *худой/худая* and the verbs *худеть/худеть* historically had negative connotations through association with malnourishment and sickness: in fact, a historically earlier meaning of the adjective is 'weak, bad' (*на нём висела истрепанная **худая** одежда, и в глазах плавала безмерная усталость*). Currently, words with the -ХУД- root can be used in negative, neutral, or positive way, depending on the context.

- А из Таниной спальни выходит вдруг маленькая девочка. **Худая** как скелет. Глаза большие, тёмные. (А. Геласимов «Чужая бабушка», РНК) [negative]
- ...я увидела необыкновенно элегантного, **худого**, высокого человека с аристократическим лицом, мягкими карими глазами и обаятельной улыбкой. (С. Спивакова «Не всё», РНК) [neutral]
- Мне удалось **похудеть**. Раньше это было для меня немалой проблемой, а тут удалось скинуть сразу несколько килограммов. [positive]

The frequently used synonyms *худенький/худенькая*, *худощавый/худощавая*, and *тонкий/тонкая* do not have negative connotations.

высокий лоб	In describing someone's face, we may focus on different parts of it. Notice that many of these phrases are highly clichéd: *высокий лоб* for high or prominent forehead, *широкие скулы* or *высокие скулы* for high cheek-bones, *нос с горбинкой* for a hooked nose, *нос картошкой* to describe a large or a round nose, *курносый нос* for a turned-up nose. *Веснушки* are freckles, and *веснушчатое лицо* is a freckled face.
широкие скулы	
высокие скулы (pl.)	
веснушки (pl.)	
веснушчатое лицо	

- Гляжу на это милое **веснушчатое** лицо и понимаю, как мало он изменился за последние двадцать лет.

нос с горбинкой	... всё в ней по отдельности было не так уж красиво, — и жидковатые (thinnish) волосы, и **широкие скулы**, и неопределённого цвета глаза, но она была молода и женственна (feminine), уж до того женственна, что, кажется, и слепой, находясь возле неё, не мог бы не почувствовать её женственности. (В. Гроссман «Жизнь и судьба», РНК)
нос картошкой	
курносый (человек)	
рыжие волосы (pl.)	

каштановые волосы (pl.)	Many Russian color terms used to describe the color of hair and eyes are also quite specific to this context, thus *русый* and *русые волосы* describe a sandy color, also known as dirty blond, *рыжий* and *рыжие волосы* refer to red hair, *каштановый* and *каштановые волосы* are used for dark brown
русые волосы (pl.)	

седые волосы (pl.) (также седой мужчина и седая женщина) карие глаза	or chestnut-colored hair, and *седой* and *седые волосы* means grey hair. *Карий* is used only to describe the color of brown eyes. ● Почти бесцветные **русые волосы**, уже **седые виски** (temples), **серые** с прищуром (half-closed/squinting) **глаза**... ● На скамейке рядом с дедом сидит толстая девочка с **огненно-рыжими волосами** и **круглыми голубыми глазами**. (М. Ахмедова «Лучшая собака на земле», журнал «Русский репортёр», РНК)
красивый некрасивый красавица, красавец привлекательный симпатичный обаятельный урод (common gender noun) уродливый	Beautiful people can be described as *красивый* (beautiful, handsome), *хорошенький*, *миловидный* (pretty, usually reserved for children and females), *привлекательный* (attractive). The frequently used adjective *симпатичный* can be used to describe a person's looks (pretty, nice-looking), as well as their personality (easy-going, nice, friendly). ● Её **симпатичное** в прошлом лицо посерело, осунулось (became drawn). ● Вот они—молодые, **симпатичные**, свободные ото всех забот люди... Likewise, the word *урод* can be used to describe an ugly person or an indecent, offensive person: in this sense, the word is used as an insult, meaning 'jerk', in a *сниженный регистр*. The adjectives *уродливый/уродливая* are reserved for the description of aesthetic traits only. ● Американский журналист Джеф, **обаятельный урод**, прекрасно говоривший по-русски, не переставал радовать нас совершенно фантастическими оборотами речи (expression/turn of speech). In fact, a number of other adjectives in Russian cross the line from a description of appearance into the description of behavior and even into the realm of character traits. These include *милый* (pleasant, nice, e.g., здесь работали **милые**, отзывчивые люди), *приятный* (nice, amiable, e.g., он **приятный** в общении человек), *урод* (jerk), and *обаятельный* (charming).
характер открытый или лёгкий характер дружелюбный общительный искренний тяжёлый или непростой характер	The English terms 'personality' and 'personality traits' are translated into Russian as *характер*, *черты характера*. We can describe a person very generally using such phrases as *открытый характер*, *лёгкий характер* to describe an easy-going person, alongside more specific qualities like *дружелюбный* 'amiable', *общительный* 'sociable', *искренний* 'sincere', and *весёлый* 'fun-loving'. ● **Открытый**, **лёгкий характер**, искренняя заинтересованность в собеседнике (interlocutor/conversation partner), желание и умение помочь каждому—делали Ирину незаменимым (irreplaceable) другом. The phrase *тяжёлый характер* may be used to refer to a disagreeable, difficult person; *непростой* or *сложный человек*, as well as *непростой*

грубый нахальный	*характер*, describe a complicated, possibly contradictory (*противоречивый*) person. Such descriptions as *грубый* 'rude', *нахальный* 'impudent', and *невоспитанный* 'with bad manners' point more to the lack of upbringing rather than character, but this line is, of course, very thin.
интеллигентный интеллигент (common gender noun)	A key Russian cultural concept is that of *интеллигентность* and *интеллигент/интеллигентный человек*. Although this word came into Russian with a meaning largely similar to the contemporary English equivalent 'intelligent' (*умный, образованный*), with time it took on a larger meaning. In addition to being well-educated and well-read, *настоящий интеллигент* is thought to be decent (*порядочный*), honest (*честный*) and conscientious (*добросовестный*), thoughtful (*чуткий*) and considerate (*деликатный*), well-mannered (*воспитанный*) and amiable (*доброжелательный*), selfless (*бескорыстный*), generous (*щедрый*), and, of course, modest (*скромный*). In other words, *интеллигент* is not necessarily a person who is engaged in an intellectual line of work (*интеллектуальный труд*); according to the well-regarded Russian philologist Mikhail Gasparov: **интеллигент** в первую очередь — это человек, несущий в себе больше хороших качеств (qualities), чем только воспитанный, и несёт их глубже, чем только образованный. *Интеллигентность* is a pervasive quality that impacts one's beliefs, actions and even looks: ● Ей лет сорок. Выглядит опрятно, **интеллигентно**. (С. Юрский «Бумажник Хофманна», РНК)
элегантный модный опрятный неопрятный неряшливый	Description of a person's appearance is often accompanied with some comments on their clothes and clothing choices: ● Это был высокий, худощавый мужчина, весьма серьёзный, весьма **прилично одетый**. (Ф. Достоевский «Ёлка и свадьба») Notice that the use of these words also often betrays a speaker's attitude toward the object of description: thus, the word *элегантный* has positive connotations and suggests that the person has refined aesthetic taste, similar to *со вкусом одетый*; *модный* only suggests that a person follows trends. *Опрятный* and *прилично одетый* (neat) suggest decency and its antonyms *неопрятный* and *неряшливый* (messy, dingy) suggest the opposite. ● Ты сильный, но какой-то грязный, **неопрятный**, мужиковатый... Совсем не офицер... (А. Сокуров «Александра», РНК)

1.3.

Кастинг актёров. Опишите внешность человека, который подходит на роль героев в списке. Используйте слова и выражения из упражнения 1.2. / Casting of actors. Describe the appearance of an actor who could best play characters on the list. Use the words and expressions from exercise 1.2.

1. Карлсон *Невысокий, полный мужчина. Рыжий. Полное веснушчатое лицо...*

2. Баба Яга _____

3. Буратино _____

4. Золушка _____

5. Доктор Айболит _____

6. Вилли Вонка _____

7. Мэри Поппинс _____

8. Доктор Зло _____

9. Американский шпион _____

10. Русский гангстер _____

Рабочая тетрадь, упр. 1

1.4.

Соедините слова по принципу синонимов. Посмотрите значение незнакомых слов в словаре. Объясните, чем отличаются синонимы одного ряда. / Find all synonymous words and expressions. Look up unfamiliar words in a dictionary. Explain how the various synonyms in the same group are different from each other.

грубый • образованный • энергичный • дружелюбный
щедрый • добросовестный[1] • ~~разговорчивый~~ • беспечный
общительный • лёгкий характер • капризный • невоспитанный
скромный • жизнерадостный • легкомысленный[2] • неряшливый
~~болтун~~ • надёжный • ~~болтливый человек~~ • открытый • беззаботный[3]
неаккуратный • воспитанный • тёплый • трудолюбивый • добрый
нахальный • эгоистичный • весёлый • ответственный
непорядочный • интеллигентный • застенчивый • бескорыстный[4]
неопрятный • молчаливый • избалованный

1. conscientious/scrupulous   2. frivolous/scatter-brained   3. carefree/easy-going   4. unselfish/self-denying

1. _разговорчивый, болтун, болтливый человек..._ _____

2. _____

3. _____

4. _____

5. _____

6. _____

7. _____

8. _____

9. _____

10. _____

Рабочая тетрадь, упр. 2

1.5.

Как вы думаете, какие качества должны быть у старшего брата или старшей сестры? У лучшего друга? У вашего парня (бойфренда) или вашей подруги (девушки)? У идеального коллеги и начальника? Используйте слова и выражения из упражнения 1.2 и 1.4. / What qualities, in your opinion, should an older brother or an older sister have? What qualities should your best friend have? What about your boyfriend, your girlfriend, your ideal colleague or boss? Use words and expressions from exercises 1.2 and 1.4.

> **Образец:** Старший брат должен быть сильный, умный, заботливый...

1. Старшая сестра должна быть _____

2. Мой лучший друг должен быть _____

3. Моя лучшая подруга должна быть _____

4. Молодой человек (бойфренд) _____

5. Девушка (подруга) _____

6. Коллеги _____

7. Идеальный сосед по комнате _____

8. Начальник _____

9. Хороший учитель _____

РАЗДЕЛ 2: В центре внимания: форма слова

Review of previous material. Повторение пройденного материала.

1. Как можно определить род существительных на письме?
2. Как можно определить род существительных в устной речи? Какие трудности могут быть? Какой род вам труднее всего определить?
3. Какие окончания могут быть у существительных во множественном числе? Какие трудности могут быть? Какие исключения из правила множественного числа вы знаете?

Рабочая тетрадь

- Упр. 3–4
- Read information on adjectival suffixes and prefixes used with adjectives

Parts of speech: adjectives and adverbs.
Части речи: прилагательные и наречия.

As you remember, Russian has a system for marking each part of speech to differentiate one category from another, unlike English which often uses one and the same word form for a verb, a noun and an adjective: 'google' (a verb, as in 'I need to google that'), 'google' (a noun, the search engine), and 'google' (an adjective as in 'google search'). In Russian, nouns (существительные), adjectives (прилагательные), and verbs (глаголы) all have different forms that identify them as belonging to their category of part of speech (части речи).

Like any other language, Russian borrows words from other languages, but, especially in the last 30 years, borrowings from English have flooded the language. When a foreign word is transplanted to Russian, it has to fit in the existing grammatical system. Almost always, this requires the addition of some kind of suffix so that a borrowed word can exist as a noun, an adjective, an adverb or a verb in Russian. Using your intuition about parts of speech and various suffixes, try to say these words in Russian. Make sure you use the right part of speech!

> **Образец:** DJ (a person), to DJ (at a club), a DJ style → диджей (человек), диджеить (в клубе), диджейский стиль

- google, google search, to google (he googles everything)
- copy (a copy of something), copy machine, to copy (he copied a page from the textbook)
- post (a post on Facebook), to post (on Facebook)
- tweet, to tweet (he tweets all the time, or she tweeted me yesterday)

2.1.

Распределите слова по частям речи. Обведите ту часть слова, которая указывает на часть речи. Обратите внимание, что не все корни образуют все части речи. Например, корень -ХОРОШ- образует слова *хорошо, хороший, хорошеть*, но не образует никакого существительного. / Sort each word into the appropriate category for its part of speech. Circle the part of the word that indicates the part of speech. Note that not all roots can form all parts of speech. For example, the root -ХОРОШ- forms the words *хорошо, хороший*, and *хорошеть*, but it cannot form a noun.

разговаривать, разговорчивый, разговор
болтать, болтливый, болтун
каприз, капризный, капризно, капризничать, капризуля
эгоист, эгоистичный, эгоизм, эгоистично
хорошо, хороший, хорошеть
весёлый, веселиться, весело, весельчак, веселье
воспитывать, воспитатель, воспитанный, воспитанник
молчать, молчаливый, молчун, молча
грубый, грубить, грубо, грубиян

Noun = Имя существительное	Adjective = Имя прилагательное	Adverb = Наречие	Verb = Глагол
добро(та)	добр(ый)	—	подобре(ть)

More on the topic: The two parts of speech that are particularly troublesome when translating from English to Russian are adjectives (прилагательные) and adverbs (наречия). In English, the two can sometimes be used interchangeably: e.g., I feel good or I feel well. In Russian, one can never confuse *прилагательные* and *наречия*. They have distinct forms and are never used interchangeably. *Прилагательные* combine with nouns and denote some quality of a person, object, or phenomenon, while *наречия* combine with verbs and describe **how** an action is (was or will be) done. For example, one can say *это очень **плохое** сочинение*, but never *это **плохо** сочинение*. Note the different endings of these words: **ОЕ** in *плох**ое*** and **О** in *плох**о***. Compare the following examples to see the difference between an adjective and an adverb:

Он очень **плохо** написал сочинение.
Он говорит **по-русски**.
Она **систематически** ошибается.
Сегодня **тепло**.

Это **плохое** сочинение.
Он **русский**.
Она делает **систематические** ошибки.
Сегодня **тёплая** погода.

Keep these definitions in mind!

Имя прилагательное—это часть речи, которая описывает предметы, людей, животных или явления (phenomena) и сочетается (combines/agrees with) с существительным. Прилагательное отвечает на вопросы *какой? чей?* и имеет сложную систему окончаний.

Наречие—это часть речи, которая описывает действие (action). Оно сочетается с глаголом или прилагательным. Наречие отвечает на вопросы *как? каким образом* (in what manner)? Большинство наречий заканчиваются на О; некоторые заканчиваются на И: *сзади, впереди.* Запомните наречия, которые заканчиваются на А: *иногда, всегда, никогда, справа, слева.*

2.2.

Распределите слова из списка по частям речи—наречия или прилагательные. / Sort the words in the list into appropriate categories of parts of speech—adverbs or adjectives.

модно одетый • необыкновенно обаятельный • счастливый
хорошо выбритый • прилично одетый • очень добрый
чертовски привлекательный • сказочно элегантный • абсолютно
отлично образованный • необыкновенно трудолюбивый • чудесно
неприятный • московский акцент

Наречия	Прилагательные

2.3.

Впишите пропущенное слово. Обращайте внимание на часть речи. / Fill in the blanks. Pay attention to the part of speech.

1. В комнату вошёл _____ парень. (симпатично, симпатичный)

2. В комнату вошёл _____ одетый парень. (модный, мода, модно)

3. Моя сестра _____ спортсменка. (профессионал, профессионально, профессиональная)

4. Моя сестра _____ играет в шахматы. (профессионал, профессионально, профессиональная)

5.	Виктор Борисович настоящий _____. (интеллигентно, интеллигент, интеллигентный)

6.	Виктор Борисович очень тактичный, _____ человек. (интеллигентно, интеллигент, интеллигентный)

Рабочая тетрадь, упр. 5–6

Noun–adjective agreement.
Согласование существительных и прилагательных.

Because *прилагательные* describe *существительные*, they must agree (согласовываться) with them in gender (род) and number (число)—and, as you will learn later, in case (падеж). When we say that an adjective is feminine—*прилагательное женского рода*—we mean that this *прилагательное* describes a feminine noun and agrees with its gender (and number, and case). In comparison, English has only the remnants of a formally rich adjectival agreement system. For example, we cannot say **#this students** *study very hard*. The correct form would be **these students**. This is, perhaps, the only case in English where we can see adjectival agreement, and this agreement works only for grammatical *число*, not for the category of *род* (as you know, nouns do not have gender in English).

2.4.

Используя свою интуицию и свои знания о роде и числе существительных, определите род и число подчёркнутых прилагательных в тексте—мужской, женский, средний или множественное число. / Using your intuition and acquired knowledge about the gender and number of nouns, determine the gender and number of the underlined adjectives used in this text.

Образец: *каждый ученик →*

1) определите род существительного—*ученик* → муж.род
2) род прилагательного соответствует[1] роду существительного
3) значит, *каждый* → муж.род

1. corresponds to

муж. ← муж.

В нашем классе, где почти <u>каждый</u> ученик отличался как особым талантом, так и нелёгким

характером, Алина была одной из немногих, кто не доставлял никаких хлопот ни учителям,

ни родителям. Учится неплохо. Занимается танцами. <u>Молчаливая</u>, даже <u>замкнутая</u> девушка.

<u>Высокая</u>, <u>стройная</u>, почти <u>красивая</u>: <u>светлые</u> <u>вьющиеся</u> волосы, <u>высокий</u> лоб, <u>выразительные</u>

глаза, <u>миловидное</u> лицо. Портили её только <u>тонкие</u> губы, которые придавали её лицу несколько

<u>надменное</u> выражение. Она была человеком скромным, незаметным... <u>Бывшие</u> одноклассники

удивляются, когда узнают, что сегодня Алина <u>крупный</u> предприниматель[1], <u>первый</u> в городе

миллионер, человек с железной волей и манерами светской львицы[2].

1. entrepreneur   2. a society woman/socialite

More on the topic: *Прилагательные*, like *существительные*, have cases (падеж, падежи) in Russian. The nominative (именительный падеж) is considered the default case for *прилагательные*, as well as *существительные*, for example: *большой, стройная, некрасивое,* and *молодые*. In the nominative *прилагательные* answer the questions *какой? какая? какое?* or *какие?* and *чей? чья? чьё?* or *чьи?*, depending on the gender and number of *существительное* they describe. You will learn more about cases in Chapters 4–11.

2.5.

Задайте вопросы к прилагательным в этих словосочетаниях: *какой? какая? какое? какие?* Обратите внимание на то, что всё это грамматические термины, уже известные вам. / Ask correct questions about the nouns in the phrases below. Note that these grammatical terms have already been mentioned in this book and should be familiar to you.

> **Образец:** множественное число → как**ОЕ** число?

1. женский род → _____
2. именительный падеж → _____
3. качественное прилагательное → _____
4. словарная форма → _____
5. мягкие звуки → _____
6. эти заметки → _____
7. твёрдая согласная → _____
8. интересные словосочетания → _____
9. пропущенное слово → _____

More on the topic: Only the masculine form of the *именительный падеж* is considered to be the dictionary form of *прилагательные*. This form answers the question *какой?* (and not *как**ая?** как**ую?** как**ие?** как**ое?** or *как**их?***). In Russian, this dictionary form is called *начальная форма* or *словарная форма*; it is the form listed in dictionaries. All other forms (e.g., feminine, plural, and neuter, or forms of other cases) are derived from this *начальная/словарная форма*. *Прилагательные* do not always appear in their *начальная форма*, and you need to learn to recognize them even when they are used in different forms. In chapters 4–11 you will learn how to derive all case forms of *прилагательные* from *начальная/ словарная форма*.

2.6.

Прочитайте отрывок из рассказа известного детского писателя Виктора Драгунского. Подчеркните все прилагательные, которые использованы не в начальной форме, т.е. не в форме мужского рода именительного падежа. / Read a short excerpt from a story by a well-known Soviet/Russian children's writer Viktor Dragunskiy. Underline all adjectives that are used *not* in the dictionary form.

«Друг детства»

Когда мне было лет шесть или шесть с половиной, я совершенно не знал, кем же я в конце концов буду на этом свете. Мне все люди вокруг очень нравились и все работы тоже. У меня тогда в голове была ужасная путаница, я был какой-то растерянный и никак не мог толком решить, за что же мне приниматься.

То я хотел быть астрономом, чтоб не спать по ночам и наблюдать в телескоп далекие звезды, а то я мечтал стать капитаном дальнего плавания, чтобы стоять, расставив ноги, на капитанском мостике, и посетить далёкий Сингапур, и купить там забавную обезьянку. А то мне до смерти хотелось превратиться в машиниста метро или начальника станции и ходить в красной фуражке и кричать толстым голосом:

— Го-о-тов!

2.7.

Определите грамматический род и число прилагательных, которые использованы НЕ в именительном падеже. Для этого сначала нужно определить род и число существительного, которое это прилагательное описывает. Чтобы определить род и число существительного, нужно задать вопрос «кто это?» или «что это?» и найти словарную форму существительного (именительный падеж). / Determine grammatical gender and number of adjectives in the following word combinations. These adjectives are not used in the *именительный падеж*. In order to do this correctly, you first need to determine the gender and number of the noun they describe, which itself may not be used in the *именительный падеж*. In order to get to the form of *именительный падеж* of the noun, ask the question *кто это?* or *что это?*

> **Образец:** о маленьком ребёнке → (кто это?) → ребёнок = он → муж.род → (какой ребёнок?) → маленький = муж.род
> для миловидной женщины → (кто это?) → женщина = она → жен.род. → (какая женщина?) → миловидная = жен.род

1. на большом диване _____

   с большой семьёй _____

   из большой чашки _____

2. на миловидном лице _____

   о миловидной девушке _____

   для миловидных детей _____

3. про высокого мужчину _____

   по высокому дереву _____

   у высокой красавицы _____

Adjectival endings. Окончания прилагательных.

To determine the gender of *прилагательные* is not difficult when one encounters them in a text. It is much harder to write correct endings when you have to produce *прилагательные* yourself. This is because, as a rule, endings are unstressed, and therefore, sound different from what they are in the written form. Read the following combinations of *прилагательные* and *существительные* out loud, paying attention to the endings of every adjective. Make sure to read every letter in the ending.

- кажд**ый** ученик, особ**ый** талант, плох**ой** человек, нелёгк**ий** характер, больш**ой** нос
- молчалив**ая** замкнут**ая** высок**ая** стройн**ая** девушка
- миловидн**ое** лицо, надменн**ое** выражение
- тонк**ие** губы, выразительн**ые** глаза, вьющ**иеся** волосы

What conclusion can you draw? What are possible endings for adjectives in Russian?

мужской род: _____ или _____ или _____

женский род: _____ или _____

средний род: _____ или _____

множественное число: _____ или _____

These notes will help you choose the correct endings for *прилагательные в именительном падеже*:

1. All full adjectives ALWAYS have at least two letters in their endings. Never just one!
2. The second letter in each form of the ending is the same for a given gender or number and can be *гласная* or *согласная*. For example,

 прилагательные мужского рода всегда заканчиваются на Й,

 прилагательные женского рода всегда заканчиваются на Я,

 прилагательные среднего рода всегда заканчиваются на Е,

 прилагательные множественного числа всегда заканчиваются на Е.

This is particularly important for the masculine form because the Й in *маленький* or *симпатичный* is highly reduced in the quality and quantity of sound. It is in its weakest position, and bilinguals often cannot even hear it. You should now remember Й!

 Обратите внимание: It is tempting to think that all masculine adjectives will have *окончание* -ОЙ where the О is stressed), but be cautious! It only appears that way. Most adjectives in the masculine have *окончание* -ЫЙ or -ИЙ. Pay attention to stress when you memorize an adjective.

3. If the ending of the masculine form is stressed, *окончания* of all other gender or number forms (or case forms) will also be stressed, and vice versa: e.g.,

больш**о́й**, больш**а́я**, больш**о́е**, больш**и́е** (ударные окончания)

vs.

кра́сный, кра́сная, кра́сное, кра́сные (безударные окончания).

2.8.

Допишите окончания в прилагательных, используя правило. / Fill in the missing endings, using the rule for adjectival endings.

1. молод_____ девушка
2. симпатичн_____ лицо
3. тёмн_____ волосы
4. красив_____ лоб
5. голуб_____ глаза
7. стройн_____ фигура
6. курнос_____ нос
8. тяжёл_____ характер

Nuances of adjectival endings.
Нюансы окончаний прилагательных.

One of the greatest difficulties for bilinguals is to determine the hardness or softness of an adjectival ending. The choice of *гласная* in the *окончание* depends on

а) the inherent hardness (*твёрдость*) or softness (*мягкость*) of the stem (*основа*): e.g., синий (мы не говорим #синый); зимняя (мы не говорим #зимная).

б) the spelling rules (*орфографические правила*), which need to be memorized!

Орфографическое правило № 1/Правило 7 букв

После Г К Х Ж Ш Щ Ч пиши И!

Никогда не пиши Ы!

Например, хорош**и**е люди → нельзя писать Ы после Ш.

Орфографическое правило № 3/Правило 5 букв

После Ж Ш Щ Ч Ц не пиши О без ударения!

Пиши Е!

Например, хорош**е**е настроение → нельзя писать О без ударения после Ш.
НО! больш**о**е дело → после Ш можно писать О, потому что ударение падает на О.

It will help you to know that the **overwhelming majority** of Russian *прилагательные* have *твёрдые основы*. This means that your first choice for an ending should always be *окончания* reserved for *твёрдые основы*. You should write *окончания* reserved for *мягкие основы* only when it is demanded by the 5- or 7-letter spelling rules.

In terms of the inherent qualities of *основа,* you should know that in the entire Russian language there are only about 40 *прилагательные* with *мягкая основа*. Besides the words *синий* and *искренний*, the overwhelming majority of them have something to do with time or distance/space: e.g., adjectives pertaining to seasons or parts of the day. *Основа* of all these *прилагательные* ends in a soft Н. Memorize the 14 most frequently used *прилагательные с мягкой основой*:

> дальний, ближний, домашний, верхний, нижний, зимний, летний, осенний, весенний, поздний, ранний, утренний, вечерний, давний

Запомните окончания прилагательных (в именительном падеже)!

	окончания для твёрдой основы	окончания для мягкой основы	Примеры	Комментарии
Мужской род	-ЫЙ (-ОЙ)	-ИЙ	осо**бый** талант нелёг**кий** характер боль**шой** нос си**ний** свитер	1) Окончание ОЙ может быть только ударным. Без ударения пишется окончание ЫЙ или ИЙ. 2) Соблюдай правило 7 букв!
Женский род	-АЯ	-ЯЯ	молчали**вая** девушка си**няя** юбка	ЧА-ЩА пиши с буквой А!
Средний род	-ОЕ	-ЕЕ	миловид**ное** лицо весен**нее** настроение си**нее** пальто	Соблюдай правило 5 букв!
Множествен-ное число	-ЫЕ	-ИЕ	тон**кие** губы выразитель**ные** глаза си**ние** брюки	Соблюдай правило 7 букв!

2.9.

Допишите окончания в прилагательных. Следите за правилом 5 и 7 букв и за прилагательными с мягкой основой. / Fill in the missing endings. Pay attention to the 5- and 7-letter spelling rules and to adjectives with the soft stem.

1. воспитанн_____ ребёнок
2. хорош_____ фигура
3. мускулист_____ руки
4. зимн_____ одежда
5. неопрятн_____ мальчик
6. весенн_____ настроение
7. неисправим_____ оптимист
8. нижн_____ бельё
9. одарённ_____ музыкант
10. вульгарн_____ циник
11. курнос_____ лицо
12. искренн_____ человек
13. вьющ_____ся волосы
14. осенн_____ пальто
15. лысеющ_____ дед
16. домашн_____ туфли

Рабочая тетрадь, упр. 7

2.10.

Перепишите фразы, меняя число со множественного на единственное. Обращайте внимание на окончание прилагательных в единственном числе. / Rewrite these phrases, changing the number from plural to singular. Pay attention to the endings of adjectives in the singular.

> **Образец:** обаятельные девушки → обаятель<u>ная</u> девуш<u>ка</u>

1. прыщавые подростки[1] → _____

2. образованные люди → _____

3. миловидные лица → _____

4. избалованные дети → _____

5. сильные женщины → _____

6. верные подруги → _____

7. самоуверенные[2] профессора → _____

8. застенчивые[3] студентки → _____

9. молчаливые родственники → _____

10. мускулистые спортсменки → _____

11. уродливые уши → _____

1. teenager   2. self-conceited   3. shy/timid/self-conscious

Перепишите фразы, меняя число с единственного на множественное. Обращайте внимание на окончание прилагательных во множественном числе. / Now change the phrases from singular to plural. Pay attention to the endings of adjectives in the plural.

> **Образец:** слабохарактерная[1] девушка → слабохарактерн<u>ые</u> девушк<u>и</u>

12. младший брат → _____

13. старшая сестра → _____

14. избалованный ребёнок → _____

15. легкомысленный[2] друг → _____

16. застенчивая подруга → _____

17. неряшливый юноша → _____

18. стройная фигура → _____

19. веснушчатое лицо → _____

20. обаятельное существо[3] → _____

1. supine/weak-willed   2. frivolous/scatter-brained   3. creature; often used in the meaning 'person'

2.11.

Напишите как можно больше прилагательных, описывающих эти предметы или этих людей. Следите за окончаниями! / Write as many adjectives as you can to describe these objects and people. Focus your attention not only on the meaning, but also on the endings!

Вам помогут эти слова для описания людей:

избалованный, эгоистичный, добрый, щедрый, корыстный[1] (бескорыстный), беззаботный[2], беспечный[3], легкомысленный, (не)серьёзный, нахальный, грубый, (не)скромный, застенчивый, без чувства юмора, с хорошим чувством юмора, скучный, интересный, ироничный, общительный, разговорчивый, болтливый, молчаливый, тихий, слабовольный[4], энергичный, активный, жизнерадостный, весёлый, трудолюбивый, ответственный[5], надёжный[6], уверенный в себе[7], самоуверенный[8]

1. self-interested   2. carefree   3. careless   4. weak/faint-hearted/spineless   5. responsible   6. reliable   7. confident
8. self-conceited

	Какой он? Какая она? Какое оно? Какие они?
мой лучший друг/лучшая подруга	
мои соседи	
мой самый нелюбимый одноклассник (нелюбимая одноклассница) из старших классов школы	

Рабочая тетрадь, упр. 8

2.12.

Прочитайте шутливую утреннюю мантру, посмотрите слова, которые вы не знаете, в словаре. / Read this humorous morning mantra; look up any words you do not know in a dictionary.

Я бесконечно[1] добрый, феноменально умный, чертовски привлекательный, божественно[2] красивый, ультрамодно одетый, необычайно работоспособный, чрезвычайно[3] ответственный мужчина.

А теперь перепишите эту мантру от лица женщины (вы можете использовать другие эпитеты[4]):

Я _____

_____

Теперь перепишите мантру, убрав обозначение гендера и используя слово *существо*:

Я _____

_____

А теперь от всей группы:

Мы _____

_____

1. infinitely   2. divinely   3. extraordinarily   4. epithets/descriptive words

Superlative degree of adjectives.
Превосходная степень прилагательных.

The superlative degree of adjectives in Russian is formed by two *прилагательные*: *самый* + a content adjective, as in these examples:

сам**ая** умн**ая** девушка в нашем классе = the smart**est** girl
сам**ый** ответственн**ый** студент в группе = the **most** responsible student
сам**ое** миловидн**ое** лицо, которое я когда-либо видел = the cut**est** face
сам**ые** оптимистичн**ые** люди в моём кругу = the **most** optimistic

Note that *прилагательное* «самый» and the content *прилагательное* refer to one and the same *существительное*. Therefore, they have the same endings; the only difference between them is in whether the content adjective has the soft variants. *Прилагательное* «самый» always has hard endings, while *окончание* of the content *прилагательное* can be hard or soft.

2.13.

Обсудите с одноклассниками эти вопросы. Не забывайте, что фокус внимания на использовании правильных окончаний в прилагательных. / Discuss the following questions with your classmates. Keep in mind that the focus of this exercise is on using correct forms (i.e., endings) of adjectives.

1. Кто, по-вашему, самая красивая актриса в мире сегодня? Почему? Опишите её.
2. Кто самый обаятельный актёр? Почему? Опишите его.
3. Какая музыкальная группа самая известная на данный момент?
4. Какой стиль музыки сейчас самый популярный? Как вы думаете, почему?
5. Кто самый неряшливый человек, которого вы когда-либо знали?
6. Какая самая неразрешимая проблема в мире сегодня?
7. Какое качество в человеке вы считаете самым ужасным? (Когда человек нечестный? Ненадёжный? Безответственный?)

2.14.

Задание-юмореска. Прочитайте юмористический отрывок из письма советского писателя Даниила Хармса своему другу Александру Введенскому. Напишите похожие юмористические описания себя для каждой из ситуаций. Здесь вам пригодится превосходная степень. Следите за окончаниями! / Read this humorous excerpt from a letter sent by the Soviet writer Daniil Kharms to his friend Aleksandr Vvedenskiy. Then write similar humorous descriptions of yourself for each of the situations below. You will need the superlative degree! Keep your attention focused on the endings!

Даниил Хармс (август, 1940)
«Посылаю тебе свой портрет, чтобы ты мог хотя бы видеть перед собой умное, развитое, интеллигентное и прекрасное лицо.»

Ситуация 1: вы хотите, чтобы вас пригласили на гламурную вечернику.
«Если ты позовёшь меня на свою вечернику, то у тебя в гостях окажется

_____

_____.»

Ситуация 2: вы хотите, чтобы вас взяли на престижную работу.
«Если вы возьмёте меня на работу, то у вас будет работать

_____

_____.»

Ситуация 3:
«Если ты женишься на мне/если ты выйдешь за меня замуж, то у тебя будет

_____

_____.»

Рабочая тетрадь, упр. 9

2.15.

Опишите людей на фотографиях как можно более подробно (минимум 5 деталей их внешности, фигуры или одежды). Сделайте предположения о том, какой характер может быть у каждого человека (минимум 5 характеристик). Следите за окончаниями! / Describe the people in these pictures in as much detail as possible (mention at least five details about their appearance or clothing). Make guesses about their characters, mentioning at least five characteristics. Keep your attention focused on the endings!

 Рабочая тетрадь, упр. 10

2.16.

Трудные случаи определения рода. Соедините прилагательные с существительными по признаку рода и по смыслу. / Difficult cases of gender assignment. Connect adjectives with nouns to form grammatically correct combinations of words that are at the same time meaningful phrases.

If you do not remember common gender nouns, review the material in the Introductory Chapter of the electronic workbook.

> **Образец:** немолодой мужчина = муж.р.
> Rationale: even though the noun ends in -a, it is masculine; hence the adjective has the masculine ending.

любовь	смешанные
чувства	огромная
личность	странные
ответственность	первая
внешность	неординарная
выражения (лица)	немолодой
глаза	обаятельный
юноша	привлекательная
мужчина	выразительные

Рабочая тетрадь

- Read information on difficult cases of adjective usage and complete упр. 11–13

2.17.

Трудные случаи определения рода. Допишите окончания в прилагательных. Обращайте особое внимание на прилагательные, которые описывают существительные общего рода и слова, обозначающие профессии. / Fill in the missing endings in the adjectives. Pay special attention to the adjectives that describe common gender nouns and words describing professions.

1. Таня больш_____ молодец! Она переборола свою скромность и стала президентом Дискуссионного клуба университета.
2. Моя учительница по фортепьяно—необыкновенн_____ человек. Она талантлив_____ педагог и всегда находит время для студентов, но она также известн_____ пианистка и регулярно выступает с концертами.
3. Мой племянник ужасно избалованн_____ ребёнок и страшн_____ плакса. Боюсь, что он вырастет неуверенным в себе и слабовольным человеком.
4. Мой сосед по комнате ужасн_____ неряха. Я не могу заниматься, когда в комнате так_____ беспорядок.
5. Мой младш_____ брат так_____ тихоня! Никогда никому ничего о себе не рассказывает.

Рабочая тетрадь

- Read information on short form of adjectives and complete упр. 14-16

РАЗДЕЛ 3: Подводим итоги

В этой главе вы...

- узнали, как использовать ключевые слова по теме «Внешность и характер»,
- научились подробно описывать внешность и характер человека,
- повторили или узнали, как работают прилагательные в русском языке,
- научились правильно писать окончания прилагательных.

Проверьте себя.

1. Просмотрите список слов и выражений. Какие из этих слов вы знаете? Определите знание каждого слова по шкале от 1 до 5.

1 Не знаю, никогда не слышал/а это слово.

2 Мне встречалось это слово, но я не уверен/а, что оно значит.

3 Я могу легко догадаться о значении этого слова в контексте.

4 Знаю, использую это слово сам/а.

5 Знаю слово и его синонимы, могу объяснить, что это слово значит и в каком контексте и/или с какими другими словами его нужно использовать.

_____	веснушки	_____	внешность
_____	выглядеть	_____	доброжелательный
_____	женщина/мужчина средних лет	_____	интеллигент
_____	курносый	_____	личность
_____	неряшливый	_____	обаятельный
_____	опрятный	_____	открытый характер
_____	полная фигура	_____	порядочный
_____	располнеть	_____	раскосые глаза
_____	рыжий	_____	симпатичный
_____	стройный	_____	человек среднего возраста
_____	чуткий	_____	широкие скулы
_____	широкоплечий	_____	элегантный

Сравните сумму очков с результатами, которые вы получили в начале главы: _____

2. Повторите, что вы знаете о прилагательных:
   - Что такое имя прилагательное? Как прилагательные отличаются от всех других частей речи?
   - Как прилагательные сочетаются с существительными?
   - Сколько букв должно быть в конце прилагательных полной формы в именительном падеже?
   - Какие окончания могут быть у прилагательных мужского, женского и среднего рода и множественного числа?
   - Расскажите правило 7 букв и 5 букв.

Применяем знания на практике.

3.1.

Прочитайте отрывок из произведения И.К. Архиповой «Музыка жизни». Прокомментируйте использование рода прилагательных в описании преподавателя Екатерины Николаевны. Помните о существительных общего рода и существительных, обозначающих профессии (см. Лексические заметки — упр. 1.2 — в этой главе).

...в нашем классе преподавателем музыки работала Екатерина Николаевна Терновец.

Человек уже немолод_____, но очень жив_____, беспокойн_____, эмоциональн_____, она,

при некоторых странностях своего характера, была очень интересной личностью, принимая близко

к сердцу успехи своих студентов. Она сразу же загоралась, когда встречала что-то такое, что

поражало её или могло заинтересовать, и тут же стремилась поделиться этим своим «открытием»,

чтобы и другие оценили то, что понравилось ей. Опытн_____ концертмейстер, Екатерина

Николаевна услышала, как на наших занятиях у меня звучат старинн_____ арии, и решила

показать меня профессору консерватории, замечательному органисту Александру Федоровичу

Гедике, чтобы он дал нам кого-нибудь из своих студентов, с которым бы я спела под орган.

—*РНК*

Рабочая тетрадь, упр. 17

3.2.

Расскажите о своём любимом школьном учителе (тренере, герое любимой книги или фильма). Как он (она) выглядел(а)? Какой он (она) был человек? Что интересного, необычного было в этом человеке? Почему он (она) вам запомнился (запомнилась)?

Рабочая тетрадь, упр. 18

ГЛАВА 2

КАК ГОВОРИТЬ О РАСПОРЯДКЕ ДНЯ

В этой главе вы...

- узнаете или повторите ключевые слова и выражения, которые помогут вам рассказать о том, что вы делаете каждый день,
- научитесь правильно писать разные формы глаголов,
- научитесь правильно писать окончания глаголов в прошедшем, настоящем и будущем времени,
- повторите или научитесь, как использовать неправильные (irregular) глаголы.

РАЗДЕЛ 1. В центре внимания: значение слова

1.1.

Просмотрите список слов и выражений. Какие из этих слов вы знаете? Определите знание каждого слова по шкале от 1 до 5. / Look at the list of words and expressions below. Which of them do you already know? Determine your knowledge of each word on the scale from 1 to 5.

1 Не знаю, никогда не слышал/а это слово.

2 Мне встречалось это слово, но я не уверен/а, что оно значит.

3 Я могу легко догадаться о значении этого слова в контексте.

4 Знаю, использую это слово сам/а.

5 Знаю слово и его синонимы, могу объяснить, что это слово значит и в каком контексте и/или с какими другими словами его нужно использовать.

_____	просыпаться/проснуться	_____	дремать
_____	будильник	_____	засыпать/заснуть
_____	бессонница	_____	стирать/постирать
_____	краситься/накраситься	_____	недосыпать/недоспать
_____	делать зарядку	_____	тусоваться

_____ недосып	_____ устраивать вечеринки
_____ висеть в интернете	_____ проспать
_____ сниться/присниться	_____ сон
_____ косметика	_____ уставать/устать
_____ проводить время	_____ сидеть на форумах

Посчитайте сумму очков: _____

1.2.

Внимательно прочитайте заметки о значении и использовании слов по теме «Распорядок дня». Отметьте слова и выражения, которые вам встречаются впервые. Многие из этих слов вам известны, поэтому главное внимание нужно обратить на то, как эти слова используются в речи, как они сочетаются с другими словами и выражениями, и в каких грамматических структурах они чаще всего встречаются. / Carefully read the notes on the meaning and usage of words related to the topic "Daily Routine." Mark the words and constructions that you are seeing here for the first time. You already know many of these words, so focus your attention on how they are used in speech, how they combine with other words and expressions, and the constructions in which they appear most frequently.

просыпаться/ проснуться вставать/встать	Russian, just like English, differentiates between the concepts of waking up (_просыпаться/проснуться_) and getting up (_вставать/встать_). If you snooze between waking up and getting up, this action is _дремать_ or _валяться в кровати_ in Russian, the latter being an informal expression. ● Саня **проснулась** рано, но ещё долго **валялась в постели**, наслаждаясь тишиной субботнего утра.
спать просыпать/проспать высыпаться/ выспаться недосыпать/ недоспать недосыпание (no pl.) недосып (no pl.) засыпать/заснуть (уснуть) мне, ему, нам, им (не) спится	You will find a variety of sleeping verbs in Russian, many of them utilizing the root -СП- (_сп-ать_), often with a prefix and/or a suffix to specify their meaning, as in _поспать_, _проспать_, and _выспаться_. Notice that a prefix attached to a form of _спать_ usually modifies the meaning of the verb: thus, _поспать_ (_поспал всего часок_) indicates that the action continued only for a short time; compare: _спал всю ночь как убитый_. _Проспать_ means (1) to oversleep, (2) to sleep through a period of time, or (3) to miss something due to being asleep. ● День не задался. Во-первых, я **проспал** и встал гораздо позже, чем собирался. ● Игорь **проспал** всю дорогу, не заметил даже, как доехали до города. ● За день Паша так вымотался, что уснул в метро и **проспал** свою станцию. Rarely, two prefixes may be attached to a verb stem, as in the case of _недосыпать/недоспать_, which translates as 'not having enough sleep' ● Американские учёные установили, что люди **недосыпают** примерно 1 час в день.

Notice that the corresponding nouns *недосыпание* and *недосып* are often used interchangeably, but the latter is used much more frequently.

● Усталость, **недосып** и напряжение последних недель сменились чувством удовлетворения — диссертация наконец дописана!

A sleeping verb can be additionally modified by the reflexive suffix -СЯ: for example, *высыпаться/выспаться* means 'to have enough sleep' or 'to catch up on one's sleep'.

● Перед экзаменом следует хорошенько **выспаться**.

The frequently used phrase *не спится* indicates a non-medical problem with falling asleep. Unlike the word denoting the medical condition of insomnia (*бессонница*), the phrase *не спится* describes a situation when a person cannot fall asleep due to an emotional or physical discomfort (stress, an uncomfortable bed, or overstimulation).

● —Ты что не спишь?
　 —Не знаю... **Не спится**.

Не спится is often accompanied by a pronoun such as *мне, тебе, ему/ей,* or *нам* (*мне что-то не спится, почему тебе не спалось?*).

In comparison, *спится* is used to describe situations when a person has quite favorable sleeping experiences (*на свежем воздухе хорошо спится*).

будильник поставить будильник на Х часов	'To set an alarm' is translated as *поставить будильник* (*поставить будильник на семь часов*).  ● **Поставь**-ка **будильник**, Сашка. Как бы не проспать завтра.
сниться/присниться сон (сны, во сне) бессонница (no pl.)	The verb *сниться/присниться* means 'to dream' and is used in a specific construction with a pronoun such as *мне, тебе, ему/ей, нам, вам,* or *им*: ● Но усталость берёт своё, и я засыпаю. **Мне снится**, что я снова дома. ● Москвичи — талантливые люди, **им снятся** талантливые **сны**. The word *сон* is most frequently used in the meaning of 'dream' (*во сне мне приснилось, что...; мне снятся странные и прекрасные сны*). The word *сон* is also used like the noun 'sleep' (I had a good night's sleep): ● А если простыли, то поможет горячий чай и крепкий **сон**.
умываться/умыться мыть/помыть, вымыть *что?* (посуду, полы)	The verb *умываться/умыться* means to wash up; it is not followed by an object (*Петя умылся*). If you want to specify the object of washing, use the verbs *умывать/умыть* and *мыть/вымыть*. note that one can *умыть лицо* but must **вымыть руки**. The verb *мыть/вымыть* is also used with material objects (*мыть посуду, мыть машину*). However, washing laundry requires a different verb, *стирать/постирать* (*стирать бельё*). If this verb is used without a specific object, it still means to do laundry, as in the example below:

принимать/принять душ, ванну	● Поделим обязанности пополам, ты будешь мыть посуду, а я пойду **стирать**.
стирать/постирать *что?* (бельё, рубашку)	The verb *убирать/убрать* means to clean, to restore order as *in убрать комнату* (to clean the room); the verb *чистить/почистить* means to clean by using brushing strokes; thus, we have such constructions as *чистить зубы*, *чистить ботинки*, and *чистить пальто*.
убирать/убрать *что?* (комнату, дом)	
чистить/почистить *что?* (зубы, ботинки)	● Весь день перед приездом отца мать готовила его любимые блюда. А вечером **перемывала** посуду, **чистила** плиту, **убирала** в комнатах, где и так были абсолютная чистота и порядок.
краситься/ накраситься	The English construction 'to put on/apply makeup' is translated into Russian with the verb *краситься/накраситься*.
красить/накрасить *что?* (губы, ресницы)	● Алёша считает, что жена у него красивая, **краситься** ей не обязательно, но если хочет—пусть **красится**, естественную свежесть лица не так просто испортить.

The phrase 'to wear makeup' can be translated into Russian with the same verb *краситься* or, less frequently, with the phrase *пользоваться косметикой*.

● —Ты **красишься**?
 —Не часто, только когда хожу на вечеринки.

One can also use the phrase *делать макияж* (*Алина сегодня экспериментирует: она* **сделала** *себе новый и необычный* **макияж**) but never #*делать косметику*.

делать зарядку (no pl.)	Until recently the Russian phrase *заниматься спортом* referred largely to professional training, while such phrases as *заниматься физкультурой*, *делать зарядку* expressed the meaning of 'to exercise'.
заниматься спортом	● Важно поддерживать уровень физической активности: можно **делать зарядку**, заниматься на тренажёрах, бегать, работать на садовом участке—что кому подходит.

Since the late 1990s, however, according to the Russian National Corpus, *заниматься спортом* has begun to be generalized over all contexts of exercise and sports and now is routinely used to refer to physical activity.

● В этом году поеду в пансионат «Белые ночи» под Санкт-Петербургом. Буду **заниматься спортом**, плавать и, конечно, ловить рыбу.
● **Заниматься спортом**, поддерживать себя в форме теперь не сложно: в любом даже маленьком городке есть фитнес-центр, бассейн или теннисный корт.

уставать/устать	*Уставать/устать* means 'to get tired'. Whereas English uses a participle construction (I <u>am tired</u>, she <u>got tired</u>), Russian simply requires a conjugated verb: *я устаю* 'I <u>tire</u>', *мы устали* 'we <u>tired</u>'. Do not say #*я уставший*. ● Когда очень **устаю** на работе, читаю что-нибудь полегче.
проводить/провести время *как? с кем?* тусоваться/ потусоваться *где? с кем?* общаться/ пообщаться *с кем?* (с друзьями) встречаться/ встретиться *с кем?* (с друзьями, с парнем) устраивать вечеринки/устроить вечеринку ходить в клубы, по клубам, на вечеринки, на концерты пойти в клуб, на вечеринку, на концерт	The Russian phrase *проводить/провести* время can be translated into English as simply 'to spend time' (e.g., **проводил** всё свободное **время** в *библиотеке*). When modified by an adverb such as *хорошо, интересно,* or *весело* the phrase *проводить/провести время* is similar to the English 'to have a good time, to have fun': ● Ездили вчера к друзьям. Отлично **провели время**! *Тусоваться* is a highly informal term that means 'to hang out'; the verb can be accompanied by a location (*в этом баре тусуются студенты*) or modified by an adverb (*хорошо потусовались*). ● Потом познакомилась с одними людьми из Москвы, актёрами. Много с ними **тусовалась**. One can certainly *проводить время* or *тусоваться* in locales of virtual reality, such as *в интернете, на сайтах,* or *на форумах.* ● Чтобы выучить язык, он начал **тусоваться** в русскоязычных блогах. The frequently used English language phrase 'to go out' needs to be translated into Russian in a more specific manner, depending on the actual activity, for example, *встречаться/встретиться с друзьями, с парнем, с девушкой, ходить/пойти в клуб, в ресторан, на вечеринку,* or *на концерт.* The English phrase 'to have a party' is translated into Russian with the phrase *устраивать вечеринки/устроить вечеринку:* ● В каждом общежитии есть общая комната, где вечером можно послушать музыку, посмотреть телевизор, видео, поиграть в настольный теннис или бильярд, **устроить вечеринку** и просто пообщаться.

1.3.

Выберите слово, подходящее по контексту. В некоторых предложениях возможно несколько вариантов ответа. Обсудите разницу с учителем или партнёром. / Choose the most appropriate word for the context. Some sentences may allow more than one choice. Discuss the differences with your instructor or partner.

1. Родители во всём мире жалуются на то, что детей невозможно оторвать от компьютера, что они не гуляют, не учатся, не (*высыпаются, просыпаются, спят*) из-за того, что дни и ночи или играют, или сидят в Интернете. (Ю. Ковалёва. «Даша», РНК[1])

2. Вечером я никак не мог (*лечь спать, заснуть, выспаться*), маялся[2], ворочался с боку на бок, а в голове у меня крутилась какая-то сумасшедшая карусель[3]...

3. В вагоне поезда душно и жарко, в соседнем купе надрывается[4] радио. Детям (*не уснуть, не снится, не спится*), и завтра они весь день будут капризничать.

4. В студенческие годы у неё было одно платье. Вечером она его (*стирала, мыла, чистила*), утром гладила. Но даже в этом одном платье в неё влюбился Володька Сидоров, из Политехнического института. (В. Токарева «Своя правда», РНК)

5. —Ну, вы как хотите, а я уже не (*просплю, засну, снится*), —сказала мама. —Пойду, пожалуй, стирать.

   —И мне сон перебили, —проворчал папа. —Сяду-ка я, поработаю.

   Так до утра никто и не (*проспал, спал, уснул*).

   (Н. Ермильченко «Колыбельная», журнал «Мурзилка», РНК)

6. Альберт любил (*встречаться, проводить время, тусоваться*) в дружеских компаниях, демонстрируя своё прекрасное чувство юмора.

7. Некоторые девочки просто не могут выйти из дома без макияжа. Для них накраситься—это так же обязательно, как (*помыть, умыться*) или почистить зубы.

8. У нас есть сайт, активно посещаемый, с чатом, где постоянно (*встречаются, проводят время, тусуются*) молодёжь, подростки.

9. Бессонницей считается состояние[5], при котором человек не может заснуть или, заснув, не в состоянии крепко (*спать, проспать, недоспать*) несколько часов.

10. Вести здоровый образ жизни не означает с утра до вечера заниматься спортом, куда важнее достаточно (*высыпаться, спать, уснуть*), регулярно и правильно питаться и (*встречаться, проводить время, тусоваться*) с друзьями.

1. Национальный корпус русского языка   2. (here) to toss and turn   3. merry-go-round   4. (here) yell at the edge of physical ability   5. condition/state of mind

1.4.

Закончите предложения. Придумайте как можно больше возможных вариантов. Возьмите в помощь заметки о значении и использовании слов по теме в упр. 1.2. / Complete these sentences by thinking up as many scenarios as possible. Refer back to the notes on the meaning and usage of key words in ex. 1.2.

Образец: Алекс сегодня проспал первую лекцию, потому что вчера он *встречался с друзьями и лёг спать под утро*.

1. Я не хочу работать по 16 часов в день! Я хочу радоваться жизни, хочу путешествовать, хочу

_____

2. Мой младший брат совсем перестал учиться, целыми днями он

_____

3. Американские учёные выяснили, что студенты университетов и колледжей недосыпают в среднем 2 часа в день. Что делают молодые люди вместо сна? Чаще всего они

_____

4. —Чем ты вчера занимался весь день? —Ничем особенным,

_____

5. Вести здоровый образ жизни совсем не означает сидеть на диете и отказывать себе в радостях жизни, нужно только

_____

 Рабочая тетрадь, упр. 1

 **1.5.**

Расспросите вашего одноклассника/вашу одноклассницу о его или её расписании и привычках. Не ограничивайтесь списком вопросов, предложенных внизу, придумайте несколько своих. Затем сравните свои привычки: чем вы похожи и в чём вы разные люди? / Ask a partner about his/her schedule and daily habits. Go beyond the suggested list of questions by creating your own. Then compare your habits: how are you alike and how are you different?

- Во сколько ты обычно ложишься спать и во сколько встаёшь?
- Как ты думаешь, ты достаточно спишь или ты хронически недосыпаешь?
- Ты встаёшь по будильнику или просыпаешься сам(а)?
- Тебе снятся сны? Что тебе приснилось в последний раз?
- Что ты обычно делаешь утром? Умываешься? Делаешь зарядку? Проверяешь Фейсбук?
- Ты принимаешь душ утром или вечером?
- Ты занимаешься спортом или физкультурой? Ходишь в спортзал? Занимаешься на тренажёрах? Бегаешь в парке?
- Как ты проводишь свободное время? Ты любишь общаться с друзьями или проводить время одна (один)? Тебе нравится сидеть в интернете, на сайтах и форумах?
- Ты часто ходишь по клубам или на вечеринки?
- У тебя обычно много занятий и домашних заданий? Ты сильно устаёшь?

 Рабочая тетрадь, упр. 2

РАЗДЕЛ 2. В центре внимания: форма слова

Verbs. Глаголы.

All verbs (глаголы) in Russian consist minimally of a stem (основа)—which has a root (корень) and a suffix (суффикс), and there may be a prefix (приставка)—and an ending (окончание). In the

Introductory chapter, we reviewed how to check the spelling of *корни, суффиксы и приставки*; in this chapter, we will focus on *окончания глаголов* as they change, depending on **conjugation** and **tense**.

Infinitive. Начальная форма глагола или инфинитив.

The base form of the verb (начальная форма глагола) is called an infinitive (инфинитив). It is called *начальная* because it is *начало* of all other forms; *инфинитив* will help you determine the type of conjugation and, hence, the correct form of *глаголы*.

Инфинитив of English verbs is made with the help of the particle 'to', e.g., 'to read, to wake up, to smile'. In Russian, it is the ending of the verb that indicates the *инфинитив*: -ТЬ, -ТИ, or -ЧЬ.

ТЬ used in the overwhelming majority of Russian verbs after a vowel (which is usually part of the suffix)	дел<u>ать</u>, встав<u>ать</u>, недосып<u>ать</u>, сп<u>ать</u>, вым<u>ыть</u>, постир<u>ать</u>
ТИ used in fewer Russian verbs after a consonant which is usually part of the root	переве<u>сти</u>, не<u>сти</u>, идти
ЧЬ used only in a handful of Russian verbs	помо<u>чь</u>, мо<u>чь</u>, ле<u>чь</u>

 Обратите внимание: Note that such words as *должен* and *можно* are not verbs. They are called modal words (модальные слова) and do not conjugate or change in the past or future tense.

 Рабочая тетрадь, упр. 3

Reflexive verbs. Возвратные глаголы.

The class of Russian verbs that employ the particle (частица) -СЯ after *окончание* is called *возвратные глаголы*. These verbs fulfill several functions: they can indicate a reflexive action (возвратное действие), a reciprocal action (взаимное действие), or the passive voice (пассивный залог). In some cases, *частица* -СЯ in *глагол* does not carry any of these special meanings; through a historical change, it has become an inalienable part of *глагол*: for example, *улыбаться, надеяться, смеяться*, and *бояться*.

Пример	Объяснение/Explanation
Я быстро <u>умылся</u> и сел к компьютеру.	возвратное действие (reflexive = I did the action to myself)
Мы <u>познакомились</u> на ориентации.	взаимное действие (reciprocal = we met each other)
Как <u>пишется</u> это слово?	пассивный залог (passive = words are spelled by someone)
Он <u>проснулся</u> раньше, чем ожидал.	глагол *просыпаться/проснуться* никогда не употребляется без -СЯ (inalienable -СЯ: this verb is never used without the particle)

Рабочая тетрадь, упр. 4

Частица -СЯ имеет две формы: после согласной пишется -СЯ (*нравится*), а после гласной пишется -СЬ (*понравилось*). Consider the following examples:

Лена проснул**ась** поздно и опоздала на занятие.
Раньше мы много общал**ись**, а теперь просто нет времени.
Марина крас**ится** каждый день.
Во сколько ты обычно просыпае**шься**?

It's important to remember that the soft sign (Ь) before *частица* -СЯ is mandatory in *инфинитивы* (e.g., просыпаться, умываться, улыбаться) and in the forms of the second person singular («ТЫ» verb form) — e.g., просыпаешься, умываешься, улыбаешься.

2.1.

Определите начальную форму (инфинитив) каждого из глаголов. / Determine the infinitive of the verbs in these expressions.

всегда недосыпает	мне часто снится дом	опять не занимался спортом
просыпаешься рано	опять просплю	он гордится мной
много общаются	прогуливают занятия	принимает душ по вечерам
пропустил лекцию	висят в Интернете	проводим время с друзьями

Tense. Время глагола.

Russian has three verb tenses (времена глагола): past (прошедшее время), present (настоящее время), and future (будущее время).

Past tense. Прошедшее время.

In *прошедшее время*, Russian verbs change according to the gender and number of the doer of the action, that is, the subject of the sentence, for example:

Вчера мой сосед по комнате сдел**ал** зарядку. — муж.р.
Вчера моя соседка по комнате сдел**ала** зарядку. — жен.р.
Вчера мы с соседями по комнате сдел**али** зарядку. — множ.ч.
Наше настроение ст**ало** значительно лучше. — ср.р.

In *прошедшее время* verbs have fixed *окончания*, i.e., there is only one possible variant of an ending for each gender and number.

Rule for Spelling Past-Tense Verbs. Правило окончаний глаголов в прошедшем времени.
В прошедем времени глаголы...
- мужского рода заканчиваются на Л (большинство глаголов): де**л**ал, чита**л**, стира**л**, спа**л**
- женского рода всегда заканчиваются на ЛА: дела**ла**, чита**ла**, стира**ла**, спа**ла**, мы**лась**
- среднего рода всегда заканчиваются на ЛО: бы**ло**, ста**ло**, радио говори**ло**, сни**лось**
- множественного числа всегда заканчиваются на ЛИ: дела**ли**, чита**ли**, бы**ли**, просыпа**лись**

У глаголов, инфинитивы которых заканчиваются на -ЧЬ, в форме мужского рода прошедшего времени нет **Л**. Они заканчиваются на **Г** или **К**:

- лечь: Он **лёг** спать рано, но всё равно проспал первое занятие.
- смочь: Никто не **смог** ответить на вопрос преподавателя.
- помочь: Мой сосед по комнате очень **помог** мне сегодня.

The choice between К and Г can be checked by the ending in the feminine form of the past tense: for example, *Маша испекла* (перед Л слышится К), *она мне помогла* (перед Л чётко слышится Г).

2.2.

Используйте глаголы в скобках в форме прошедшего времени. / Use the verbs in parenthesis in the past-tense form.

Образец: Раньше мой папа всегда (дремать) _____ после обеда. → Раньше мой папа всегда **дремал** после обеда.

1. Вчера совершенно неожиданно для себя Виктор (проснуться) _____ рано.

2. Всю сессию Саманта не (высыпаться) _____, а сегодня наконец (выспаться) _____. Она (проснуться) _____ только в 12 дня!

3. Данил (заниматься) _____ весь день и весь вечер. А ночью он долго не (мочь) _____ заснуть: голова (продолжать) _____ работать.

4. Папа рассказывал мне, что когда он (учиться) _____ в институте, он ещё (подрабатывать[1]) _____ на стройке, и поэтому, как правило, не (досыпать) _____.

5. Вчера мне (присниться) _____ страшный сон: словно мы

   (устроить) _____ вечеринку в нашем доме, и вдруг

   (начаться) _____ пожар!

6. В школе Миша (тусоваться) _____ только с крутыми ребятами, которые

   (пользоваться) _____ большой популярностью у девочек, но в университете он

   больше не (стесняться) _____ своего ума и с удовольствием

   (проводить) _____ время с настоящими ботаниками².

1. work part time   2. nerds

2.3.

Определите формы инфинитива для каждого глагола прошедшего времени, выделенного жирным шрифтом. / Determine the infinitive form for each verb used in the past tense, highlighted in bold below.

Из жизни студента: приятный сюрприз

Проснулся ещё до будильника... но уже полный энергии. **Умылся**, **побрился**, даже позавтракать

успел. **Побежал** на остановку автобуса... и только полупустые улицы **натолкнули** меня на

мысль: «Ведь сегодня суббота!» Суббота, 8 часов утра, а я уже на ногах. Что делать со всем этим

свободным временем? Я **убрал** комнату, **постирал**, **позвонил** родителям (вот они **удивились**!).

Открыл учебник, но вскоре решил, что день и так оказался вполне продуктивным. Вечер **провёл** с

друзьями, мы **сходили** в бар, хорошо **пообщались**. Теперь я думаю, что вставать рано не так уж и

плохо.

Рабочая тетрадь, упр. 5

Present tense and future tense. Настоящее и будущее время.

In *настоящее и будущее время*, Russian verbs are conjugated (спрягаются), i.e., they change their form according to the person (лицо) and number (число) of the doer of the action they refer to (the subject of the sentence): *я пишу, ты пишешь, он пишет; я буду читать, он будет читать; я возьму, вы возьмёте, они возьмут.*

There are two types of *будущее время* in Russian: a compound future (сложное будущее) and a simple future (простое будущее). Forms of *сложное будущее время* consist of the auxiliary verb (вспомогательный глагол) *буду* in the appropriately conjugated form and *инфинитив* of the content verb (смысловой глагол): <u>*буду читать* статью завтра</u>, <u>*будешь обедать* с нами</u>, and <u>*будем заниматься спортом* вместе</u>. *Простое будущее время* is formed by simply conjugating perfective verbs and without any auxiliary forms: <u>*прочитаю* статью завтра, *пообедаем* попозже</u>. You will learn about perfective and imperfective verbs in the next chapter.

Present and future conjugations of the verbs делать/сделать (зарядку)

Настоящее время		Сложное будущее время		Простое будущее время	
я делаю	мы делаем	я буду делать	мы будем делать	я сделаю[1]	мы сделаем
ты делаешь	вы делаете	ты будешь делать	вы будете делать	ты сделаешь	вы сделаете
он, она делает	они делают	он, она будет делать	они будут делать	он, она сделает	они сделают

1. Note the prefix С- in the verb сделать (сделаю и т.д.): it makes the verb perfective (i.e., oriented toward result).

Endings of conjugated verbs. Окончания спрягаемой формы глагола.

Лицо	Окончание	Примеры
1-ое лицо ед.ч. — Я	-У (или -Ю)	пишу (читаю) / живу / говорю (слышу)
2-ое лицо ед.ч. — ТЫ	(-Е[1] или -И) + ШЬ	пишешь / живёшь / говоришь
3-е лицо ед.ч. — ОН, ОНА, ОНО	(-Е или -И) + Т	пишет / живёт / говорит
1-ое лицо мн.ч. — МЫ	(-Е или -И) + М	пишем / живём / говорим
2-ое лицо мн.ч. — ВЫ	(-Е или -И) + ТЕ	пишете / живёте / говорите
3-е лицо мн.ч. — ОНИ	-УТ (или ЮТ) -АТ (или ЯТ)	пишут (читают) / живут / говорят (слышат)

1. Когда ударение падает на е в окончании глаголов, е становится ё.

The first person singular form of a verb (форма единственного числа 1-ого лица, форма «Я») always ends in *гласная* -У or -Ю. The choice between *гласная твёрдого или мягкого ряда* is usually clearly audible because of the preceding sound—*гласный* or *согласный*, which can be pronounced *твёрдо* or *мягко*: я сплю, я хронически недосыпаю, or я пойду сегодня в библиотеку и возьму книгу.

The choice of *гласная* in all other conjugated forms (формы 1-ого лица множ. числа, форма «МЫ», 2-ого лица единственного и множественного числа, формы «ТЫ, ВЫ» и 3-его лица единственного числа, формы «ОН, ОНА, ОНО») is determined by two factors:

a) by stress: if *окончание* is stressed, *гласная* is clearly audible. Check yourselves: read the following verbs out loud and fill in the missing endings based on what you hear. (Keep in mind basic spelling rules, however, such as the 7-letter rule!)
  - Сэм уже лож_____тся спать.
  - Наш сосед постоянно вис_____т в Интернете.
  - Мы беж_____м на лекцию.
  - Феликс так устал, что не пойд_____т с нами в кино сегодня.
  - Джессика занималась всю ночь, и теперь боится, что засн_____т прямо на лекции.

б) if *окончание глагола* is unstressed, by **the type of conjugation** (тип спряжения). All Russian verbs with **unstressed endings** can be divided into one of the two possible *тип спряжения*: **первый** (или тип «Е») and **второй** (или тип «И») by the ending in the *инфинитив*.

The Rule of the Infinitive. Правило инфинитива.
Ко 2-ому спряжению (тип «И») относятся глаголы <u>с безударными окончаниями</u>, которые в инфинитиве заканчиваются на

- -ИТЬ (кроме глаголов «**брить**» и «**стелить**»): например, *люб**ить**, гото**вить**, уч**ить***
- только 7 глаголов на -ЕТЬ: *вид**еть**, ненавид**еть**, смотр**еть**, обид**еть**, верт**еть**, терп**еть**, завис**еть***
- только 4 глагола на -АТЬ: *гн**ать**, держ**ать**, слыш**ать**, дыш**ать***

Все остальные глаголы <u>с безударными окончаниями</u> относятся к 1-ому спряжению (тип «Е»), то есть:

- все глаголы на -УТЬ: *привыкнуть*
- все глаголы на -ЯТЬ: *гулять*
- все глаголы на -АТЬ **кроме 4 глаголов выше**: *читать, думать, читать*
- все глаголы на -ЕТЬ **кроме 7 глаголов выше**: *болеть, одеться, уметь*

 Обратите внимание: Глаголы *жить, пить, бить, шить* не относятся к этому правилу, потому что их окончания ударные!

The Rule for Spelling of Conjugated Verb Endings. Правило написания окончаний в глаголах.
Пиши **И** во всех глаголах 2-ого спряжения в формах «ТЫ», «ОН, ОНА, ОНО», «МЫ», «ВЫ»!

Лицо	Окончание	Примеры окончания твёрдого типа	Примеры окончания мягкого типа
я	-У (-Ю)	дышу	смотрю
ты	-ИШЬ	дышишь	смотришь
он	-ИТ	дышит	смотрит
мы	-ИМ	дышим	смотрим
вы	-ИТЕ	дышите	смотрите
они	-АТ (-ЯТ)	дышат	смотрят

Пиши **Е** во всех глаголах 1-ого спряжения в формах «ТЫ», «ОН, ОНА, ОНО», «МЫ», «ВЫ»!

Лицо	Окончание	Примеры окончания твёрдого типа	Примеры окончания мягкого типа
я	-У (-Ю)	пишу	читаю
ты	-ЕШЬ	пишешь	читаешь
он	-ЕТ	пишет	читает
мы	-ЕМ	пишем	читаем
вы	-ЕТЕ	пишете	читаете
они	-УТ (-ЮТ)	пишут	читают

Keep in mind that knowing the conjugation type helps you write only unstressed endings correctly. If the ending of a verb is stressed, you do not need to check the conjugation type. You will hear the vowel clearly. If, however, the ending is unstressed, you must first find the infinitive of the verb, which answers the question *что (нужно) делать/что (нужно) сделать?* in order to determine *тип спряжения*.

These decision-making trees are yet another way to represent what your rationale for choosing the verb ending should be. They may help you visualize your thinking process.

Figure 2.1

These trees help you choose correct endings for the forms of *первое* and *второе лицо* (i.e., формы «ТЫ», «МЫ», «ВЫ»), and for the forms of *третье лицо единственного числа* (формы «ОН», «ОНА», «ОНО»). The choice of *окончание* in the form 'they' (форма 3-его лица множ. числа, форма «ОНИ») also depends on *тип спряжения*.

In the verbs of *первое спряжение* the ending is clearly audible as -УТ or -ЮТ whether stressed or unstressed: *студенты слуша**ют** лекции, чита**ют** книги, пиш**ут** контрольные работы, и, как правило, недосыпа**ют**.*

In the verbs of *второе спряжение* the hard ending -АТ or the soft ending -ЯТ in the «ОНИ» form can be stressed and quite audible: *леж**ат*** and *сто**ят***. When unstressed, *гласная* А after hushers (ж, ш, ч) and *гласная* Я after any consonants are usually reduced beyond recognition in speech (если вы не помните, что такое редукция гласных или как она работает, вернитесь в Вводную главу). In the following verbs, for example, it is hard to say what vowel is used in the ending without seeing it written down:

Например,
*Пожилые люди часто плохо слыш...т → /слышыт/.
Мои родители стро...т → /строит/ новый дом.*

This decision-making tree will help you choose correct endings for the «ОНИ» form of *глаголы второго спряжения*.

Figure 2.2

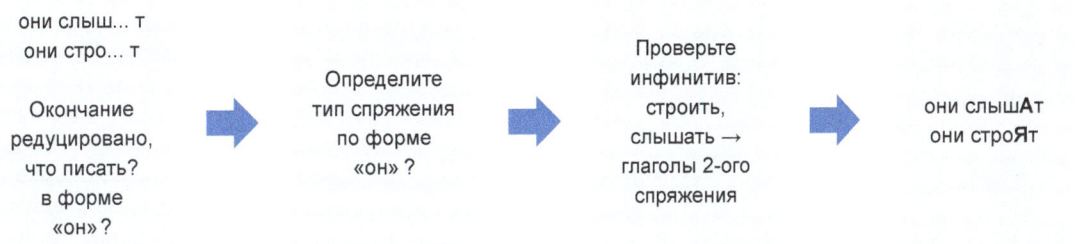

2.4.

Определите тип спряжения этих глаголов, используя схему шагов (рисунок 2.1). / Determine the conjugation type of these verbs, following the steps outlined above in the decision-making trees (Fig. 2.1).

1. просыпаться *1 спр.,*
2. проснуться _____
3. дремать _____
4. поставить _____
5. недосыпать _____
6. засыпать _____
7. стирать _____
8. делать _____
9. заснуть _____
10. краситься _____
11. тусоваться _____
12. устраивать _____
13. висеть _____
14. проспать _____
15. сниться _____
16. видеть _____

Рабочая тетрадь, упр. 6–7

2.5.

Определите тип спряжения и закончите спряжение глаголов. / Determine the conjugation type and complete the conjugation for each verb.

1. жить, пить, бить, шить
   Я живу, пью, бью, шью.

   Ты живёшь, пьёшь, бьёшь, _____

   Он живёт, пьёт, _____

   Мы живём, _____

   Вы _____

   Они _____

2. стирать, недосыпать, просыпаться

   Я стираю, недосыпаю, _____

   Ты стираешь, _____

   Он _____

   _____

3. заснуть, отдохнуть, проснуться

   _____

   _____

4. говорить, любить, помнить

   _____

   _____

5. болеть, уметь

   _____

   _____

6. ненавидеть, смотреть

   _____

   _____

Рабочая тетрадь

- Упр. 8
- Read about the alternative rule to determine the type of conjugation

Consonant mutation. Чередование согласных.

Consonants in *корень* of some verbs change in the conjugated forms. For example, *корень* of the verb *писать* has the consonant С in *инфинитив*, but in the conjugated forms that С changes to Ш, as in *пи**ш**у, пи**ш**ешь, пи**ш**ем, пи**ш**ете*, and *пи**ш**ут*. Note that only some consonants mutate. Here is a summary of consonants prone to mutation.

З, Д, Г → Ж	Т, К → Ч	С → Ш	СТ → Щ
сказать—скажу	платить—плачу́	писать—пишу	чистить—чищу
сидеть—сижу	плакать—пла́чу		
предлагать—предложу			

In the verbs of *первое спряжение*, consonant mutation in *корень* happens in all conjugated forms whereas in the verbs of *второе спряжение*, it happens only в *форме первого лица единственного числа* (форма «Я»).

- платить (глагол 2-ого спряжения): я плачу́, ты пла́тишь, он пла́тит и т.д.
- плакать (глагол 1-ого спряжения): я пла́чу, ты пла́чешь, он пла́чет и т.д.

There is one very specific consonant mutation that affects only *глаголы второго спряжения в форме «я»*: the letter Л is inserted before the ending if the verb's *корень* has one of these letters—Б, В, П, Ф, М.

- лю**б**ить: я люблю
- с**п**ать: я сплю
- НО: ты любишь, он любит и т.д.
- НО: ты спишь, он спит и т.д.

 Обратите внимание: Consonant mutation never happens in the forms of *прошедшее время*.

2.6.

Раскройте скобки, обращая внимание на изменение согласных в корне и на окончания. / Use the verbs in parentheses in an appropriate form. Pay special attention to consonant alternation in the root and the endings.

1. Я всегда _____ (чистить) зубы два раза в день.

2. Боюсь, что завтра я _____ (проспать) первую лекцию.

3. Моя соседка по комнате ужасно сентиментальная. Когда она смотрит романтические сериалы,

   она всегда _____ (плакать).

4. Давай _____ (встретиться) в пятницу вечером.

5. Я пообещал моему соседу по комнате, что _____ (бросить) работать по ночам.

6. Я часто _____ (проводить) время с друзьями. Мы любим встречаться на выходных.

2.7.

Определите тип спряжения глагола в каждом словосочетании. Затем проспрягайте эти глаголы вслух. / Determine the conjugation type of each verb below. Then conjugate these verbs out loud.

> строить карьеру → я строю карьеру, ты строишь, он стро_____,…

жить в общежитии	висеть часами в Интернете	звонить родителям
писать смски	чистить зубы	смотреть сериалы
играть в видеоигры	видеть кошмары	хронически недосыпать
не слышать будильник	слушать лекции	бросить тренировки
уснуть с трудом	стирать одежду	убирать комнату

2.8.

Раскройте скобки, обращая внимание на чередование согласных, время глагола и тип спряжения. / Use the words in parenthesis in an appropriate form. Pay special attention to the consonant mutation, the tense and the conjugation type of the verbs.

Несчастный случай

Каждый день я _____ (ходить) на работу пешком, я _____ (любить) прогуляться утром.

Жена обычно _____ (ездить) на машине, потому что она _____ (возить) с собой много

книг и компьютер, но я _____ (ходить) налегке. Я всегда _____ (выходить) из дома в одно

и то же время, в 7:30. Работа _____ (начинаться) в 8, идти от дома до офиса—20 минут, так

что я обычно _____ (идти) не торопясь. Но сегодня я _____ (встать) позднее обычного.

Жена _____ (предложить) отвезти меня на машине, но я _____ (отказаться). На работу я

не _____ (идти), почти _____ (бежать). Я вообще _____ (ненавидеть) бегать,

но _____ (прийтись) бежать. Уже почти добежав до офиса, я _____ (оступиться),

_____ (упасть) и _____ (сломать) ногу. Вот так.

Tricky verbs. Проблемные глаголы.

You already know about *чередование согласных в корне глагола*: пи**с**ать → пи**ш**ет, лю**б**ить → лю**бл**ю, ви**д**еть → ви**ж**у. There are two more categories of verbs that undergo changes in the stem in their conjugated forms.

Verbs with the -OBA- suffix. Глаголы с суффиксом -ОВА-.

In verbs with the suffix -OBA- (e.g., *организ**ова**ть, завид**ова**ть, ревн**ова**ть, интерес**ова**ться*), alternation happens in the suffix: -OBA- changes to -У- in all conjugated forms.

> организова + ть → организо~~ва~~ → организ + **у** + окончание

я организу́ю	мы организу́ем
ты организу́ешь	вы организу́ете
он, она организу́ет	они организу́ют

 Обратите внимание: In the past tense the suffix -OBA- does not change: *вчера он организ**ова**л, она организ**ова**ла, они организ**ова**ли вечеринку.*

These verbs present particular difficulties to bilinguals because the suffix is 'hidden' in the verb, and in most cases, bilinguals do not even notice it. You are strongly encouraged to a) learn to check the suffix of every verb you know before using it in a sentence; and b) make a note (memorize) the most frequently used verbs with this suffix.

> Here is a list of the most frequently used -OBA- verbs:
>
> | | | | |
> |---|---|---|---|
> | пользоваться | использовать | интересоваться | ревновать |
> | организовать | чувствовать | завидовать | танцевать |

2.9.

Восстановите форму инфинитива глаголов. / Derive the infinitive form for these verbs.

рисует	встал	красилась
анализирует	проснулся	умываюсь
эмигрировали	завидуем	заснули

2.10.

Используйте эти фразы в предложениях настоящего времени, обращая внимание на изменение согласных в корне и в суффиксе в разных формах спряжения. / Use the phrases below in present-tense sentences, paying special attention to the changes in the roots and the suffixes of the verbs when you conjugate them.

эмигрировать в юном возрасте	висеть в интернете
анализировать факты	писать контрольную работу
резервировать номер в гостинице	тусоваться с друзьями
интересоваться историей	проводить время с близкими

Verbs of the Type Давать. Глаголы «узнавать», «вставать» и «давать».

The verbs *узнавать*, *вставать*, and *давать*, as well as other verbs which are formed from the same *корень* with the help of *приставки* (познавать, уставать, продавать, сдавать, подавать), form their own category in terms of mutation pattern. Note that these verbs have *суффикс* -ВА- in the stem. This *суффикс* disappears in the conjugated forms:

дава-ть → дава- → да- + окончание

я даю	мы даём
ты даёшь	вы даёте
он, она даёт	они дают

2.11.

Закончите таблицу спряжения глагола *вставать*. / Finish the conjugation table for the verb *вставать*.

я встаю	мы _____
ты встаёшь	вы _____
он, она встаᅳ_____	они _____

По аналогии проспрягайте эти глаголы. / Following the pattern, conjugate the following verbs.

Уставать: _____

Узнавать: _____

Обратите внимание: It's important not to confuse the verbs *узнавать*, *вставать*, *давать*, and *уставать* with the verbs *узнать*, *встать*, *дать*, and *устать*. Despite the fact that the latter have the same root and form a perfective–imperfective pair with the former, they have different conjugation patterns. You will learn more about this in Chapter 3. Your intuition will help you conjugate these verbs, but you will not even notice that you drifted from one verb to the other while conjugating. This phenomenon is common even among native speakers.

Focus your attention on conjugating these verbs and staying with the conjugation pattern:

Давать → (всегда) я даю, ты даёшь, _____

Вставать → (всегда) я встаю, ты встаёшь, _____

Дать → (завтра) я дам, ты дашь, _____

Встать → (завтра) я встану, ты встанешь, _____

Рабочая тетрадь, упр. 9

Irregular verbs. Неправильные глаголы.

The Russian language has only seven *неправильные глаголы*. For various reasons, including historical changes, these verbs are affected by unpredictable changes of the consonants in *корень* or they mix the conjugation patterns of *первое и второе спряжение*. You must simply memorize the conjugation of these verbs.

хотеть

я хочу	мы хотим
ты хочешь	вы хотите
он, она хочет	они хотят

вчера он хотел, она хотела, (оно хотело), они хотели

Например: Я хочу научиться играть на пианино.

Мы не хотим заниматься спортом каждый день.

есть (при спряжении настоящее)		*съесть (при спряжении простое будущее)*	
я ем	мы едим	я съем (завтра)	мы съедим
ты ешь	вы едите	ты съешь	вы съедите
он, она ест	они едят	он, она съест	они съедят
вчера он ел, она ела, (оно ело), они ели		вчера он съел, она съела, (оно съело), они съели	

Например: Она не ест орехи, у неё на них аллергия.

Не давай нашей собаке большую порцию, она сразу всё съест.

бежать
(движение всегда в одном направлении):
Куда ты сейчас *бежишь*?
(невозможно: #Куда ты сейчас *бегаешь*?)

я бегу	мы бежим
ты бежишь	вы бежите
он, она бежит	они бегут

вчера он бежал, она бежала, оно бежало, они бежали

Обратите внимание: Не путайте этот глагол с глаголом «бегать» (движение в разных направлениях)! → я **бега**ю, ты **бега**ешь, он **бега**ет, мы **бега**ем, вы **бега**ете, они **бега**ют <u>по парку, кругами, туда и обратно</u>.

Например: Куда ты так **бежишь**? versus Ты всегда **бегаешь** по утрам?

мочь		смочь (при спряжении простое будущее)	
я мог	мы можем	я смогу	мы сможем
ты можешь	вы можете	ты сможешь	вы сможете
он, она может	они могут	он, она сможет	они смогут
вчера он мог, она могла, оно могло, они могли		вчера он смог, она смогла, оно смогло, они смогли	

Например: Мой друг может не спать целую ночь, когда готовится к экзаменам.
Ты сможешь отвезти меня в аэропорт завтра?

помочь	
(при спряжении простое будущее)	
я помогу (завтра)	мы поможем
ты поможешь	вы поможете
он, она поможет	они помогут
вчера он помог, она помогла, оно помогло, они помогли	

Обратите внимание: Не путайте этот глагол с глаголом «помогать» (при спряжении настоящее время)! → каждый день я помогаю, ты помогаешь, он помогает, мы помогаем, вы помогаете, они помогают

Например: Ты не поможешь мне перевести этот рассказ на русский?
Если будет трудно, они помогут!

идти	
я иду	мы идём
ты идёшь	вы идёте
он, она идёт	они идут
вчера он шёл, она шла, оно шло, они шли	

Обратите внимание: Note that *корень* in this verb can form many new verbs with the help of *приставки*: *прийти, уйти, перейти, зайти и т.д.* The vowel in *корень* is spelled somewhat differently (идти → -йти), but the conjugation pattern remains the same:

<u>Иду, идёшь, идёт...</u>
Пойду, пойдёшь...
Уйду, уйдёшь...
Зайду, зайдёшь...

В прошедшем времени:
Он пошёл, она пошла...
Он ушёл, она ушла...
Он зашёл, она зашла...

Рабочая тетрадь
• Read about light verb constructions and complete упр. 10

2.12.

Переведите предложения на русский язык. Сфокусируйте внимание на форме глаголов (окончания, изменения в корне и суффиксе, и т.д.). / Translate the sentences below into Russian. Focus your attention on the form of the verbs (endings, changes in the root and suffix, etc.).

1. My younger brother cannot wake up early in the morning on his own. My mom always wakes him up.

_____

_____

2. My mother does not wear makeup herself and does not want me to use makeup either.

_____

_____

3. Yesterday I went to see a ballet but was late and missed the first act.

_____

_____

4. My boyfriend and I run every morning. We want to run a marathon.

_____

_____

5. How do you feel? Did the pill help?

_____

_____

6. My family has a store, and we, the children, always help our parents around the store.

_____

_____

7. My roommate is very messy, but he always helps me clean the room.

_____

_____

8. Natasha does not usually eat in the morning, but she gladly hangs out with her friends when they want to have brunch.

_____

_____

РАЗДЕЛ 3. Подводим итоги

В этой главе вы...

- узнали или повторили ключевые слова и выражения, которые помогают вам рассказать о том, что вы делаете каждый день,
- повторили или выучили, как спрягать глаголы,
- научились правильно писать окончания глаголов в прошедшем, настоящем и будущем времени,
- повторили или научились, как использовать неправильные глаголы.

Проверьте себя.

1. Просмотрите список слов и выражений. Какие из этих слов вы знаете? Определите знание каждого слова по шкале от 1 до 5.

1 Не знаю, никогда не слышал/а это слово.
2 Мне встречалось это слово, но я не уверен/а, что оно значит.
3 Я могу легко догадаться о значении этого слова в контексте.
4 Знаю, использую это слово сам/а.
5 Знаю слово и его синонимы, могу объяснить, что это слово значит и в каком. контексте и/или с какими другими словами его нужно использовать.

_____	просыпаться/проснуться	_____	дремать
_____	будильник	_____	засыпать/заснуть
_____	бессонница	_____	стирать/постирать
_____	краситься/накраситься	_____	недосыпать/недоспать
_____	делать зарядку	_____	тусоваться
_____	недосып	_____	устраивать вечеринки
_____	висеть в интернете	_____	проспать
_____	сниться/присниться	_____	сон
_____	косметика	_____	уставать/устать
_____	проводить время	_____	сидеть на форумах

Сравните сумму очков с результатами, которые вы получили в начале главы: _____

2. Повторите спряжение глаголов. Два типа спряжения отличаются гласными в окончаниях. Согласные в обоих типах спряжения одинаковые! Важно, чтобы окончание формы «ТЫ» всегда заканчивалось на -ШЬ (мягкий знак не слышен, но обязателен), а окончание формы «ВЫ» всегда заканчивалось на -ТЕ (и никогда не -ТИ).

	Окончания в глаголах 1-ого типа спряжения	Окончания в глаголах 2-ого типа спряжения	ПРИМЕРЫ
я			1-ый тип: пишу, читаю 2-ой тип: слышу, люблю
ты			1-ый тип: пишешь, читаешь 2-ой тип: слышишь, любишь
он			1-ый тип: пишет, читает 2-ой тип: слышит, любит
мы			1-ый тип: пишем, читаем 2-ой тип: слышим, любим
вы			1-ый тип: пишете, читаете 2-ой тип: слышите, любите
они			1-ый тип: пишут, читают 2-ой тип: слышат, любят

Применяем знания на практике.

3.1.

Скучные твиты. Прочитайте твиты, написанные одной русскоязычной студенткой. Определите инфинитив глаголов и тип спряжения.

8:00 — еду в университет; погода ужасная, зачем вообще я вышла из дома?!

8:15 — я уже в классе, а учительницы всё нет... может быть, урока не будет?

9:00 — сижу в классе, ничего не понимаю, зачем я записалась на русский язык?!

11:40 — хотела пойти в библиотеку, но по пути встретила Машку, она только что вернулась из России (гостила у двоюродного брата)... Машка говорит, что хочет вернуться в Россию. Я ей не верю...

1:00 — обедаем с Машкой в кафетерии. Договорились пойти вечером к Джефу...

2:25 — звоню Джефу, говорю, что придём к нему в гости вечером.

3:50 — звонит Джеф, говорит, что вечером занят. Ну и дурак.

5:00 — еду домой...

7:30 — ужинаю в японском ресторане с друзьями. Решили из ресторана идти в кино.

9:20 — в клуб!!!

2:00 — вернулась из клуба... на занятия завтра не пойду...

3.2.

А как бы выглядел ваш твит? Напишите, что вы делаете в разное время дня (10–12 твитов). Вы можете написать свои твиты от лица вымышленного (imaginary) персонажа.

3.3.

Опишите обычный день персонажа из повести «День без вранья» на основе того, что вы знаете о нём. Добавляйте детали! Обращайте внимание на спряжение глаголов: окончания, суффиксы, чередование согласных.

Рабочая тетрадь, упр. 11

3.4.

Представьте, что вы решили провести свой «день без вранья». Расскажите, как прошёл этот день. Что случилось? Расскажите, что вы делали, говорили, думали, и как реагировали на это окружающие (people around you).

ГЛАВА 3

КАК ГОВОРИТЬ О ТОМ, ЧТО БЫЛО, ЧТО ЕСТЬ И ЧТО БУДЕТ

В этой главе вы...

- узнаете или повторите слова, которые помогут рассказать вам о том, что было, что есть и что будет,
- прочитаете примеры интересного пересказа событий,
- научитесь правильно пересказывать события,
- узнаете, как рассказывать о важных этапах в жизни человека.

РАЗДЕЛ 1. В центре внимания: значение слова

1.1.

Просмотрите список слов и выражений. Какие из этих слов вы знаете? Определите знание каждого слова по шкале от 1 до 5. / Look at the list of words and expressions below. Which of them do you already know? Determine your knowledge of each word on the scale from 1 to 5.

1 Не знаю, никогда не слышал/а это слово.
2 Мне встречалось это слово, но я не уверен/а, что оно значит.
3 Я могу легко догадаться о значении этого слова в контексте.
4 Знаю, использую это слово сам/а.
5 Знаю слово и его синонимы, могу объяснить, что это слово значит и в каком контексте и/или с какими другими словами его нужно использовать.

_____	расти/вырасти	_____	растить/вырастить
_____	воспитать	_____	рождаться/родиться
_____	рожать/родить	_____	ждать ребёнка
_____	в раннем детстве	_____	юность
_____	в молодости	_____	подружиться
_____	встречаться с кем-либо	_____	дружить
_____	приключаться/приключиться	_____	происходить/произойти

_____ становиться /стать   _____ переставать/перестать

_____ бросать/бросить (работу, учёбу)   _____ пойти в армию

Посчитайте сумму очков: _____

1.2.

Внимательно прочитайте заметки о значении и использовании ключевых слов и выражений. Отметьте слова и выражения, которые вам встречаются впервые. Обратите внимание на конструкции, в которых эти слова и выражения используются. / Carefully read the notes on the meaning and usage of key words and phrases. Mark the words and constructions that you are seeing here for the first time. Pay attention to how these words are used in speech.

рождаться/родиться	The word _рождаться/родиться_ (to be born) is most likely well-known to you, but we would like to draw your attention to its patterns of usage. The construction _кто?_ + _родилась/родился/родились_ puts the focus on the subject, i.e., the person who is/was born.
рожать/родить	• <u>Вы</u> **родились** в Сайгоне? • <u>Денис</u> **родился** в Украине, но вырос в Сиэтле.
ждать ребёнка	To shift the focus onto the parents (_родители_), one is likely to use the construction _у_ + _кого? родился/родилась/родились кто?_ In this construction, parents are normally mentioned first (in the form of _у_ + _кого?_), followed by the verb, followed by the subject (who was born, _кто?_)

         1   2   3

• А зимой <u>у них</u> **родился** <u>ребёнок</u>. Мальчик.

                     1   2   3

• От Саши пришло письмо. <u>У него</u> **родился** <u>сын</u>.

The verb _рожать/родить_ in the active voice corresponds to the English phrase 'to have a child/children' or 'to give birth':

• Как вы думаете, когда лучше **рожать** детей, в молодом или зрелом (mature) возрасте?
• Она **родила** и вырастила шестерых детей.

Notice that there is a difference between the two verbs, _рождаться_ and _рожать_, not only in the use of the reflexive particle -СЯ/-СЬ but also in the stem, ЖД/Ж.

The phrase _ждать ребёнка_ corresponds to the English 'to be expecting a child':

• В ноябре они **ждут ребёнка**.
• Родители Гали **ждали мальчика**, даже купили голубую коляску, а родилась девочка.

детство (no pl.) юность (no pl., fem.) молодость (no pl., fem.)	The words describing early life periods are *детство* (childhood), *подростковый возраст* (teenage years), *юность* (late teenage and early twenties), and *молодость* (youth, the definition of which always depends on your current perspective). It is important to keep in mind that 'young child' is translated into Russian as *маленький* (not #*молодой*) *ребёнок*; hence, the phrase "when I was a young child" is best rendered in Russian by *когда я был маленький/ маленькая* or *в детстве*: ● **Когда я была маленькая,** я часто простужалась (I caught a cold) и болела, поэтому бабушка записала меня в бассейн. ● **В детстве** я часто простужалась... To refer to one of these life periods, you can use the phrase *проводить/ провести детство, юность, молодость*: ● Родился он в городе, но **детство** своё **провёл** с бабушкой и дедушкой в деревне. ● Она **провела юность** за чтением французских романов и поэтому с лёгкостью поступила в литературный институт.
расти/вырасти (рос/вырос) растить/вырастить (растил/вырастил)	The Russian verbs *расти/вырасти* 'to grow up' and *растить/вырастить* 'to raise' are related and look and sound similar; pay attention to the forms of these verbs—and the vowel alternation in the stem—in the examples below: ● Мальчик **рос** домашним ребёнком, с бабушкой, репетиторами (private teachers/tutors) на дому, уроками рисования... ● Мать **растила** нас одна. ● Никто его особенно не воспитывал, а **вырос** он порядочным, честным, добросовестным. ● Режиссёр Фоменко **вырастил** целую плеяду (Pleiades) талантливых, потрясающих (fabulous) актёров. Note that *растить/вырастить* is different from *выращивать/ вырастить*, the latter meaning 'to cultivate' (as in plants, fruits or vegetables): *Анна Петровна* **выращивает** *помидоры* versus *Анна Петровна одна* **растит** *сына*. The Russian verb *расти* can take a number of prefixes: *под-расти* (grow up a little), *до-расти* (grow up to a mark), *пере-расти* (overgrow or grow over some mark). Например: ● С самого детства Танечка была высокой, уже в тринадцать **доросла** до отца и в следующий же год его **переросла**. ● Когда Петя **подрос**, он стал помогать матери по дому. In certain contexts, the Russian verb *воспитывать/воспитать* can be substituted for by *растить/вырастить* (to raise):

- Смысл жизни моих родителей заключался в том, чтобы **вырастить детей**, сделать их людьми.
- Смысл жизни моих родителей заключался в том, чтобы **воспитать детей**, сделать их людьми.

знакомиться/ познакомиться	The Russian verbs *знакомиться/познакомиться* and *встречаться/ встретиться* sometimes present difficulty to bilingual speakers, since both can be translated as 'to meet' when people are meeting for the first time, as below:

встречаться/ встретиться

дружить

подружиться

- Мои родители **встретились** в Москве, куда приехали учиться после окончания школы. [meeting for the first time]
- Мы **познакомились** с Маней во время вступительных экзаменов (entrance exams) в институт и сразу подружились. [meeting for the first time]

However, *встречаться/встретиться* can be used in the sense of 'to see someone, to meet', and not just once.

- Давай **встретимся** завтра в 12!
- Они **встречаются** каждый четверг на ланч.

Встречаться (but not встретиться, of course) is also used in the meaning of 'to date'.

- Петя и Зоя **встречались** всего два месяца, а потом расстались.

The verbs *дружить* and *подружиться* are not quite a pair in the same way that we have seen other verbs to be, but they are clearly related in meaning; *подружиться* focuses on the moment of becoming friends, whereas *дружить* is about the process of friendship.

- Когда Саня перешёл в новую школу, он быстро **подружился** с одноклассниками.
- Они **дружили** много лет, **дружили** домами, как тогда говорили, то есть вместе ездили на дачу, в отпуск, дети росли вместе...

The verbs *случаться/случиться* and *происходить/произойти* mean 'to happen/to occur'; they are close synonyms and are often used interchangeably:

- Что **случилось**? Что **произошло**?
- В молодости со мной **случилась** (**произошла**) одна интересная история...

The verb *приключаться/приключиться* can also be translated as 'to happen, to transpire', and you can freely substitute it for the verbs used in the sentences above). However, in the majority of uses, *приключаться/ приключиться* is followed by a negative noun, such as *беда*, *неприятность*, or *болезнь*:

случаться/случиться	● ...катастрофическая авария (failure/crash/accident) **приключилась** там, где её ждали меньше всего.
происходить/ произойти	Interestingly, the nouns derived from the verbs described above are quite different in meaning: *случай* (event, story, occasion), *случайность* (chance, accident), *происшествие* (accident, incident), and *приключение* (unexpected turn of events, adventure).
бывать	
приключаться/ приключиться	Finally, the verb *бывать* describes what is expected and normal, whereas *случаться/случиться* and *происходить/произойти* normally refer to unexpected events. ● **Бывает**, что молодые люди женятся через месяц после встречи и потом счастливо живут в браке (marriage) всю жизнь! ● —Извини, забыл тебе вчера перезвонить. —Ничего страшного, **бывает**.
начинать/начать	Some Russian verbs can be loosely grouped under the name of "phase verbs," when they are used with another verb. They signify a particular phase—a beginning, continuation or end—of an action that is described by the second verb. See the examples below:
стать	
продолжать/ продолжить	● Сразу после окончания университета Игорь **стал** <u>работать</u> на заводе. [began to work] ● Известный российский пианист Денис Мацуев **начал** <u>заниматься</u> музыкой в раннем детстве. [began to practice music] ● Ребята **продолжали** <u>дружить</u>, даже когда они оказались в разных школах. ● Ещё в детстве я **перестал** <u>разговаривать</u> с родителями по-русски, о чём сейчас очень жалею. [stopped speaking] ● У него был очевидный талант, но он **бросил** <u>заниматься</u> рисованием в юности. [quit art lessons]
переставать/ перестать	
бросать/бросить	

Notice that the verbs mentioned above can be used not only as signifying the stage (phase) of an action, but as independent content verbs: *Миша* **стал** *учителем, профессор* **начал** *лекцию, Сергей чихнул и* **продолжил** *рассказ, дождь* **перестал**, and *Галя* **бросила** *мужа и переехала в Москву*. In other words, they can move from a supporting role into a fully lexical role and back. Note that the verb *пойти* can also function as a phase verb:

● И тут началась Первая мировая война, папа **пошёл** <u>воевать</u>...
(О. Дорман «Жизнь Лилианны Лунгиной, рассказанная ею в фильме Олега Дормана»)
● Сразу после школы в университет я не поступил, **пошёл** <u>работать</u>.

In such examples, the word *пойти* behaves more like a grammatical particle rather than a content verb. We observe a similar situation in such Russian constructions as *пойти в школу, пойти в детский сад*, and *пойти в армию*, in which *пойти* signifies the beginning of a stage:

- Когда Рита **пошла в школу** (started school), она уже умела читать и писать.
- У Алекса не было возможности учиться дальше, он **пошёл в армию.** (Note that one cannot say #*начать школу* or #*начать армию* in Russian.)

Notice that we rarely say *пойти в институт/университет* since it requires specific set of actions that is summarized and referred to by the verb *поступить*: *Виктор* **поступил** *в университет* (Viktor submitted an application, passed exams, and was accepted into the university). This and many other verbs, such as *записаться в секцию, на уроки музыки, в спортзал, записать кого-либо, отвести кого-либо* cannot be considered phase verbs per se but are frequently used to refer to the start of some activity (related to personal interests, hobbies, academic study).

- Родители **отвели Маню** в музыкальную школу (took Manya to the music school), когда ей было всего четыре года.
- В детстве Антон часто болел, и бабушка **записала его** в бассейн (signed him up for swimming lessons).

 Рабочая тетрадь, упр. 1А, Б

1.3.

Прочитайте короткий рассказ Льва Борисенко, израильского студента из русскоговорящей семьи. В предложениях с пропущенным словом выберите глагол, подходящий по значению. Обратите внимание, что в некоторых предложениях возможны разные варианты. Обсудите с преподавателем и одноклассниками, как меняется смысл предложения в зависимости от выбранного глагола. / Read the following short story by Lev Borisenko, an Israeli student from a Russian-speaking family. Choose the most appropriate word for the context from the parentheses. Note that in several sentences, more than one word may be acceptable. Discuss with your partner and the instructor how the choice of the verb affects the meaning of the entire sentence.

***

Я родился и вырос в Израиле, в городе Хайфа. Я был единственным ребёнком в семье, родители много работали, и меня (*растил, воспитывал, рос, выращивал*) дед, что было довольно необычно. Да и дед был довольно необычным человеком. Он мало говорил, много думал, научил меня обливаться холодной водой, лазить по деревьям, вырезать ножом фигурки из дерева и многому другому, чего не одобряла мама. В общем, дед был для меня первым и главным другом детства. Правда, когда я (*вырос, подрос, рос*) и (*поступил в школу, начал школу, пошёл в школу*) я стал его страшно стесняться. Мне хотелось (*быть, стать*) таким же, как и все мои израильские сверстники[1], а дед не говорил на иврите, ничего не понимал в компьютерах, и вообще был «другой». Я же быстро (*познакомился, подружился, встретился*) с ребятами из школы, стал играть в футбол и в компьютерные игры, и дед мне (*стал, был*) не нужен.

После окончания школы, как все молодые израильтяне, я (*начал армию, поступил в армию, пошёл в армию*). И только здесь я понял, как многому меня научил дед: не болтать по пустякам[2], не расстраиваться по мелочам[3], не жалеть себя, сохранять спокойствие[4] в тяжёлой ситуации. Я (*буду, стал, начал*) с теплотой вспоминать своё «необычное» детство.

Дед умер, когда я только (*пошёл в университет, поступил в университет*). Мама говорит, что я становлюсь всё больше на него похожим.

1. peers   2. trifles/insignificant stuff   3. unimportant things   4. keep calm

1.4.

Расскажите немного о себе. Где вы родились и выросли? Кто вас воспитывал? Где вы жили в детстве? Где вы ходили в детский сад? А где вы пошли в школу? Вам приходилось переходить в новую школу? Вам было легко подружиться с новыми ребятами? Часто ли вам приходилось переезжать?

1.5.

Прочитайте рассказ о родителях Льва. В предложениях с пропущенным словом, выберите глагол, подходящий по значению. Обратите внимание, что в некоторых предложениях возможны варианты. Обсудите с учителем и одноклассниками, как меняется смысл предложения в зависимости от выбранного глагола. / Now read the story of Lev's parents. In parentheses choose the most appropriate word for the context. Note that in several sentences more than one word may be acceptable. Discuss with your partner and the instructor how the choice of the verb affects the meaning of the entire sentence.

***

Мама и папа—оба из Вильнюса. Они (*встретились, познакомились, подружились*) ещё в школе. Они учились в параллельных классах и до старших классов их пути никогда не пересекались. А в старших классах они стали ходить в театральный кружок, там они (*познакомились, встретились, подружились*). После окончания школы родители (*пошли, поступили*) в институт, отец на инженерный факультет, а мама—на отделение иностранных языков. Они (*встретились, встречались*) каждый день, гуляли по улицам Вильнюса, строили планы на будущее... Им, конечно, казалось, что ничего плохого в их жизни (*случиться, произойти, быть*) не может. И вот после второго курса папу забрали в армию. Шла война в Афганистане, и мама за него очень переживала. И вот в этот момент мамина семья получила разрешение на выезд из Советского Союза. Мама не могла себе представить разлуки с папой. Она совершила первый, по её словам, взрослый поступок в своей жизни[1]: к большому ужасу своих родителей, она решила остаться в Вильнюсе. А её родители и младший брат эмигрировали в Израиль. Когда папа вернулся из армии, родители поженились или, как они говорят, «расписались», то есть у них не было свадьбы и большого торжества, они просто оформили брак[2].

Им, конечно, было не просто жить в Вильнюсе одним, без поддержки родителей, но они (*начинали, продолжали, переставали*) учиться, получили образование. И ещё через четыре года Советского Союза не стало, и мама и папа, наконец, получили возможность[3] переехать в Израль, где и родился я.

1. she made the first adult decision (and act) of her life   2. formalize marriage   3. opportunity

1.6.

Обсудите с партнёром. Что вы знаете о своих родителях? Где они родились и выросли? Когда они познакомились? Как это случилось? Где они получили образование? Где они жили в молодости? Когда они пошли работать? Рассказывали ли они вам интересные истории из своей жизни?

Рабочая тетрадь, упр. 2

РАЗДЕЛ 2. В центре внимания: форма слова

Verbal aspect. Вид глагола.

Read the two dialogues below and think about the difference in meaning:

—Что ты делал вчера?   —Ты уже **с**делал задание по русскому?
—Много чего делал, но результата никакого.   —Да, **с**делал и даже уже сдал!

Both of the dialogues tell us about something that took place yesterday, but you can probably sense the difference in meaning. In the first dialogue, a person asks a general question and hears that his/her interlocutor performed an action, but the action did not necessarily bring any results, whereas in the second dialogue a person is asking a specific question about accomplishments, and the interlocutor answers that the action was indeed performed with the result evident at the moment of speaking—the homework has been turned in.

This difference in meaning is created by the usage of the verb *делать* in the imperfective aspect (несовершенный вид)—*я много чего **делал,*** and *сделать* in the perfective aspect (совершенный вид)—*я **сделал** задание и даже уже сдал его.*

Unlike English, which has many various tense forms to express nuances of the action (present: I write, I am writing, I have been writing; past: I wrote, I was writing, I have written, I had written; future: I will write, I will be writing, I will have written), Russian has only three tenses—*настоящее, прошедшее,* and *будущее.* The nuances in the type of action are expressed by the combination of tense and aspect.

> Aspect is a grammatical characteristic of verbs that refers to the relationship between the course of an action and its limit or boundary (завершённость).

Consider the following examples:

- An action has *завершённость* when it is done and over (завершённое действие)—or will be done and over—bringing forth its fruits/results: *Он долго писал сочинение и наконец **написал** его,* or *Он завтра **напишет** это сочинение.*
- An action may not have *завершённость* because it is (was or will be) in process (действие в процессе): *Не мешай мне, я **читаю**! Вчера я весь день **читал**. Завтра я **буду спать** весь день!*
- Finally, an action can be repeated several (many) times, each time being completed and bringing forth some result (повторяющееся действие): *Мы всегда **писали**, сейчас **пишем** и всегда **будем писать** открытки на Новый год.* Every time when we write a post card, there is a result: a post card is written (and sent). Crucially, however, the action that produces this result is repeated again and again; it is not a one-time action, as in a) above.

Note that verbs describing a condition (physical or emotional) may not express *процесс*, *повторение*, or a sense of *завершённость*: *Я **хочу**, чтобы мои дети говорили по-русски.* They simply state the fact of a particular physical or emotional condition.

The overwhelming majority of Russian verbs come in two forms—*форма несовершенного вида* and *форма совершенного вида*. The lexical meaning of both forms is the same; the difference lies in whether the action is viewed as *завершённое действие* (which creates the interpretation of a **one-time** action) or not.

делать[1]—сделать
писать—написать
есть—съесть
покупать—купить
решать—решить

1. Note that it is a linguistic tradition to always write the imperfective form first.

Both verbs in each pair are translated into English with the same infinitive (to do/make, to write, to eat, to buy, to decide/resolve/solve).

You have an intuitive knowledge of aspectual pairs for many verbs, but not for all. This chapter will help you learn the aspectual pairs of verbs and their appropriate usage.

2.1.

Прочитайте отрывок из биографии известной советской переводчицы Лилианны Лунгиной (автора переводов «Малыш и Карлсон» и «Пеппи Длинныйчулок») и проанализируйте глаголы, выделенные жирным шрифтом. Предполагает ли глагол завершённость действия? Или же выражается процесс действия? Или его повторяемость? Или физическое/эмоциональное состояние? / Read an excerpt from the biography of the well-known Soviet translator Lilianna Lungina (who translated "Karlsson-on-the-Roof" and "Pippi Longstocking") and analyze the verbs in bold. Does the form of the verb express the idea of limit/boundary/completion, or does it express process, repetition, or emotional state?

***

Мама и папа—из Полтавы, оба. Я всегда **хотела** туда попасть, много раз **просила** свою тётку, мамину двоюродную сестру, жену знаменитого академика Фрумкина, поехать со мной в Полтаву, потому что она могла бы показать, где был их дом,—но никак не получалось. А потом, на каком-нибудь уже тридцать пятом году нашей с Симой жизни, сама судьба распорядилась[1], чтобы мы **попали** туда. Сима **перенёс** несколько тяжёлых пневмоний[2], и нам **сказали** врачи, что нужно найти место с нежарким, но тёплым и ровным климатом. Моя подруга Флора Литвинова, мама знаменитого диссидента Павлика Литвинова, **посоветовала** поехать в Шишаки, в семидесяти километрах от Полтавы. Там **течёт** замечательная река Псёл, **стоит** сосновый[3] лес, там очень красиво. Недолго думая—такие решения я **принимала** очень быстро—я **попросила** Флору снять[4] для нас домик, и мы **поехали**. И так странно—совершенно случайно—**оказались** в Полтаве.

—*О. Дорман «Жизнь Лилианны Лунгиной, рассказанная ею в фильме Олега Дормана»*

1. as fate would have it   2. pneumonia   3. pine (adj.)   4. rent

Imperfective and perfective forms of verbs.
Формы глаголов несовершенного и совершенного вида.

Russian has three ways of forming aspectual pairs of verbs:

1. Through prefixation (при помощи приставок): НА-, ПО-, ПРИ-, ПРО-, С-, ЗА- и
    т.д.: *писать—написать, обедать—пообедать, готовить—приготовить,
    читать—прочитать, делать—сделать, плакать—заплакать*

Only those pairs of verbs, in which *приставка* does not change the lexical meaning of
несовершенный вид and only adds the understanding, suggestion, or implication that the action is
complete (завершённость действия), are considered aspectual. Such *приставки* are called neutral
(нейтральные). Например, *писать—написать* (unlike **пере**писать, **до**писать, and **за**писать,
where prefixes change the meaning of the verb*), делать—сделать* (unlike **пере**делать, **до**делать),
читать—прочитать (unlike **пере**читать, **до**читать).

However, there are many *приставки* in the Russian language that can be added to *глаголы
несовершенного вида* to create additional meaning, for example: *чистить—почистить*, but also
вычистить, счистить, зачистить, начистить и т.д. These verbs are not considered to form an
aspectual pair with the verb *чистить*, because the various *приставки* add new nuances to the description of the action, in addition to suggesting the action's *завершённость*. The verbs are perfective, but
they are different in their meaning from the mother verb *чистить*. Note that in English such nuances in
meaning are usually expressed with the help of so-called postpositions: to clean *up*, to clean *off*, to clean
out. The system of aspectual pairs is quite symmetrical in Russian: perfective verbs formed with the help
of *лексические приставки* are treated as new vocabulary items (often requiring a separate dictionary
entry) and form new aspectual pairs by creating their own imperfectives with the help of the imperfectivizing suffix (суффикс несовершенного вида) -ЫВА- (see #2 below).

Обратите внимание: Note that even the prefix ПО- is not always neutral. In some verbs it adds a lexical
meaning. Take for example, the neutral aspectual pair *читать-прочитать*. The form **по**читать means
'to read for a little bit'.

To test your intuition about *глаголы совершенного вида*, think of as many different *приставки* that
can be added to the verbs below as possible. Explain how the meaning of the verbs changes with each
лексическая приставка you use.

мыть (нейтральная пара: помыть): смыть, _____

писать (нейтральная пара: написать): подписать, _____

читать (нейтральная пара: прочитать): почитать, _____

2. Through suffixation (при помощи суффиксов):
    а) the *суффикс* -ЫВА- is added to perfective verbs formed with the help of *лексические
        приставки: подпис**ыва**ть—подписать, дочит**ыва**ть—дочитать* (in these examples, the
        perfective forms are primary, and the imperfective forms are derived from them with the help of
        the suffix. This is different from the process described in #1 above).
    б) alternation between the suffix -И and the suffix -А: *реш**а**ть—реш**и**ть, покуп**а**ть—куп**и**ть*
    в) replacement of the suffix -А with the suffix -НУ: *привык**а**ть—привык**ну**ть, засып**а**ть—
        зас**ну**ть* (Note that the last example also exhibits changes in the root).

3. Through alternation in the root: *начинать—начать, давать—дать*.

4. Through suppletion (при помощи глаголов с другими корнями). These are rare occasions for which there are usually historical reasons: *говорить—сказать, брать—взять, класть—положить*. (These pairs of verbs must be memorized.)

2.2.

Найдите видовые пары глаголов. / Find the aspectual pairs.

видеть	засмеяться	купить	записывать
случиться	решать	учиться	рисовать
расти	позавидовать	увидеть	решить
происходить	записать	смеяться	нарисовать
вырасти	научиться	покупать	завидовать
случаться	произойти		

Рабочая тетрадь, упр. 3

2.3.

Определите вид каждого глагола и допишите его пару: для совершенного вида найдите соответствующий глагол несовершенного вида и наоборот. Выбирайте нейтральные пары (т.е. не используйте смысловые приставки, которые меняют значение глагола). / Determine the aspect for each verb and write down its pair: a perfective for an imperfective and vice versa. Be sure to choose neutral pairs, i.e., do not use lexical prefixes that change the meaning of the verb.

1. помогать (другу) _____
2. встретиться (с преподавателем) _____
3. воспитывать (детей) _____
4. начинать (занятия) _____
5. продавать (подержанные учебники) _____
6. дать (хороший совет) _____

2.4.

Создайте пары глаголов, используя разные приставки и суффикс -ЫВА-. / Create aspectual pairs with the same root, using various lexical prefixes and the imperfectivizing suffix -ЫВА-.

a) Сначала придумайте как можно больше глаголов совершенного вида, добавляя разные приставки к корню -ДУМ- в глаголе несовершенного вида *думать*: ПРИ-, ПРО-, ЗА- и так далее. У вас получились новые глаголы совершенного вида. Объясните значение каждого из этих новых глаголов. / First think of as many verbs that have a perfective interpretation as possible by adding various possible prefixes to the root -дум- of the imperfective verb думать. Explain the meaning of each of these verbs.

_____

_____

_____

б) Теперь для каждого глагола совершенного вида с лексической приставкой и корнем -ДУМ-
создайте пару, используя суффикс несовершенного вида -ЫВА-. / Now create a pair for each of
the perfective verbs by using the suffix -ЫВА-.

_____

_____

_____

в) Повторите шаги а) и б) с этими глаголами. / Repeat steps a) and b) with these verbs.

жить _____

_____

_____

писать _____

_____

_____

мыть _____

_____

_____

 Рабочая тетрадь, упр. 4–6

Functions of verbal aspect.
Функции (использование) видов глагола.

Глагол совершенного вида denotes an action that is limited by some boundary. This boundary can be at the beginning of the action (запеть, побежать, etc.) or at its end (окончить, проверить, записать, etc.). Hence, *формы глаголов совершенного вида* are associated with the following meanings:

a)   the initial phase of an action is over and the action is now happening (was happening, will be happening): *засмеяться, закурить, закричать.* (Например: Миша поцеловал Таню в нос, и она тихо засмеялась от счастья.)

b)   limited duration of an action (i.e., the action was going on for some period of time, a little bit, but then stopped): *посидеть, почитать, попеть, поесть.* (Например: Русские любят посидеть «на дорожку» перед длинным путешествием.)

c)   with a result that is evident at the conclusion of an action: *нарезать, написать, испачкать, разрисовать, избить.* (Например: Я напишу сообщение своему преподавателю завтра, сегодня уже поздно.)

Несовершенный вид denotes an action as it happens without any indication of *завершённость* (i.e., it is/was/will be in progress) or an action which has *завершённость*, but is repeated (crucially, it is not a one-time action): *петь, писать, воспитывать.*

Например:
- В нашей семье очень любят пение, и мы часто поём хором с родителями, сестрой, дедушкой и бабушкой. [repeated action]
- Иван пишет диссертацию уже второй год. [action in progress]

When we talk about physical or emotional conditions or about actions involving our bodies (such as smiles, tears, or laughter), the distinction between *несовершенный* and *совершенный вид* has a somewhat different character. *Несовершенный вид* points to a static condition that does not change or to the repetition of the emotions/physical conditions experienced by the subject. For example:

- Когда его хвалят, он всегда **радуется** как ребёнок. [repetition of condition]
- У них спокойный малыш: он редко **плачет**. [repetition of condition]
- Они **ненавидят** нового соседа по комнате (он страшный грязнуля). [static condition]
- Со Скайпом сегодня какие-то проблемы: я тебя **вижу**, но не **слышу**. [static condition]
- Ты слишком часто **болеешь**, тебе нужно заниматься спортом. [repetition of condition]

Совершенный вид of these verbs denotes a change (often unexpected or sudden) in the physical or emotional condition, which is usually caused by some other action—mentioned or unmentioned—that happened right before the change in the emotional state. For example:

- Когда его похвалили, он очень **обрадовался**. (До этого ему было грустно.)
- Малыш вдруг **заплакал**. (Всё было хорошо, и вдруг он начал плакать.)
- Они **возненавидели** своего нового соседа, потому что он страшный грязнуля, а они все чистюли. (До этого к нему относились хорошо.)
- Я **увидела** тебя в Скайпе и решила позвонить. (Скайп был открыт, но я занималась своими делами и не знала до этой минуты, что ты уже онлайн.)
- Ты опять **заболел**?! (Мы с тобой говорили вчера, и ты был в порядке.)

Verbal aspect and tense. Вид глагола и время.

Вид глагола is closely connected to the category of tense (время). Since *совершенный вид* refers to a completed one-time action with the focus on the result, it cannot be used in *настоящее время*: indeed, either the action has already happened, or it will happen in the future (and bring forth the result). Therefore, *глаголы совершенного вида* have only two tenses, *прошедшее* and *будущее*, while *глаголы несовершенного вида* have all three tenses because the action can be in progress or be repeated in the past, present or future.

The past-tense forms of *глаголы совершенного вида* do not differ from the forms of *глаголы несовершенного вида*, in that they all have the same endings:

читал — прочитал, писала — написала, смеялся — засмеялся,
реша**ли** — реши**ли**, мог-смог, мог**ла**-смог**ла**

Future-tense forms, however, do differ. *Будущее несовершенного вида* is formed with the help of *вспомогательный глагол «буду» в нужной форме* (глагол первого типа склонения) + *инфинитив смыслового глагола.*

> Я **буду** читать (ты **будешь** читать, он **будет** читать... они **будут** читать) весь день завтра.

That is the reason why *будущее несовершенного вида* is called *сложное будущее время*: it is not because it is a complex or difficult concept, but rather because it is formed by two words.

Будущее совершенного вида is formed by **conjugating** the perfective verb:

> Завтра я наконец-то **найду** время, **прочитаю** эту статью и **напишу** сочинение.

Будущее совершенного вида is called *простое будущее* not because it is simple, but because it is formed with only one word.

Note that when we conjugate *глагол несовершенного вида*, we have a present-tense form whereas when we conjugate *глагол совершенного вида*, we have a future-tense form (простое будущее).

Compare the two columns, paying attention to the conjugated forms and analyzing the aspect and tense of the verbs used:

Я часто знакомлюсь с новыми людьми.	Завтра я познакомлюсь с новым соседом.
Мы всегда готовимся к экзаменам.	Обещаю, мы хорошо подготовимся к экзаменам!
Она красится каждый день.	Подожди, она накрасится, и мы пойдём вместе.
Он всегда получает хорошие оценки.	Он, наверняка, получит хорошую оценку на экзамене.
Ты так редко убираешь комнату!	Когда ты уберёшь комнату?
У неё растёт дочка.	Каким человеком она вырастет?
Мне всё время снится какой-то кошмар.	Я боюсь, что мне опять приснится кошмар.

The interaction of tense and aspect in Russian can be represented in the form of a table:

Прошедшее время	Настоящее время	Будущее время
Несовершенный вид: читал Совершенный вид: прочитал	Несовершенный вид: читаю Совершенный вид: —	Несовершенный вид (сложное будущее): буду читать Совершенный вид (простое будущее): прочитаю

2.5.

Прочитайте ещё один отрывок из биографии Лилианны Лунгиной и проанализируйте каждый из подчёркнутых глаголов: какое время и какой вид у этих глаголов? какое у него значение? (повторяемость, завершённость/внимание на результат и так далее). / Read another excerpt from the autobiography of Lilianna Lungina and analyze each verb highlighted in bold: what tense and aspect do these verbs have? What meaning do they express (repetition, boundaries, emphasizing the result, etc.)?

И тут **началась** Первая мировая война, папа **пошёл** воевать, что называлось, «вольноопределяющимся»[1], — на самом деле это была обязательная служба, его **призвали**[2]. И **попал** в немецкий плен[3]. Почти четыре года **сидел** в немецком плену, поэтому потом очень хорошо **говорил** по-немецки...

А мама во время войны **организовала** детский сад для еврейских детей, чьи отцы были мобилизованы. [Это был] первый еврейский детский сад, ... там дети **жили, спали**, их **разбирали** только на выходной день. В дневниках она с необычайной любовью **пишет** об этих мальчиках и девочках, о том, как трудно их было заполучить, как матери, нищие[4], голодные, тем не менее, **боялись** отдавать детей, как она их **уговаривала**, и **описывает** историю сада день за днём, о каждом ребёнке что-то пишет. Это трогательно[5], я почти не могла читать без слёз, потому что о каких-то совершенно для меня поначалу абстрактных Мойшах и Юдифях мама **писала** с такой любовью! Вот он сегодня в первый раз правильно **сказал** такое-то слово, а Юдифь в первый раз **вылепила**[6] ослика. Всё это **фиксировалось**[7], всё это маме **казалось** необычайно важным, полным содержания, и тем самым работа в детском саду (она нашла себе ещё двух помощниц) **выглядела** исключительно поэтичным занятием. Как будто бы она из них **выращивала** редкостные цветы. Каждый был экземпляр сам по себе, каждого **поливали** особой водой в особом режиме, и вот постепенно, по мере того как я **читала** дневник, эти дети **расцветали**: кто умел петь, кто умел танцевать потом, кто умел лепить или читать стихи. Совершенно забитые, задавленные[8], они **превращались**[9] в маленькие растеньица, любовно выхоженные[10].

1. volunteer   2. drafted   3. captivity   4. extremely poor/destitute   5. touching   6. made out of clay   7. (here) written down   8. crushed   9. turned into   10. nurtured/taken care of

— *О. Дорман «Жизнь Лилианны Лунгиной, рассказанная ею в фильме Олега Дормана»*

Рабочая тетрадь, упр. 7

2.6.

Заполните пробелы глаголом в правильном времени и виде по смыслу. / Fill in the blanks with the verb in the appropriate tense and aspect.

1. Сегодня у Миши день рождения, и мы _____ ему вкуснейший торт. Хотите попробовать? (buy, cook, bake)
2. Когда-нибудь ты _____, как ты был не прав! (understand)
3. —Чем ты занимаешься?
   —_____ дома, _____. (be/sit, rest, play videogames)
4. —Что ты делал на выходных?
   —Весь день _____ презентацию. (prepare, write, rehearse)
5. —Что ты _____ завтра в 12.00 часов? (do)
   —Наверное, _____ сочинение (write). А что?
   —Хочу пригласить тебя на обед.
6. Каждый день она _____ _____ (exercise). Завидую её самодисциплине.
7. Моя новогодняя резолюция: _____ _____ (exercise) каждый день!
8. Раньше я каждое утро _____ _____ (exercise), теперь просто нет времени.
9. Со своей лучшей подругой Сашей я _____ (meet) в первом классе на первом уроке.
   Мы не сразу _____ (become friends) и даже не _____ (like) сначала друг другу.
   Но мы _____ (be friends) вот уже 20 лет, и крепче этой дружбы ничего нет.
10. —Что _____ (happen)? Почему ты _____ (cry)?

Рабочая тетрадь

- Упр. 8–10
- Read information on how aspect and tense are used in developing a story

Verbal aspect and adverbs. Вид глагола и наречия.

Note that some *наречия* and expressions of time are usually used with only one aspect while others can be used with both aspectual forms. This depends on the meaning of *наречие* or the expression of time: for example, the adverb *внезапно* (all of a sudden) suggests *завершённость* and momentary nature of the action whereas the adverb *периодически* points to regularity and repetition (повторяемость действия). At the same time, the expression *вчера вечером* can be used with a verb that describes a process (Вчера вечером я смотрел телевизор) with no indication of *завершённость*, and also with a verb that describes a completed action with a result (Вчера вечером я закончил сочинение).

2.7.

Составьте предложения в прошедшем, настоящем (по возможности) и будущем времени, используя глаголы несовершенного и совершенного вида. В предложениях используйте наречия или другие выражения времени из второй и четвёртой колонки. / Create sentences in the past, present (if possible), and future tenses, using the imperfective and perfective verbs. Use adverbs or other time expressions from the second and fourth columns of the chart.

Образец: <u>Раньше</u> Виктор <u>звонил</u> родителям редко, а теперь <u>звонит</u> <u>каждый день</u>.

<u>В прошлом году</u> Вероника <u>бросила</u> университет и <u>всё лето</u> нигде не <u>работала</u> и не <u>училась</u>.

Бывшая жена Петра переехала в другой город, и теперь он <u>будет</u> редко <u>видеться</u> с сыном.

Я так рад, что <u>через три дня</u> <u>начну</u> работать.

Используйте эти глаголы:

встречать—встретить, давать—дать, знакомиться—познакомиться, дружить—подружиться, продавать—продать, расти—вырасти, приходить—прийти, бросать—бросить, начинать—начать.

Несовершенный вид		Совершенный вид	
Что они делают? Что они делали? Что они будут делать?	Как часто? Как долго?	Что они сделали? Что они сделают?	Когда? В какой момент?
	каждый день каждую неделю всегда всё время (всё лето, всю весну, всю зиму, всю осень) весь день (всё утро, весь вечер, всю ночь) иногда часто обычно раньше долго пять минут целый день весь месяц периодически сейчас, теперь вчера вечером сегодня утром		вчера вечером сегодня утром внезапно однажды вдруг неожиданно как-то раз уже ещё не три дня назад через четыре дня

Tricky aspectual pairs. Сложные видовые формы.

The conjugation of several pairs of verbs presents a particular difficulty for Russian bilinguals. Pay close attention to these aspectual pairs:

становиться — стать (to become)

становиться (несовершенный)		стать (совершенный)	
я становлюсь	мы становимся	я стану	мы станем
ты становишься	вы становитесь	ты станешь	вы станете
он становится	они становятся	он станет	они станут

Например: Я чувствую, что становлюсь значительно глупее, когда недосыпаю.

Он точно станет хорошим врачом: он умеет внимательно слушать, когда ему рассказывают о проблемах, и очень хорошо знает биологию.

происходить — произойти (to happen, to take place)

In this pair, only *форма 3-его лица единственного и множественного числа* is used in contemporary Russian:

происходить (несовершенный)	произойти (совершенный)
он, она, оно происходит	он, она, оно произойдёт
они происходят	они произойдут

Например: У них в семье всегда что-то происходит: то встречи,
то проводы[1], то чей-то день рождения, то чья-то свадьба.
А что произойдёт с Сашей, если жена его бросит?

1. good-byes/seeing people off

случаться — случиться (to happen)

In this pair, only the imperfective verb has *формы 3-его лица единственного и множественного числа*: **случается, случаются**. The perfective verb has only *форма 3-его лица единственного числа*: **случится**. The form *случатся* is not used.

случаться (несовершенный)	случиться (совершенный)
он, она, оно случается	он, она, оно случится
они случаются	

Например: Чудеса случаются!
Ничего не случится, если мы не пойдём к нему на день рождения.

Note that there is an important difference between the imperfective forms *случаться* and *происходить*. The semantic composition of the verb *происходить* presupposes a process, whereas the semantics of the verb *случаться* does not allow such interpretation. *Случаться* can only be used to refer to a repeated action. If Russian verbs could have the ending -ing, the verb *происходить* could have such an ending, but the verb *случаться* would not. In the perfective aspect, the difference between the two verbs lies in the implication of intentionality. *Случиться* (совершенный вид) implies *случайность* (note that these words have the same root), i.e., accident, chance event, eventuality; whereas in the verb *произойти*, there is no implication of chance; the action was to some degree expected or at least was not unexpected.

2.8.

Переведите на русский язык. / Translate into Russian.

1. It's getting more and more difficult to study. _____

_____

2. When I grow up, I will become a doctor. _____

_____

3. —What happened? —I was skating and fell and broke my arm. _____

_____

4. What is happening with you? You are acting strange lately. _____

_____

5. What will happen if we stop speaking Russian? _____

_____

6. When will you become more serious? _____

_____

7. Don't worry! It happens. _____

_____

8. Lots of interesting events happen at school/on campus every day. _____

_____

РАЗДЕЛ 3. Подводим итоги

В этой главе вы...

- узнали или повторили слова, которые помогут рассказать вам о том, что было, есть и что будет,
- прочитали примеры интересного пересказа событий,
- научились правильно пересказывать события,
- узнали, как рассказывать о важных этапах в жизни человека.

Проверьте себя.

1. Ключевые слова: просмотрите список слов и оцените знание каждого слова по шкале от 1 до 5.

1 Не знаю, никогда не слышал/а это слово.

2 Мне встречалось это слово, но я не уверен/а, что оно значит.

3 Я могу легко догадаться о значении этого слова в контексте.

4 Знаю, использую это слово сам/а.

5 Знаю слово и его синонимы, могу объяснить, что это слово значит и в каком контексте и/или с какими другими словами его нужно использовать.

_____	расти/вырасти	_____	растить/вырастить
_____	воспитать	_____	рождаться/родиться
_____	рожать/родить	_____	ждать ребёнка
_____	в раннем детстве	_____	юность
_____	в молодости	_____	подружиться
_____	встречаться с кем-либо	_____	дружить
_____	приключаться/приключиться	_____	происходить/произойти
_____	становиться /стать	_____	переставать/перестать
_____	бросать/бросить (работу, учёбу,)	_____	пойти в армию

Сравните сумму очков с результатами, которые вы получили в начале главы: _____

Рабочая тетрадь, упр. 11

2. Повторите вид глагола.
   - Когда используется каждый из видов глагола?
   - Какие времена есть у несовершенного вида и у совершенного вида?
   - Как образуются видовые пары? Приведите примеры.
   - Что такое лексическая приставка и нейтральная (видовая) приставка? Приведите примеры глагола, в котором приставка не только создает совершенный вид, но и меняет значение глагола.

Применяем знания на практике.

3.1.

Проверьте, как хорошо вы запомнили спряжение глаголов, сложных для билингвов. Проспрягайте эти глаголы:

становиться — стать • давать — дать
помогать — помочь • происходить — произойти

3.2.

Случай из детства. Прочитайте рассказ Лилианы Лунгиной, в котором она рассказывает случай из своего детства. Определите вид каждого глагола и объясните, почему используется именно эта форма.

Козочка

Когда мне было года три или четыре, папа купил мне козочку. Мы пошли с ним вместе на рынок за капустой, был такой большой рынок на площади Белорусского вокзала, и я увидела белую козочку и обмерла[1]. И стала умолять[2], говорила, что не хочу с ней расставаться. Я её обняла, очень хорошо помню, как обхватила её ручками, и папа не мог устоять[3]. И вот мы явились к маме с живой белой козочкой. Её на первую ночь поместили под папин письменный стол, и я требовала спать с ней рядом, обнявшись, под этим же письменным столом. В общем, она два или три дня, к ужасу соседей, бродила по комнатам — а это были большие роскошные[4] квартиры, очевидно, каких-то богачей дореволюционных, которые превратили в ужасные коммуналки для сотрудников[5]. И вот, значит, пятнадцать-двадцать комнат, при этом одна ванная, один туалет, одна кухня — и тут ещё козочка появилась для оживления ситуации[6]. А на четвёртую ночь она начала глодать[7] книги. Помню себя рыдающей[8], когда мама с папой отвезли её в какой-то детский сад. Вот это чёткое моё собственное воспоминание.

— О. Дорман «Жизнь Лилианны Лунгиной, рассказанная ею в фильме Олега Дормана»

1. became transfixed   2. beg/implore   3. resist   4. luxurious   5. employees   6. make the situation more lively
7. nibble/gnaw   8. wailing

3.3.

Вспомните случай или интересную историю из своего детства. Расскажите одноклассникам, что случилось. Почему вам запомнилась эта история? Сфокусируйте внимание на использовании правильных форм глагола (время, вид, спряжение).

В составлении рассказа вам помогут следующие слова и выражения:

Однажды...	Со мной был такой случай...	Когда мне было... года (лет)
Я хорошо помню, как...	Случилось так, что...	Сначала...
А потом...	И тогда...	Наконец/в конце концов

Рабочая тетрадь, упр. 12

ГЛАВА 4

КАК ГОВОРИТЬ О СЕМЬЕ И ДРУЗЬЯХ

В этой главе вы...

- узнаете или повторите слова, которые помогут вам рассказать о членах своей семьи и о друзьях,
- узнаете о падежной системе русского языка,
- повторите или узнаете функции родительного падежа,
- научитесь правильно писать окончания существительных и прилагательных в родительном падеже,
- узнаете или повторите формы местоимений в родительном падеже,
- научитесь правильно использовать конструкции, требующие родительного падежа.

РАЗДЕЛ 1. В центре внимания: значение слова

1.1.

Просмотрите список слов и выражений. Какие из этих слов вы знаете? Определите знание каждого слова по шкале от 1 до 5.

1. Не знаю, никогда не слышал/а это слово.
2. Мне встречалось это слово, но я не уверен/а, что оно значит.
3. Я могу легко догадаться о значении этого слова в контексте.
4. Знаю, использую это слово сам/а.
5. Знаю слово и его синонимы, могу объяснить, что это слово значит и в каком контексте и/или с какими другими словами его нужно использовать.

_____	родственники	_____	родня
_____	близкие	_____	супруг, супруга
_____	брак	_____	близнец(ы)
_____	двоюродный брат, двоюродная сестра	_____	сводный брат, сводная сестра

_____	отчим	_____	знакомый
_____	женат	_____	замужем
_____	звать, называть	_____	двойня
_____	товарищ	_____	приятель

Посчитайте сумму очков: _____

1.2.

Внимательно прочитайте заметки о значении и использовании ключевых слов главы. Отметьте слова и выражения, которые вам встречаются впервые. Обратите внимание на конструкции, в которых эти слова и выражения используются.

семья	According to Новый объяснительный словарь синонимов русского языка (ed. Yu. Apresjan), *семья* is a relatively small group of close relatives, normally consisting of husband, wife and children living together.
родственник	
родня (sg.)	● Кроме **нашей семьи**, то есть моей матери, сестры и брата, — у нас в доме проживал один отставной (retired) моряк (Гончаров, MAC).
родные (pl.)	
близкие (pl.)	The phrase *моя семья* is usually used by older members of the family to refer to their spouse and children (*Он много лет работает в Бостоне, а на выходные ездит **к семье** в Вермонт, проводит с детьми и женой выходные*). Children, regardless of their age, refer to their original, nuclear family as either *наша семья* (as in the example above) or *родители* (*На выходные я поеду **к родителям***, not #к семье!).

The phrase *заводить семью* means 'to start having children', 'to start a family' (*Россияне в среднем **заводят семью** раньше, чем американцы, к тридцати годам у большинства россиян уже есть дети*). To translate a sentence such as "They have family in Seattle" requires a different word in Russian: *родственники* 'relatives' (*У них в Сиэтле живут **родственники***).

Родня and *родные* are synonyms of *родственники*. *Родня* are not necessarily people who are close to you; you may not even know these relatives (*У них в Австралии оказалась **родня**, двоюродная или даже троюродная тётка*). *Родные*, on the other hand, are people who are close and dear; for this reason, this word and its derivatives can be used metaphorically to denote a very close relationship (*Они стали друг другу **родными**. Он мне как **родной**. Она моя **родная** душа*).

The word *близкие* describes people close to the family and suggests shared history:

● На свадьбу пригласили только самых **близких**: родителей, ближайших родственников и несколько старых друзей.
● Я сам люблю пошутить, рассказать анекдот, даже подшутить, но только над **близкими людьми**, реакцию которых я хорошо знаю и понимаю, на что они могут обидеться, а на что нет.

родители (rarely: родитель [sg.]) приёмные родители мачеха отчим	You certainly know parental terms *мама* and *папа* and their formal counterparts *мать* and *отец*. Notice that the word *мать* has an unusual declension pattern: *у моей матери, с моей матерью*, etc. The word *родители* is usually used in plural when we describe familial relationships; however, such phrases as *одинокий родитель* (single parent) are quite possible in the formal register (*государственная помощь одиноким родителям*). We also cannot apply a collective *родители* to describe step-parents; instead we use the terms *мачеха* (step-mother) and *отчим* (step-father). Note that the word *мачеха* has negative connotations for some people; instead of using this word, one may say *жена отца*. Adoptive parents are called *приёмные родители* and adopted children are *приёмные дети*.
муж, мужья жена, жёны супруга, супруг, супруги	The words *супруга* and *супруг* are synonyms of words *жена* and *муж* respectively; the differences between the two sets of terms is mostly stylistic: *супруга*, *супруг*, and the plural *супруги* are normally used in a formal register (such as official documents) and sometimes ironically, as below: ● Я бы поехал на рыбалку, да вот только **супруга** моя меня не пускает! Other than the ironic usage, the words *супруга* and *супруг* are not typically used when talking about <u>one's own</u> husband or wife.
брат, братья сестра, сёстры двоюродный брат, двоюродная сестра сводный брат, сводная сестра близнец двойняшка двойня (sg.)	As you are probably aware, Russian does not have a single term for sibling(s); to translate such phrases as "Do you have any siblings?" one needs to say *У вас/тебя есть братья или сёстры?* The words *брат* and *сестра* in Russian can be used for not only siblings but also cousins and step-siblings. More specific terms, like *двоюродный брат*, *двоюродная сестра* (cousin) and *сводный брат*, *сводная сестра* (step-sister/step-brother) are used when the context calls for specification. Specific terms for half-siblings also exist in Russian—*единоутробный(-ая)* if the siblings have the same mother, and *единокровный(-ая)* if the siblings have the same father—however, these terms are rarely used outside of a formal, legal register. In most cases, people may say *у нас разные отцы, у нас разные матери*. Twins are called *близнецы* in case of identical twins (**Близнецов** *Уизли не могла различить даже их собственная мать!*), and *двойняшки* in case of fraternal twins (*Мы с братом совсем не похожи друг на друга, нам никогда не верят, что мы* **двойняшки**). *Двóйня* is a collective noun for 'twins' that is used in the context of pregnancy and delivery (*У них родилась* **двойня**).

друг, друзья	The Russian language makes much finer distinctions between different levels of friendly relationships between people than English. Russian speakers do not use the term *друг* to refer to a person who they meet once in a while for coffee or dinner. *Приятель* would be more appropriate in this case.
подруга	
приятель	The expression 'to make friends' is usually translated as *познакомиться*, and only once the relationship becomes close we can say *подружиться*.
товарищ знакомый	The set of words denoting different kinds of relationships and levels of friendship is large, some of the most frequent ones are *друг*, *подруга*, *друзья* (reserved for close and important friends), *товарищ* (colleague, associate, like-minded person), *приятель* (pal, buddy), and *знакомый* (an acquaintance).
девушка парень	You should use the words *девушка* and *парень* to refer to 'girlfriend' and 'boyfriend', respectively. The words *подруга* and *друг* can also describe a romantic relationship, but they are rarely used with this meaning in contemporary Russian.
жениться/жениться	The verbs of marriage in Russian differ depending on the number and the gender of the agent(s): *они* (pl.) *поженились*; *он* (masc.) *женился*; *она* (fem) *вышла замуж*. These words are not interchangeable. 'Marriage' can be, thus, translated as *женитьба* (if the referent is a man), *замужество* (if the referent is a woman), and *брак* (non-gender specific).
выходить/выйти замуж	
пожениться	When describing the marital status (семейное положение) of a person, as opposed to the process of getting married, one should use these phrases:
брак	
женат, замужем, женаты	*он женат/разведён* *она замужем/разведена* *они женаты/разведены*
разводиться/ развестись	When using the verb 'to divorce', *разводиться/развестись*, one should pay close attention to the pronouns or nouns following the verb:
разведён, разведена, разведены	*Они развелись.* *Она развелась <u>с ним.</u>* *Он развёлся <u>с ней</u>.*
	(Please note that the same terms are used to refer to same-sex marriages.)
звать	Russian makes an important distinction between these two concepts of naming: the construction **кого?** *зовут* **как?** is used for animate referents (*отца зовут Николай*; *меня зовут Саша*; *мою собаку зовут Никки*); whereas the construction **что?** *называется* **как?** is reserved for inanimate referents (*книга называется «Мастер и Маргарита»*; *город называется Тольятти*; *сеть магазинов называется «Азбука вкуса»*).
называться	
называть/назвать	To say that somebody named someone or something, we use the verb *называть/назвать* regardless of animacy (*Щенка* **назвали** *Бим. Сестру* **назвали** *Даша, как хотел дедушка*).

When you want to say that somebody or something was **named after** somebody or something, you need the construction *в честь (кого?)* → in honor of (*Они назвали дочку Маша, **в честь бабушки**. Город Петербург назвали **в честь апостола Петра***).

Рабочая тетрадь, упр. 1

1.3.

Прочитайте предложения и устно переведите на русский язык фразы в скобках.

> **Образец:**
> Новый год _____ (in our family) — главный праздник, которого с нетерпением ждут и взрослые, и дети.
> → Новый год *в нашей семье* (in our family) — главный праздник, которого с нетерпением ждут и взрослые, и дети.

1. На свадьбе старшей сестры собрались все (relatives), приехали даже мамины (cousins) из Канады.

2. Моему старшему брату всего тридцать пять, но наши родители считают, что ему пора (start a family).

3. Мои родители развелись, когда я был совсем маленький. Моя мама (got married) во второй раз, у меня есть отчим и (step-brother). А вот отец так и не женился.

4. Вы слышали, какой скандал случился у Ивановых? Оказалось, что (Stepan has a family) в другом городе, о которой его жена, конечно же, ничего не знала!

5. По закону нашего штата (spouses), прожившие вместе менее трёх лет, не обязаны делить имущество[1] поровну[2].

6. Вчера в торговом центре я случайно увидела своего однокурсника Мишку. Я поздоровалась, а он улыбнулся и прошёл мимо. Я, конечно, сегодня утром ему высказала. И знаешь, что? Оказалось, что это был не Мишка, а его (twin brother)!

7. (My cousin) выходит замуж. Свадьба будет небольшая, приглашаются только (close relatives and close friends).

8. В чём секрет удачного (marriage)?

9. Вчера на вечеринке я познакомился с удивительной девушкой! К моему большому разочарованию[3], она оказалась (married).

10. На каникулы я поеду в Сиэтл, там у меня живут (family, relatives), и они уже не раз приглашали к себе в гости.

11. У моего двоюродного брата родился сын, его (was named) Виктор, (after) дедушки.

12. — Я видела тебя вчера в парке с каким-то молодым человеком. Это твой парень?
    — Нет, что ты! Просто (pal, buddy).

1. property/belongings   2. equally   3. disappointment

1.4.

Вспомните вид глагола в русском языке. Прочитайте текст и выберите правильную форму глагола в скобках.

Алла Пугачёва—известная советская и российская поп-звезда, её имя и творчество хорошо известны всем, кто знаком с культурой СССР и современной России. Её имя часто попадает в светские хроники[1]...

    Алла Пугачёва много раз (выходила/вышла) замуж и, конечно же, много раз (разводилась/развелась). В первый раз она (выходила/вышла) замуж в 1969 году. Её первым мужем был литовский актёр Миколас Орбакас. В 1971 году у Пугачёвой и Орбакаса родилась дочь, Кристина, но уже через два года супруги (разводились/развелись). Второй брак Аллы Пугачёвой с кинорежиссёром Александром Стефановичем длился около трёх лет; а третий—с концертным продюсером Евгением Болдиным—продолжался почти десять лет. За это время Алла Пугачёва (становилась/стала) настоящей яркой звездой российской и даже зарубежной эстрады.

    Четвёртым мужем Аллы Пугачёвой стал певец Филипп Киркоров, они (женились/поженились) в 1994 году и (разводились/развелись) в 2005 году, после того как Алла (встречалась/встретилась) с пятым, и пока последним, своим супругом, комиком Максимом Галкиным. В сентябре 2013 у Пугачёвой и Галкина родилась двойня, дочь Елизавета и сын Гарри.

1. gossip columns

1.5.

Бестактные собеседники. Представьте, что вы на свадьбе своего хорошего друга и оказались за одним столом с очень бестактным гостем. Он/а хочет узнать о вас всё! Но и вы тоже чрезвычайно любопытный человек, поэтому тоже задаёте много личных вопросов. (Вам совсем не обязательно отвечать честно! Вы можете придумать альтернативную идентичность/жизнь, с многочисленными браками, разводами, детьми и внуками...) Используйте конструкцию «у меня/у тебя/у вас/у неё/у него/у них ЕСТЬ» для английского 'I (you, she, he, they) have/has'.

    Вот некоторые вопросы, которые вы можете задать:

1. У вас большая семья? Из кого она состоит? У вас много родственников?
2. У вас есть брат? Он женат? Разведён?
3. У вас есть сестра? Она замужем? Разведена?
4. У вас есть сводные братья или сёстры?
5. У вас много тётей и дядей, племянников и племянниц, двоюродных братьев и сестёр? У вас есть бабушки и дедушки?
6. У вас есть дети или внуки?
7. Какое у вас семейное положение? Вы замужем/женаты? Вы собираетесь жениться/выходить замуж?
8. Вы когда-нибудь разводились? Сколько раз вы разводились?
9. У вас есть друг/подруга? Почему нет? Если есть, какой он/какая она?
10. Вам нравятся родители вашей жены (мужа, невесты[1], жениха[2])? Они порядочные люди?
11. Ваши родители живут вместе или они разведены? Если да, у вас есть мачеха или отчим?
12. А какой вы человек? Какой у вас характер?

1. bride   2. groom

Рабочая тетрадь, упр. 2

РАЗДЕЛ 2. В центре внимания: форма слова

Grammatical case. Концепция падежа.

You are starting to learn cases in Russian. From here on you will be learning how endings of nouns and adjectives (and the forms of pronouns) change depending on how they are used in a sentence. These endings are usually unstressed and often barely distinguishable in speech, which is why they present particular difficulties to bilinguals. However, they are extremely important to the meaning of an utterance; to become a more proficient speaker of Russian, you need to become more familiar with cases and their meanings.

Case (падеж) is a morphological category that expresses differences in meaning through changes in the form of a word: *моя мама, подарок для мамы, гуляем с мамой*. It affects only nouns, pronouns and adjectives. *Падеж* indicates what role these words play in a sentence and requires them to change their endings depending on that role. Modern English still has the remnants of the rich case system that characterized Old English: although it has shed all nominal and adjectival case endings, it has retained some case forms in pronouns, "She loves him and he loves her." The pronouns 'him' and 'her' express the idea of being the object of the verb, in this case a **direct object** (прямое дополнение); i.e., they are being acted upon or affected by the action of the verb. For this reason, they cannot be in the subject position (#Her loves him). At the same time, English nouns do not have special <u>forms</u> that differentiate them for subject versus object roles (Sarah loves John and John loves Sarah). So how do we understand the difference between subjects and objects in English? Only by word order! In fact, this is a well-documented phenomenon across human languages—if the language has no *morphological marking* on nouns (some kind of ending, particle, or other change in the <u>form</u> of the word), the word order becomes rigid to distinguish between the different syntactic roles of various nouns in a sentence. Functions such as location, time, direction or instrument of an action are usually expressed in English with the help of prepositional phrases: "**at** school," "going **to** New York", "**at** 4:00 p.m.," and "**with** a sharp knife." Possession is another important function, which can be expressed in English with the apostrophe *s* or the preposition *of*: "my friend**'s** parents" and "the friend **of** my mother."

To check your intuition about functions of various sentence elements, identify the roles played by the underlined phrases in these sentences:

My <u>mom's</u> <u>brother</u> got married <u>last year</u>. <u>Thei</u>r <u>wedding</u> was <u>in Hawaii</u>.
His cousins opened <u>a store</u> selling used <u>children's</u> <u>clothing</u>.
I already bought <u>my sister</u> <u>a present</u> for New Year's <u>with my own money</u>.
<u>My parents and I</u> are going <u>to Europe</u> <u>in January</u>.

Russian, unlike English, has flexible word order because it can afford it: the endings of nouns (pronouns) and adjectives differentiate between their roles as subjects and as objects. Generally speaking, Russian cases have four important functions:

1. To differentiate between the ***doer*** of the action and ***objects*** of the action (direct or indirect):
   - **Миша** (doer) любит **Машу** (direct object).
   - Каждый вечер перед сном **родители** (doer) читали **своему сыну** (indirect object) **какую-нибудь сказку** (direct object) по-русски.
2. To express ***complements of verbs*** other than direct or indirect objects, e.g., *заниматься музыкой, интересоваться политикой, бояться тараканов*, etc.

3. To express other *semantic categories* such as **location**, **destination**, **possession**, **manner of action**, various categories of **time**, etc. In this function, cases are often supported by prepositions: *в магазине* (**in** a store), *в школу* (**to** school), *в субботу* (**on** Saturday), but they can also be used without prepositions: *утром* (**in** the morning), *весной* (**in** the spring), *друг брата* (brother**'s** friend), *быстрым шагом* (**at** a fast pace), etc.

4. To express **complements of prepositions**: e.g., *играть **на** скрипке, гулять **с** другом, подарок **для** друга, пойти **к** друзьям, приехать **из** Санкт-Петербурга*, etc.

The Russian language has six *падежи*, and each of them is associated with a number of specific functions and particular prepositions. The cases are named according to the Latin tradition, with names suggesting one of the functions of the case.

English (and Latin) case names	Russian case names	Major functions associated with the case in Russian
Nominative case (casus nominativus)	Именительный падеж (name = имя)	Subject of the sentence (doer of the action)
Genitive case (casus genitivus)	Родительный падеж (genus = род, происхождение)	Belonging, possession, composition (made of what), origin, negation (lack of something)
Dative case (casus dativus)	Дательный падеж (datus, dare = дать, давать)	Somebody/something on the receiving end of the action, somebody who is addressed, somebody who experiences emotional or physical states
Accusative case (casus accusativus)	Винительный падеж (accusare = винить)	Object of the action; somebody/something being affected by the action or being acted upon; change in the location of an object or person (i.e., the direction of some action)
Instrumental case (casus instrumentalis)	Творительный падеж (творить = to create [with an instrument])	Instrument of the action, manner of the action
Locative (old name) / Prepositional case (casus locativus)	Предложный (раньше «локативный») падеж (preposition = предлог; locus = место)	Location, with certain prepositions; following the preposition О; never used without a preposition

Форма именительного падежа is the base form of the noun; it's the form listed in dictionaries: *университет, школа, студент, студентка, письмо, родители*, and *дети* are all nouns in *именительный падеж*.

As you remember, nouns answer questions *кто (это)? что (это)?* These words are different from adjectives, which answer questions *какой, какая, какое*, and *какие?* Because English does not have cases for nouns, pronouns or adjectives, question words *who* (*is it*), *what* (*is it*), *what kind* (*of thing is it*) do not change. In Russian, the question words *кто, что, какой*, and *чей* change depending on the role which the noun (or the adjective) they refer to plays in the sentence.

Who is this? —**Кто** это?

Who are you talking about? —**О ком** ты говоришь? **Про кого** ты говоришь?

Who are you saying it to? —**Кому** ты говоришь это?

Who are you talking with? —**С кем** ты говоришь?

Who did you call? —**Кому** ты позвонил?

Each *падеж* is associated with a particular <u>form</u> of the question words *кто* and *что*. In the table below, you will find the case forms of question words and case forms of sample nouns. Pay attention to the endings of the nouns in the table. Each of these endings expresses a particular type of meaning. You will be learning the system of these endings case by case.

Case (падеж)	Question words (вопросительные слова)	Примеры			
Именительный	кто это? что это?	сестра, опера	брат, балет	окно	родители, спектакли
Родительный	(нет) кого? (нет) чего?	(нет) сестры, (нет) оперы	(нет) брата, (нет) балета	(нет) окна	(нет) родителей, (нет) спектаклей
Винительный	(вижу, люблю, знаю) кого? или что?	(вижу, люблю, знаю) сестру, оперу	(вижу, люблю, знаю) брата, балет	(вижу) окно	(вижу, люблю, знаю) родителей, спектакли
Дательный	(звоню, даю, иду к) кому? или (музыка, любовь к) чему?	(к) сестре, (музыка к) опере	(к) брату, (музыка к) балету	(иду к) окну	(к) родителям, (музыка к) спектаклям
Предложный	о ком? о чём?	о сестре, об опере	о брате, о балете	об окне	о родителях, о спектаклях
Творительный	(рядом с, вместе с) кем? или чем?	(с) сестрой, (с) оперой	(с) братом, (с) балетом	(с) окном	(с) родителями, (со) спектаклями

As you work with each *падеж* throughout the textbook, keep in mind these strategies:

1. Cases form a system; learn the organizational principles of this system! The choice of an ending for nouns and adjectives is never random. Cases (i.e., word endings) have meanings. Learn to express your intended meanings with the correct endings.

2. Know the difference between the doer of the action (the subject), the direct object of the action (who/what is being acted upon), and the indirect object (for whose benefit the action is done).

> Моя двоюродная сестра подарила мне интересную книгу.
>
> моя двоюродная сестра [subject]
> мне [indirect object]
> интересную книгу [direct object]

3. Strive to understand every noun and noun phrase as performing some kind of function, besides the subject/direct object/indirect object: for example, does it signify a location, a destination, a time expression, possession, the origin of motion, etc.?

> Подруга моей двоюродной сестры в прошлом году ездила в Россию и целую неделю жила в квартире нашей бабушки в центре Москвы.
>
> - подруга **моей двоюродной сестры** (belonging: whose friend? чья подруга? подруга кого?)
> - в прошлом году, целую неделю (time expressions: when and for how long? когда? как долго?)
> - в Россию (destination/direction: where to? куда?)
> - в квартире, в центре (location: where? где?)
> - в квартире **нашей бабушки** (belonging: whose apartment? чья квартира? квартира кого?)
> - в центре **Москвы** (attribution: the center of what? which center? центр чего?)

4. Know your prepositions (предлоги)! Most *предлоги* are associated with only *один падеж*; but some can be used with two cases. Those *предлоги* that are used with two different cases do not have quite the same meaning for both: they express different functions and require different endings (e.g., я учусь **в** школ**е** [в = in, location] VS я хожу **в** школ**у** [в = to, direction]). We will distinguish between "faithful" (верные предлоги) and "unfaithful" prepositions (неверные предлоги).

5. The names of people, animals, cities, and towns are treated as nouns in Russian. Foreign names may or may not change endings in different cases; it depends on whether they conform to the Russian system of grammatical gender. Foreign names that end in a consonant and refer to a male are treated just like any Russian masculine name: *для Джима, с Брэдом, у Джорджа*. If a foreign name refers to a woman and ends in the vowels -А/Я, it is treated as a feminine noun: *с Джессикой, у Габриэллы, про Барбару*. If a woman's name ends in a consonant—*Николь, Дженнифер, Лорен*—it does not change for any case. If a foreign name referring to a male or female ends in any other vowel—И, У, О, or Е—it does not change: *у Джимми, для Никки, без Херонимо*. The names of cities, states, countries, and geographical objects that end in -И, -У, -О, or -Е also do not change for any case: *в Гонолулу, между Кентукки и Огайо, в Пуэрто-Рико, из Зимбабве*.

   In addition, borrowed nouns that end in the vowels -И, -У or -О—such as *такси, радио, кенгуру, пальто, пианино*, and *какао*—never change their endings for any case.

We will begin our acquaintance with the Russian case system with the genitive case.

Genitive case of nouns. Родительный падеж существительных.

Следуйте инструкциям шаг за шагом, чтобы понять правила использования и написания существительных в форме родительного падежа.

Формулируем правило

Шаг 1. Собираем и анализируем языковые данные (language data).
Задайте вопрос к выделенным словам в правой колонке. Используйте свою интуицию.

1. У сестры есть мопед, а у брата велосипед. → У кого есть мопед и у кого велосипед?
2. У бабушки и дедушки только что была золотая свадьба. → У _____ была свадьба?
3. У моего преподавателя сегодня нет времени для встречи. → У _____ нет времени для встречи сегодня?
4. Я пока не могу писать по-русски без словаря. → Без _____ я не могу писать по-русски?
5. Он вырос без отца. → Без _____ он вырос?
6. Она никогда не выходит из дома без косметики. → Без _____ она не выходит из дома?
7. Мы вернулись домой поздно после концерта. → После _____ (когда) мы вернулись домой?
8. После экзамена у меня разболелась голова. → После _____ у меня разболелась голова?
9. Давай поговорим после лекции? → После _____ мы поговорим?

Шаг 2. Делаем первые наблюдения (observations).
- После предлогов У, БЕЗ и ПОСЛЕ вопросительные слова *кто* и *что* меняют форму: *у кого, без кого, после чего* и *без чего*.
- После предлогов У, БЕЗ и ПОСЛЕ существительные меняют окончания:

сестра	→ сестры	брат	→ брата
косметика	→ косметики	преподаватель	→ преподавателя
бабушка	→ бабушки	концерт	→ концерта
лекция	→ лекции	словарь	→ словаря

Шаг 3а. Формулируем гипотезу.

В родительном падеже, когда слово отвечает на вопросы *кого?* или *чего?*
у существительных мужского рода единственного числа есть окончания _____ или _____.
а у существительных женского рода единственного числа есть окончания _____ или _____.

Шаг 3б. Проверка гипотезы. Допишите окончания в словах.

У *кого* много работы?

у брата, у друга, у профессор_____, у Владимир_____, у учител_____, у Яков_____, у Давид_____;

у мамы, у сестры, у подруг_____, у Светлан_____, у Лен_____, у Диан_____, у Александр_____, у Карин_____, у тёт_____.

Давай поговорим...

после фильм**а**, после семинар**а**, после экзамен_____, после завтрак_____, после
матч_____;

после работ**ы**, после лекци**и**, после церемони_____, после программ_____, после
поездк_____, после вечеринк_____.

Я не могу жить...

без шоколад_____, без сестр_____, без Интернет_____, без компьютр_____, без
музык_____, без машин_____.

Как вы думаете, как будут вести себя существительные мужского рода, которые заканчиваются на
букву А или Я, такие как *папа*, *дедушка*, *дядя*? (Помните о правиле 7 букв! Нельзя писать Ы после
Ж Ш Щ Г К Х Ч!)

У кого скоро день рождения?

У пап_____, у дедушк_____, у дяд_____, у Миш_____ (Миша), у Саш_____ (Саша),
у Дим_____ (Дима).

Шаг 4а. Уточняем гипотезу.
Проанализируйте новые примеры. Какую тенденцию вы наблюдаете?

	Я не могу жить без...
молок**о**	молок**а**
солнц**е**	солнц**а**
мор**е**	мор**я**
	Давай поговорим после...
занятие	занятия
мероприятие	после мероприятия

Какие выводы вы можете сделать об окончании слов среднего рода (на **-О** или **-Е**) в родительном
падеже? _____

Шаг 4б. Уточняем гипотезу.
Сравните слова в двух колонках. К какому роду принадлежат эти слова?

любовь	→ без любви	календарь	→ без календаря
радость	→ без радости	словарь	→ без словаря
храбрость	→ для храбрости	секретарь	→ у секретаря
смерть	→ после смерти	день	→ после (рабочего) дня
печаль	→ без печали	январь	→ после января
грусть	→ без грусти	февраль	→ после февраля
боль	→ (таблетка) от боли	писатель	→ у писателя

Какие выводы вы можете сделать об окончании слов, которые в именительном падеже заканчиваются на мягкий знак?

- Слова, которые заканчиваются на мягкий знак, могут быть _____ или _____ рода.
- Если слово на -СЬ _____ рода, окончание в родительном падеже должно быть _____.
- Если слово на -СЬ _____ рода, окончание в родительном падеже должно быть _____.

Шаг 5. Формулируем правило окончаний родительного падежа существительных в единственном числе.

Родительный падеж отвечает на **вопросы** _____ и используется

с **предлогами** _____(и со многими другими

предлогами, о которых вы узнаете в этой главе и в рабочей тетради).

В родительном падеже существительные единственного числа пишутся с такими **окончаниями**:

в мужском роде (на согласный) _____

в среднем роде _____

в женском роде: если слово заканчивается на -А или -Я (также мужской род на -А/-Я) _____

если слово заканчивается на -СЬ _____

2.1.

Составьте смысловые (meaningful) словосочетания (phrases/word combinations), используя предлоги и существительные из списка внизу. Обращайте внимание на правильное окончание существительных!

Образец: без радости, **от** родственника, **у** подруги, **после** занятия

без, у, после, от...

любовь, сестра, жена, супруг, словарь, развод, однокурсница, парень, близнец, занятие, жизнь, родственница, муж, замужество, приятель, боль

Important nuances. Важные нюансы.

1. Как вы знаете, существительные, которые не соответствуют (conform) системе рода в русском языке, не меняют окончания в падежах. В эту группу входит много иностранных имён, например: *Джимми, Дженнифер, Джошуа, Синди, Николь.* Сюда также входят заимствованные (borrowed) существительные, которые заканчиваются на гласные -И, -У или -О: например, *такси, радио, кенгуру, пальто, пианино, какао.* Consider the following examples:

У Дженнифер есть сестра.   Он вышел на улицу без пальто.

У Джимми есть сестра.   Я не могу жить без пианино.

У Джошуа есть сестра.   Можно пойти пешком и обойтись без такси.

2. Существительные мужского рода с суффиксами -ОК-, -ЕК-, -ЕЦ- теряют гласную в форме родительного падежа.

отец	→ без отеца	→ без отца
американец	→ у американеца	→ у американца
подарок	→ нет подарока	→ нет подарка
подарочек	→ нет подарочека	→ нет подарочка

3. Два частотных существительных русского языка *время* и *имя* в родительном падеже имеют необычные формы: *У меня нет **времени**, извини! У нашего котёнка ещё нет **имени**.* Два других частотных существительных *мать* и *дочь* добавляют суффикс -ЕР- перед окончанием: *Он вырос без мат**ер**и. У её доч**ер**и большие проблемы в школе.*

2.2.
Используйте слова в скобках в правильной форме. Внимание на окончания существительных в родительном падеже.

1. У _____ (Лорен) недавно появился парень. Она теперь ходит счастливая.
2. Она не представляет себе жизни без этого _____ (парень).
3. Виктор вырос без _____ (отец), но это не помешало ему стать настоящим мужчиной.
4. Сегодня пришла открытка от _____ (Джимми), моего лучшего _____ (друг).
5. У нашего _____ (щенок) большая страсть к тапочкам.
6. Родители рассказывали мне, что когда родилась моя сестра, у неё долго не было _____ (имя), потому что они ждали мальчика, а родилась девочка.
7. Ему трудно будет наладить отношения с родителями после такого долгого _____ (время) без _____ (отец и мать).

Рабочая тетрадь, упр. 3

Adjectives and possessive pronouns in the genitive case. Прилагательные и притяжательные местоимения в родительном падеже.

Проанализируйте следующие предложения и постройте гипотезу о том, какие окончания есть у прилагательных и притяжательных местоимений в родительном падеже (после предлогов У, БЕЗ, ПОСЛЕ). Заполните таблицу «Окончания прилагательных», следуя модели.

• У вашего старшего брата есть девушка?
• У нашего двоюродного брата завтра бар-мицва.
• После этого разговора с родителями я решил поступать в местный университет.
• Никогда не бери мою машину без моего разрешения!
• После вечернего занятия в университете мы все пошли в гости к Леониду.
• Я не понимаю отдыха без тёплого моря и хорошего пляжа.
• У моей лучшей подруги сегодня день рождения; будет вечеринка.

- Какая может быть вечеринка <u>без весёлой музыки</u>?
- Какая специальность <u>у твоей двоюродной сестры</u>?
- <u>После последней лекции</u> в пятницу я уезжаю домой к родителям.

Окончания прилагательных

Именительный падеж	Предлог	Родительный падеж: примеры из предложений	Окончания прилагательных родительного падежа
ваш старш-ИЙ (брат)	У	*(у) ваш-ЕГО старш-ЕГО (брата)*	*-ЕГО*
наш двоюродн-ЫЙ (брат)	БЕЗ	(у)	
эт-ОТ (разговор)	ПОСЛЕ	(после)	
хорош-ИЙ (пляж)		(без)	
тёпл-ОЕ (море)		(без) тёпл-ОГО (моря)	
мо-Ё (разрешение)		(без)	
вечерн-ЕЕ (занятие)		(после)	
мо-Я лучш-АЯ (подруга)		(у) мо-ЕЙ лучш-ЕЙ (подруги)	
последн-ЯЯ (лекция)		(после)	
весёл-АЯ (музыка)		(без)	
тво-Я двоюродн-АЯ (сестра)		(у)	

 Обратите внимание:

1. Окончания притяжательных и указательных местоимений в родительном падеже такие же, как и окончания прилагательных:

   женский род: -ОЙ (-ЕЙ) → у моей, твоей, нашей, вашей, этой, той студентки

   мужской и средний род: -ОГО (-ЕГО) → у моего, твоего, нашего, вашего, этого, того студента

2. Местоимение *весь* ('whole, entire') следует правилу и имеет следующие формы: *всей, всего*. Например, *после всего этого времени, у всей нашей родни.*

2.3.

Используйте слова в скобках в правильной форме. Внимание на окончания прилагательных и существительных в родительном падеже.

1. Обычно мы ездим на отдых всей семьёй, но в этом году пришлось ехать без _____ (мой старший брат). Ему не дали отпуск на работе.
2. Моя тётя начала работать сразу после _____ (медицинский институт), несмотря на то, что у неё был маленький ребёнок.
3. Как дела у _____ (твоя двоюродная сестра)?
4. После _____ (весёлая вечеринка) в пятницу Оксана и Маша долго убирали квартиру.
5. Моя племянница не может жить без _____ (хорошая косметика).
6. После _____ (долгое время) в Европе Виктору было тяжело опять привыкать к американской жизни.
7. У _____ (весь наш класс) испортилось настроение после того, как объявили результаты последней контрольной работы.

2.4.

Закончите предложения своими словосочетаниями прилагательных и существительных. Придумайте больше, чем один вариант ответа.

1. Невозможно жить без *хорошей машины*, без _____.

2. Трудно жить без _____.

3. Скучно жить без _____.

4. Можно прожить и без _____.

5. Я не люблю жить без _____.

6. Я не хочу жить без _____.

7. Давай встретимся после *вечерней лекции*, после _____

_____.

8. Я смогу перезвонить тебе только после _____

_____.

Personal pronouns in the genitive case.
Личные местоимения в родительном падеже.

Система падежа не может быть полной без личных местоимений. Ваша интуиция поможет вам заполнить таблицу. Если вы не уверены в какой-то форме, подождите, пока ваш преподаватель не покажет вам правильные ответы. Проверьте, как правильно писать местоимения в форме родительного падежа.

Кто?	У кого есть с собой ноутбук?
я	
ты	
он	
она	
мы	
вы	
они	

2.5.

Перефразируйте предложения с существительными на предложения с местоимениями (или допишите пропущенные местоимения).

> **Образец:** <u>Без моей сестры</u> я очень скучаю. → **Без неё** я очень скучаю.

1. <u>У моих родителей</u> только что была годовщина свадьбы.
2. <u>У моего брата-близнеца и у меня</u> завтра день рождения.
3. <u>У моего соседа</u> по комнате ужасно трудный характер.
4. Наша семья не хотела эмигрировать <u>без бабушки</u>.
5. Дорогие Лена и Лёня, приходите обязательно! Без _____ будет невозможно скучно.
6. Если ты не можешь, я тоже не пойду в кино. Без _____ я не хочу смотреть этот фильм.

Рабочая тетрадь, упр. 5

Functions of the genitive case. Функции родительного падежа.

Родительный падеж является наиболее часто используемым в современном русском языке. Кроме предлогов БЕЗ, ПОСЛЕ, ОТ, У, родительный падеж используется для выражения многих разных функций. Вы также узнаете о других предлогах родительного падежа в рабочей тетради.

Possession: expressing the idea of 'having'.
Принадлежность: у кого что есть

В английском языке, когда говорится о принадлежности предметов (I have a new car) или о принадлежности людей (I have a younger sister), используется глагол 'to have'. Конструкции с глаголом «иметь» в русском языке используются в <u>очень ограниченных</u> (limited) контекстах, как правило характерных для официального стиля, например, *он иммеет свой бизнес, 80% молодых людей до 30 лет не желают иметь детей, он всегда имел много друзей старше себя.*

Конструкция *я имею + одушевлённое существительное* относится к сниженному регистру (low register, i.e. too informal) и имеет в современном русском языке сексуальную коннотацию. В тех случаях, когда по-английски вы говорите *somebody has something/someone*, используйте конструкцию с родительным падежом → *у кого есть что-либо или кто-либо.*

Эта конструкция используется также в прошедшем и будущем времени; тогда слово *есть* заменятся на нужную форму глагола *быть*. В прошедшем времени форма глагола *был, была, было, были* зависит от существительного, к которому он относится.

> I had a cat in childhood. → У меня в детстве **был** (кто?) **кот**.
> У меня в детстве **была** (кто?) кош**ка**.

Обратите особое внимание на разницу между формами *была* и *было*:

> У меня был**а** любимая подушк**а**. VS. У меня был**о** любимое одеял**о**.

В будущем времени форма глагола *будет* или *будут* зависит не от рода, а от числа существительного, к которому он относится

> I'm going to have an exam in a week! → У меня завтра **будет один экзамен**!
> I'm going to have exams in a week! → У меня завтра **будут** экзамен**ы**!

2.6.

Ответьте на вопрос, используя эти словосочетания.

У кого завтра день рождения?

> его двоюродная сестра • лучшая подруга • мой племянник
> наш сосед по комнате • любимый дядя • бывший преподаватель
> моя девушка • мой парень[1] • соседская девочка

1. Обратите внимание на беглую гласную Е.

Рабочая тетрадь

• Прочитайте информацию о значении предлога У и сделайте упр.6

2.7.

Скажите, что было и что будет у этих людей, комбинируя слова из трёх колонок.

> **Образец:** <u>У моего старшего брата</u> раньше была большая коллекция DVD.

твой двоюродный брат	есть	высокооплачиваемая[1] работа
моя сводная сестра	был	огромное терпение
наш старенький дедушка	было	большая коллекция компьютерных игр
мой сосед по комнате	была	новая практика
мой любимый племянник	будет	невысокая зарплата[2]
молодой адвокат	будут	неудачный брак
зубной врач		важный проект на работе
опытный программист		большие проблемы в личной жизни
школьный психолог		хорошее настроение
их новый преподаватель		некомпетентный начальник

1. high-paying   2. pay, salary

Рабочая тетрадь

- Прочитайте информацию о личных местоимениях вместно притяжательных местоимений и сделайте упр. 7

Expressing belonging: whose? Притяжательная функция: чей?

Проанализируйте предложения. Как идея «притяжательности» (belonging) выражается в английском языке?

This is my mom's car.
It's my cousin's birthday tomorrow.

This is a very old friend of my father.
My son-in-law is the husband of my daughter.

В английском языке используется апостроф для одушёвленных существительных: *mom's car* (i.e., the car that belongs to my mom), *somebody's daughter*, *a cousin's birthday*, *a dog's toy*; конструкция с предлогом 'of' редко используется с одушевлёнными существительными—*the car of my father*, *the grades of my daughter*—но с неодушевлёнными существительными предлог 'of' встречается достаточно часто: *the choir of the Episcopal church*, *the structure of the organization*. Наконец, в английском языке существительные могут идти один за другим, чтобы выразить идею «принадлежности»: *door handle* (i.e., the handle of the door), *school choir* (i.e., the choir of the school), etc.

Русский язык выражает идею «притяжательности» при помощи родительного падежа. Внимание! порядок слов в русском предложении отличается от порядка слов в английском: сначала нужно сказать, *что это*, а потом назвать *того, кому это принадлежит* → possession + possessor (в родительном падеже).

Это <u>машина [possession] моей мамы [possessor]</u>.

Завтра день рождения [possession] <u>моей двоюродной сестры [possessor]</u>.

Это старинный друг [possession] моего папы [possessor].

Зять—это муж [possession] моей дочки [possessor].

2.8.

Ответьте на вопрос, используя русскую конструкцию принадлежности: *Чьи это родственники?*

Образец: *Чьи это родственники?*
    моя подруга → Это родственники <u>моей подруги.</u>

мой новый сосед по комнате • наш бывший одноклассник
новый муж моей мамы • наш преподаватель
его двоюродная сестра • мой однокурсник • наша лучшая подруга
мой хороший знакомый[1] • наш приятель

1. Note that this word is an adjective in form but that it behaves like a noun.

Рабочая тетрадь, упр. 8

2.9.

Заполните пробелы, переводя фразы с английского на русский. Следите за окончаниями!

1. _____ (My cousin's parents) ухаживали за нашей бабушкой, когда она заболела.
2. Я часто беру напрокат _____ (my roommate's bike).
3. Мы только что нашли _____ (Kristina's flashdrive) под диваном. Она обрадуется!
4. Папа сказал, что брать _____ (Grandma's books) нельзя без разрешения. Это какие-то редкие и очень ценные книги.
5. (My brother's wife's relatives) живут в Беларуси.
6. (My good pal's girlfriend) работает в компании «Гугл» программистом.
7. Во многих странах считается, что _____ (father of the bride) должен платить за свадьбу дочери.

Рабочая тетрадь

- Прочитайте информацию о притяжательных прилагательных и сделайте упр. 9АБ

Attributive function. Описательная (атрибутивная) функция.

Конструкции с родительным падежом не всегда описывают идею притяжательности. Сравните эти выражения:

карта Германии	комната соседа
столица Украины	велосипед брата
ручка двери	телефон подруги

Выражения в правой колонке говорят нам о том, <u>чьи</u> это вещи (<u>кому они принадлежат</u>), а выражения в левой колонке <u>описывают</u> предметы (города и т.д.):

какая это карта? → это карта Германии (не США, не России, не Израиля)
столица какой страны? → столица Украины (не Франции, не Италии)
какая ручка? ручка чего? → ручка двери (не чашки, не кастрюли)

Иногда трудно различить функцию родительного падежа—притяжательная или описательная? Главное помнить, что именно родительный падеж выражает и притяжательность, и атрибутивность, и принадлежность.

2.10.

Раскройте скобки. Внимание на правильное использование родительного падежа!

1. В русских ресторанах на Брайтон-Бич поют песни в лучших традициях _____ _____ (русский шансон).
2. Женский день всегда был главным праздником _____ _____ (наша семья), даже в иммиграции.

3. Оказывается, что Дед Мороз и европейский Санта-Клаус каждый год встречаются на границе _____ и _____ (Финляндия и Россия).

4. Американский Санта-Клаус живёт в городе Северный полюс на севере _____ _____ (североамериканский континент) и не встречается с Санта-Клаусами из других стран.

5. Вы следите за твиттером _____ (президент) _____ _____ (ваша страна)?

6. Русский музей в Санкт-Петербурге—это лучший музей _____ _____ (русское искусство) _____ _____ _____ (девятнадцатый и двадцатый век).

 Рабочая тетрадь, упр. 10–11

2.11.

Описательная/притяжательная функция родительного падежа: конструкции «в честь кого» (named after whom). Закончите предложения.

1. Брата назвали в честь _____ (мой дед), а младшую сестру в честь _____ (прабабушка).

2. А вы знали, что Гарвардский университет назван в честь _____ (английский миссионер и филантроп Джон Гарвард)?

3. Штат Пенсильвания называется так в честь _____ (английский адмирал Уильям Пенн-старший). По латыни *Пенсильвания* значит «лесная страна Пенна».[1]

4. Город Санкт-Петербург в советское время назывался Ленинградом, в честь _____ (первый советский руководитель Владимир Ильич Ленин).

5. Улица названа в честь _____ (известный русский композитор Пётр Ильич[1] Чайковский).

6. А в честь кого назвали вас? _____

1. Names and patronymics (and many last names) in Russian are considered nouns and therefore have gender and cases. Last names that look like adjectives (Чайковский, Достоевский, Толстой) behave like adjectives; i.e., they have the same case endings as adjectives.

Insufficient amount of something, lack of something, or absence of something or somebody.
Недостаток или отсутствие чего-либо.

Родительный падеж нужен, чтобы указать на недостаток или отсутствие предметов, людей, явлений и т.д. Например:

- Вчера у нас <u>не было</u> контрольн**ой** работ**ы**.
- Завтра у нас <u>не будет</u> заняти**я**.
- У меня никогда <u>не было</u> сво**его** велосипед**а**.
- Вова и Маша—близнецы. Они поступили в разные университеты, и теперь живут в разных городах. Им очень <u>не хватает</u> друг друг**а**.
- У меня <u>недостаточно</u> терпени**я**, чтобы сидеть с маленькими детьми.

Обратите внимание: в прошедшем и будущем времени в конструкциях *у кого нет чего* используются только эти формы: **не было** и **не будет**, вне зависимости от рода существительного.

 **2.12.**
Скажите, что у вас НЕТ и НИКОГДА НЕ БЫЛО этих вещей.

> **Образец:** У тебя есть новая машина? → У меня <u>нет и никогда</u> не было новой машины!

1. У тебя есть российский паспорт?
2. У тебя есть новый учебник по химии?
3. У тебя есть мотоцикл «Харли-Дейвидсон»?
4. У тебя есть последний ай-фон?
5. У тебя есть кабельное телевидение?
6. У тебя есть кольцо с бриллиантом?
7. У тебя есть семейный альбом?
8. У тебя есть своя комната?

 Рабочая тетрадь, упр. 12–13

Ещё по теме: В этой функции (недостаток, отсутствие) с родительным падежом часто используется конструкция *кому хватает/не хватает* ('to miss something or somebody', in the sense of experiencing the lack of that something or somebody): например, *в трудные минуты мне очень не хватает моего старшего брата с его чувством юмора.*

 **2.13.**
Ответьте на вопросы.

1. Чего или кого вам не хватает, когда вы уезжаете из дома?
2. Чего у вас нет, но вы всегда мечтали, чтобы это у вас было?
3. Чего не было у ваших родителей, что есть у вашего поколения?

 Рабочая тетрадь
- Упр. 14
- Прочитайте информацию о новых предлогах родительного падежа и сделайте упр. 15–17
- Прочитайте информацию о нюансах значения некоторых предлогов родительного падежа и сделайте упр. 18
- Прочитайте информацию о трудных предлогах родительного падежа и сделайте упр. 19А,Б

2.14.

Найдите в тексте все существительные и прилагательные в родительном падеже и определите функцию родительного падежа в каждом случае.

Я люблю разглядывать старый фотоальбом **моей бабушки**, люблю смотреть на пожелтевшие **от времени** фотокарточки. Вот на фотографии мужчина и женщина, красивые, молодые... Они стоят **около огромного дерева**, театрально обнимая толстый ствол. **У женщины** длинные аккуратно уложенные волосы, выразительные глаза. **У мужчины** волосы кудрявые, спутанные, нос картошкой, но при этом он страшно обаятельный. Они смотрят друг на друга и улыбаются, словно **у них** первое свидание. Хотя очевидно, что на самом деле не первое—**вокруг них** весело прыгают трое детей **разного возраста**. **У девочки** в руках мяч, а у мальчишек, конечно же, палки.

Это фотография **бабушки и дедушки** и, конечно, **моего отца**, **его сестры и брата**. На ней нет только **самого младшего брата**, она была сделана за пару лет **до его рождения**.

Слова в родительном падеже	Функция родительного падеже в данном случае

Рабочая тетрадь

- Прочитайте информацию о родительном падеже в конструкциях сравнения и сделайте упр. 20–21

РАЗДЕЛ 3. Подводим итоги

В этой главе вы...

- узнали или повторили слова, которые помогают говорить о членах своей семьи и о друзьях,
- научились рассказывать о своих родных и близких,
- узнали о падежной системе русского языка,
- повторили или узнали функции родительного падежа,
- научились правильно писать окончания существительных и прилагательных в родительном падеже,
- узнали или повторили формы местоимений в родительном падеже,
- научились правильно использовать конструкции, требующие родительного падежа.

Проверьте себя.

1. Ключевые слова: просмотрите список слов и оцените знание каждого слова по шкале от 1 до 5.

1 Не знаю, никогда не слышал/а это слово.

2 Мне встречалось это слово, но я не уверен/а, что оно значит.

3 Я могу легко догадаться о значении этого слова в контексте.

4 Знаю, использую это слово сам/а.

5 Знаю слово и его синонимы, могу объяснить, что это слово значит и в каком контексте и/или с какими другими словами его нужно использовать.

_____	родственники	_____	родня
_____	близкие	_____	супруг, супруга
_____	отчим	_____	брак
_____	близнец	_____	двоюродный брат, двоюродная сестра
_____	сводный брат, сводная сестра	_____	знакомый
_____	женат	_____	замужем
_____	звать, называть	_____	двойня
_____	товарищ	_____	приятель

Сравните сумму очков с результатами, которые вы получили в начале главы: _____

2. Повторите функции родительного падежа.
   - На какие вопросы отвечает родительный падеж?
   - Какие предлоги используются в родительном падеже?
   - Какие функции выполняет этот падеж?
   - В каких конструкциях используется этот падеж?

3. Проверьте, как хорошо вы знаете формы родительного падежа единственного числа.

	Окончания для твёрдой основы	Окончания для мягкой основы
Существительные		
Женский и мужской род с окончанием на -А/Я		
Женский род с окончанием на -СЬ[1]	—	
Мужской род с окончанием на согласную (включая -СЬ) и средний род с окончанием на -О/Е[2]		

1. Помните: *мать* и *дочь* добавляют суффикс ЕР перед окончанием (книга мат**ери**, книга доч**ери**)   2. Помните: существительные среднего рода *имя* и *время* имеют особую форму: (без) *имени* и (нет) *времени*

	Окончания для твёрдой основы	Окончания для мягкой основы
Прилагательные		
Прилагательные (и притяжательные местоимения) мужского и среднего рода		
Прилагательные (и притяжательные местоимения) женского рода		

Применяем знания на практике.

3.1.
Дайте определения этих слов: как бы вы объяснили, кто эти люди?

> **Образец:** Племянница—это дочь моей сестры или моего брата.

1. двоюродный брат
2. бабушка (по матери)
3. дед (по отцу)
4. отчим
5. мачеха
6. сводный брат
7. двоюродная бабушка
8. племянник
9. троюродная сестра
10. двоюродная племянница

3.2.
Расскажите партнёру о своей семье: какие родственники у вас есть? Каких нет? Кто ваш любимый родственник? Почему?

> **Образец:** У меня есть жена, но пока нет дочери или сына. *Или* У меня нет и никогда не было брата-близнеца.

двоюродная сестра	двоюродный брат
сводная сестра	сводный брат
жена	муж
мать	отец
бабушка	дедушка
тётя	дядя
сестра-близнец	брат-близнец
дочь	сын
племянница	племянник

Рабочая тетрадь, упр. 22

 ### 3.3.

Расспросите своего одноклассника о его родных и нарисуйте генеалогическое дерево его семьи, используя как можно больше ключевых слов и не забывая о грамматической форме. Расспросите про родителей, бабушек и дедушек, братьев и сестёр, близких и дальних родственников (их имена, профессии, семейное положение, характер).

 Рабочая тетрадь, упр. 23

ГЛАВА 5

КАК ГОВОРИТЬ О МИРЕ, КОТОРЫЙ МЕНЯ ОКРУЖАЕТ

В этой главе вы...

- узнаете или повторите ключевые слова по теме,
- научитесь описывать общину, район или город, в которых вы живёте,
- повторите функции родительного падежа,
- научитесь правильно писать окончания существительных и прилагательных множественного числа в родительном падеже,
- научитесь правильно использовать конструкции, требующие родительного падежа.

РАЗДЕЛ 1. В центре внимания: значение слова

1.1.

Просмотрите список слов и выражений. Какие из этих слов вы знаете? Определите знание каждого слова по шкале от 1 до 5.

1 Не знаю, никогда не слышал/а это слово.
2 Мне встречалось это слово, но я не уверен/а, что оно значит.
3 Я могу легко догадаться о значении этого слова в контексте.
4 Знаю, использую это слово сам/а.
5 Знаю слово и его синонимы, могу объяснить, что это слово значит и в каком контексте и/или с какими другими словами его нужно использовать.

_____	иммиграция	_____	эмиграция
_____	бытовые эмигранты	_____	беженцы
_____	выходцы	_____	мигранты
_____	диаспора	_____	община
_____	жители	_____	место проживания
_____	национальность	_____	гражданство
_____	заведение	_____	учреждение

	адвокатская контора		бюро риэлтерских услуг
_____		_____	
_____	район	_____	проживать

Посчитайте сумму очков: _____

1.2.

Внимательно прочитайте заметки о значении и использовании ключевых слов. Отметьте слова и выражения, которые вам встречаются впервые. Обратите внимание на конструкции, в которых эти слова и выражения используются.

иммигрант

эмигрант

иммиграция

эмиграция

беженец, беженка, беженцы

выходец (no fem.), выходцы

мигрант (no fem.)

Depending on the point of reference, the same person who has left their homeland to seek permanent residence in another country can be called *иммигрант* or *эмигрант*. From the point of view of the receiving country, we refer to people who come from another country as *иммигранты*; from the point of view of the sending country, we refer to those leaving their homeland as *эмигранты*.

Иммиграция describes 1) the influx of people seeking permanent residence in a particular country; 2) the process whereby people come to live in the adopted country; or 3) a permanent residence away from one's country of birth (very rarely).

- **Иммиграция** может быть важным фактором роста экономики принимающей страны.
- В 2002 году мы с мужем подали документы на **иммиграцию** в Канаду.
- Дмитрий в **иммиграции** с 1991 года. Закончил школу в Бруклине.

Эмиграция describes 1) the departure of citizens of a country from the point of view of the sending country, and 2) a metaphoric place, time and community of people formed around the process of emigration.

- В семидесятые годы началась так называемая «еврейская» **эмиграция** из Советского Союза.
- Судьба Солженицына[1] сложилась так удачно, что **в эмиграции** он написал много важных книг...

1. Александр Солженицын — известный советский диссидент, русский писатель, драматург, публицист, лауреат Нобелевской премии по литературе (1970).

Depending on the reasons for emigration, we can distinguish certain types of emigration and emigrants: *бытовые эмигранты* (those leaving for personal reasons), *экономические эмигранты* (those leaving for professional reasons or seeking better economic options), and *политические эмигранты* (those leaving for political reasons).

Notice that people who leave the country of origin in search of work or for specific professional reasons but who plan to return to their homeland are called *мигранты* (more specifically, *трудовые мигранты*).

People leaving the country of origin for fear of persecution or fear for life are normally called *беженцы* (*беженец*, *беженка*).

Выходцы (usually plural) can be used as a synonym for 'immigrants', normally to shift the focus to the cultural heritage:

● По переписи 2007 г. в США проживает 851 170 **выходцев** из России (Community Survey, U.S. Census).

диаспора	A community of immigrants is known as *диаспора*. ● С 1971 по 2000 год численность турецкой **диаспоры** в Германии увеличилась более чем вдвое—с 3 до 7,5 млн человек. The word *диаспора* is usually used to describe *национальное или религиозное меньшинство* (an ethnic or a religious minority group) living outside the group's country of origin and spread over several countries; however, in case of *выходцы из Советского Союза и современной России*, given their ethnic and cultural diversity, we usually refer to our community as *русскоязычная диаспора*, where the uniting element is the shared language. An appropriate synonym for *диаспора* may be *община* (community). It is usually used when referring to a specific community within a geographic location: *русскоязычная община города Портленд*; *кубинская община в США*.
община (национальное) меньшинство, меньшинства	
район	Members of diaspora often live in close-knitted communities (*общины*) and in geographically more or less contained neighborhoods (*районы*): ● Брайтон-Бич—**район** Нью-Йорка, расположенный на самом юге Бруклина.
офис, контора, бюро заведение учреждение организация	What does one find in any given *район*? *Жилые дома* (*частные коттеджи* ог *многоэтажные многоквартирные дома*), *офисные здания, магазины, кафе и рестораны, аптеки, фотоателье, парикмахерские, бюро путешествий, офисы врачей, адвокатские конторы, бюро риэлторских услуг, досуговые центры* (community centers like Jewish Community Centers), etc. All these can be described by the umbrella noun *заведения* (establishments), *организации*, or, in a more formal register, *учреждения* (establishments), but not #*бизнесы*. ● **Район** Брайтон-Бич расположен между бульваром Квинс и озером Мидоу. Здесь много популярных среди иммигрантов **магазинов** и **кафе**. На Брайтон-Бич есть «русские» **детские сады**, **парикмахерские**, **бюро путешествий**, **офисы врачей**, **адвокатские конторы** и много других **учреждений**, которые обслуживают русскоговорящую общину.

жи́тель жи́тельница прожива́ть (no perf.) ме́сто, места́ прожива́ния	Residents of a country, city or any other geographic location are called *жи́тели*. ● Среди **жи́телей** нашего района много иммигрантов-выходцев из Мексики и других стран Латинской Америки. The Russian word *резиде́нт* may be used in the sense of 'legal resident of a particular state' only in a legal context. This word is also widely used to mean 1) a spy, installed in a foreign country or a particular geographic location (*Но однажды его жизнь резко поменялась! Он становится* **резиде́нтом** *английской разведки.*) or 2) a diplomatic representative of a foreign state. The verb *прожива́ть* (no perfective pair) is normally translated as 'to reside' or 'to be registered at an address': ● После матча в Мельбурне, где **прожива́ет** крупная итальянская община, 400 футбольных фанатов затеяли ночью массовую драку. Similarly, the phrase 'place of residence' is translated into Russian as *ме́сто прожива́ния*: ● В последние годы увеличились потоки «экологических беженцев» — людей, покинувших **места́ прожива́ния** по экологическим причинам.
национа́льность гражда́нство граждани́н, гражда́нка, гра́ждане	The Russian word *национа́льность* refers to a person's ethnicity (not nationality). ● Вообще-то в Аргентине самый настоящий «коктейль» из **национа́льностей**: здесь и испанцы, и итальянцы, и русские, и украинцы, и выходцы из стран Азии... 'Nationality' is translated into Russian as *гражда́нство*: ● Некоторые русские эмигранты так называемой «белой эмиграции»[1] отказывались принимать французское **гражда́нство**, надеясь в скором времени вернуться на Родину. 1. The term 'white emigration' refers to emigrants and refugees fleeting Russia after the Revolution of 1917 and during the Civil War (in the 1920s); many of them were members of the elite and educated classes. *Граждани́н*, fem. *гражда́нка* and pl. *гра́ждане*, means a citizen of a country: ● Участвовать в выборах могут только **гра́ждане** страны.

1.3.

Прочитайте предложения. Из двух вариантов—слово с приставкой Э- (эмиграция, эмигрант) или слово с приставкой ИМ- (иммигрант, иммиграция) выберите правильный. Объясните свой выбор.

1. В 1970-х годах сенатор Генри Джексон стал автором знаменитой поправки[1] Джексона-Вэника, которая вынудила[2] СССР разрешить евреям **эмигрировать/иммигрировать** в Израиль.

2. Согласно данным американского Центра **иммиграционных/эмиграционных** исследований, на территории США проживает около 11 миллионов нелегальных **иммигрантов/эмигрантов.**

3. После развала Советского Союза в России стали активно печататься книги русских **эмигрантов/иммигрантов**, покинувших Россию во время Революции и Гражданской войны.

4. Это удивительно, но среди тех, кто проявляет беспокойство или даже выражает агрессию против новых **иммигрантов**, многие сами являются либо **иммигрантами/эмигрантами**, либо детьми **иммигрантов/эмигрантов**.

5. **Эмигранты/иммигранты**, проживающие в экономически развитых странах, отправляют «домой» миллиарды долларов.

6. В **эмиграции/иммиграции** Пётр Сергеевич был несчастлив, грустил о Родине. Но вернувшись в Россию, он её не узнал.

7. Мои родители **эмигрировали/иммигрировали** в Канаду совсем молодыми. Я родился уже в Торонто. Конечно, я себя **иммигрантом/эмигрантом** не считаю, но очень чётко ощущаю связь с русскоязычной общиной.

1. amendment   2. force

1.4.

Прочитайте текст о самом известном русскоязычном районе США. Вставьте пропущенные слова из списка.

~~район~~ • магазины • выходцы • рестораны и кафе • бюро путешествий
учреждения • место компактного проживания иммигрантов
детские сады • парикмахерские • аптеки • офисы врачей
адвокатские конторы • русскоязычные заведения • бюро риэлторских услуг
телестудии • организации по оказанию иммигрантских услуг
школы • выходцы • радиостанции • редакции газет

Брайтон-Бич—*район* города Нью-Йорка, расположенный на самом юге боро Бруклин,

на берегу Атлантического океана. С начала 1970-х годов Брайтон-Бич стал известен как

_____ из СССР, в основном этнических евреев из Украины и Беларуси. После

развала Советского Союза в районе Брайтон-Бич стали селиться _____ из самых

разных республик бывшего Советского Союза—Грузии, Казахстана, Узбекистана...

В районе находятся _____, которые предоставляют различные услуги—

русские, грузинские, узбекские _____ _____.

Здесь находятся и такие _____ как _____.

В этом районе расположены культурные центры русскоговорящей общины Нью-Йорка —

_____ _____ досуговые центры.

По разным оценкам, в Брайтон-Бич проживает около 80 тысяч жителей.

—В тексте использованы материалы Википедии
—свободной энциклопедии

Рабочая тетрадь, упр. 1

1.5.
Коротко расскажите о районе, в котором вы выросли или в котором вы живёте сейчас.

	проживают	разные этнические группы
		выходцы из разных стран
		молодые люди и студенты
У нас в районе		пожилые люди и люди среднего возраста
		…
В нашем районе		
		общество помощи иммигрантам
Здесь		досуговые центры
		отличные рестораны
	есть	дешёвые кафе и кондитерские
	расположены	многоэтажные дома
	находятся	офисные здания
		различные магазины
		детские сады
		контора риэлторских услуг
		…

Рабочая тетрадь, упр. 2

РАЗДЕЛ 2. В центре внимания: форма слова

Plural nouns in the genitive case.
Существительные множественного числа в родительном падеже.

В Главе 4 вы узнали многое о функциях родительного падежа. В этой главе мы продолжим работать с родительным падежом, но в основном во множественном числе, и добавим несколько новых функций. С точки зрения структуры, это самый сложный падеж в русском языке. В некоторых случаях вам поможет ваша интуиция, но вы должны также понять правила, чтобы говорить и писать правильно.

Чтобы определить, какое окончание будет в родительном падеже у слова множественного числа, нужно вспомнить форму именительного падежа <u>единственного</u> числа.

Если слово в именительном падеже заканчивается на гласную, её нужно убрать: комнат**а** (им.п.) → *несколько* (чего?) *комнат* (род.п.)

улица	→ *несколько улиц*	проблема	→ _____
контора	→ *несколько контор*	место	→ _____
диаспора	→ *несколько* _____	слово	→ _____
картина	→ _____	мужчина	→ _____
услуга	→ _____	жительница	→ _____

Если слово в именительном падеже заканчивается на согласную, нужно добавить окончание. Но сначала обратите внимание, на КАКУЮ согласную это слово заканчивается!

а) если слово заканчивается на шипящие Ж, Ш, Щ, Ч или на Ь, пишите окончание **-ЕЙ**: новость (им.п.) → *много* (чего?) *новост**ей*** (род.п.)

площадь	→ *много площадей*	житель	→ _____
гараж	→ *много гаражей*	тетрадь	→ _____
карандаш	→ *много* _____	национальность	→ _____
ключ	→ _____	отель	→ _____
товарищ	→ _____	врач	→ _____

б) если слово заканчивается на Й или Ц, пишите окончание **-ЕВ**: трамвай (им.п.) → *немного* (чего?) *трамва**ев*** (род.п.)

музей	→ *несколько музеев*	месяц	→ _____
кафетерий	→ _____	канадец	→ _____
герой	→ _____	немец	→ _____

в) если слово заканчивается на любую другую согласную, пишите окончание **-ОВ**: студент (им.п.) → *несколько* (кого?) *студент**ов*** (род.п.)

район	→ *несколько* _____	компьютер	→ _____
эмигрант	→ _____	магазин	→ _____
телевизор	→ _____	дом	→ _____
поезд	→ _____	автобус	→ _____

Обратите внимание:

1. Если слово заканчивается на -Ц, но ударение падает на окончание, нужно писать окончание -ОВ: огур**е**ц (им.п.) → *много огурц**ов*** (род.п.)
2. В словах мужского рода гласная -Е в суффиксе -ЕЦ и гласная -О в суффиксе -ОК часто «убегает»: американ**е**ц → *американцев*; украин**е**ц → *украинцев*; плат**ок** → *платков*.
3. Обратите внимание на интересный случай «беглой» гласной Е в слове д**е**нь — *много дней*.

Plural adjectives in the genitive case.
Прилагательные множественного числа в родительном падеже.

Для прилагательных родительного падежа во множественном числе используются окончания -ЫХ или -ИХ. В этом правиле нет исключений!

Например: У нас дома нет русск**их** сувениров, но есть много интересн**ых** фотографий из жизни моей семьи до эмиграции.

Помните, что выбор гласной в окончании (гласная твёрдого или мягкого ряда) зависит от твёрдости или мягкости согласного в основе слова (например, красн**ых** versus син**их**) и от правила 7 букв[1] (нов**ых** versus больш**их**).

1. После букв Г К Х Ж Ш Щ Ч нельзя писать Ы! Нужно писать И!

2.1.
Скажите, что у вас есть **несколько** таких вещей.

> **Образец:** кредитная карточка → У меня есть несколько *кредитных карточек*.

старая книга, странная картина, большая карта, новая лампа, вкусная конфета, спортивная машина, эмигрантская газета, тысяча долларов

маленькая тетрадь, удобная кровать, русско-английский словарь, настольный календарь, интересная новость, ценная вещь

золотой браслет, полезный учебник, новый компьютер, электронный планшет, синий фломастер, шоколадный торт, длинный шарф, лёгкий свитер

простой карандаш, модный плащ, острый нож, ненужный ключ

Рабочая тетрадь, упр. 3

2.2.
Раскройте скобки и закончите предложения. Внимание на окончания существительных и прилагательных в родительном падеже множественного числа.

> **Образец:** В нашем городе есть много (хорошая школа) → В нашем городе есть много <u>хороших школ</u>.

Заметьте, что в скобках даны формы единственного числа, чтобы помочь вам правильно определить окончания родительного падежа множественного числа.

1. В нашем городе есть много (большой университет и престижный колледж).
2. В современном мире практически в любой стране много (иммигрант и беженец).
3. В нашем маленьком городе вы не найдёте (большой отель, многоэтажный дом или развлекательный центр), зато рядом есть много (красивый парк, озеро, красивое место).
4. Вы знаете, сколько (республика, район и область) есть в Российской Федерации?
5. Когда мои бабушка и дедушка уезжали из Советского Союза, они не могли взять с собой много (вещь), и им пришлось оставить там много (любимая книга и старый фотоальбом).
6. В эмиграции Лев стал профессиональным переводчиком, поэтому у него дома много (толстый словарь и справочник).

Important details on the form of the plural genitive.
Важные детали в форме родительного падежа множественного числа.

а) Когда мы говорим, что убираем окончание у формы именительного падежа единственного числа, мы говорим только о букве, а не о звуке!

Если слово женского рода заканчивается на -Я, это значит, что согласный перед -Я мягкий. Когда мы формируем родительный падеж множественного числа и убираем окончание, согласная должна остаться мягкой! Поэтому «появляется» мягкий знак:

неделя → недел^ь + А (мягкая Л + звук А) → недель
деревня → деревен^ь + А (мягкая Н + звук А) → деревень

Исключение: песня → песен (без ь!)

б) Когда слово женского рода заканчивается на сочетание гласных -ИЯ или -ЕЯ (и когда слово среднего рода заканчивается на сочетание гласных -ИЕ), важно помнить о фонетическом составе окончания, а не о буквах. Гласные буквы Я и Е в этих сочетаниях представляют собой 2 звука: Й + гласный звук А или Э → /йа/ или /йэ/. Когда вы убираете окончание, вы убираете только гласный звук. Звук /й/ остаётся и должен быть показан на письме!

организация → организаци[йа] → организаций
учреждение → учреждени[йэ] → учреждений
галерея → галере[йа] → галерей

2.3.

Используйте слова в скобках в правильном падеже. Внимание на окончания слов множественного числа в родительном падеже. Не забывайте сначала узнать форму именительного падежа единственного числа, чтобы определить форму родительного падежа множественного числа.

1. В нашем городе есть много (международные организации).
2. Сколько (дни) осталось до конца семестра?

3. Наш район не отличается разнообразием. Здесь живут только белые и эмигранты из (разные страны) Азии.
4. На этой улице есть несколько (хорошие галереи).
5. Представители (некоторые политические партии) решили бойкотировать выборы в этом году.
6. Через несколько (недели) у моего младшего брата будет сольный концерт в нашем местном развлекательном центре.

The fill vowel. Разделительная гласная.

В некоторых случаях в форме родительного падежа множественного числа слово заканчивается на труднопроизносимую (hard to pronounce) комбинацию согласных. В таких случаях необходима разделительная гласная (fill vowel) О или Е:

—Если в комбинации согласных в конце слова есть буквы **Г, К** или **Х**, пишите гласную **О** (если не мешает Правило 5 букв).

окно	→ окн	→ в нашем доме много ок**о**н
американка	→ американк	→ америк**о**н
кухня	→ кухнь	→ кух**о**нь

—Если в комбинации согласных в конце слова **нет** букв **Г, К** или **Х** или если работает Правило 5 букв, пишите гласную **Е**!

деревня	→ деревнь	→ в нашем районе много дерев**е**нь
кошка	→ кошк	→ в Риме много кош**е**к
девушка	→ девушк	→ в нашей группе мало девушек

2.4.

Составьте фразы или предложения, комбинируя слова *у*, *много*, *нет*, *без* и фразы в списке внизу.. Обращайте внимание на слова, где есть разделительная или беглая гласная.

> много + кошки → У наших соседей <u>много кошек</u>.

у, много, нет, без

китайцы, американцы, пожилые американки, талантливые девушки, парни, кредитные карточки, украинцы, украинки, трудные дни, молодые отцы

Рабочая тетрадь, упр. 4

2.5.

Раскройте скобки и закончите предложения. Внимание на правильные окончания родительного падежа (не забывайте о всех нюансах!).

1. В больших европейских городах, как правило, есть хорошая система общественного транспорта: много (автобус, трамвай, троллейбус или метро).
2. В этом старом районе города много (старый отель, дорогой ресторан, красивая церковь, зелёный бульвар).
3. У нас в университете есть много (хорошая лаборатория).
4. Мой брат учится в школе, поэтому у него всегда с собой в портфеле несколько (ручка, карандаш, тетрадь и скрепка).
5. В учебнике много (трудное упражнение и интересный текст).
6. Сколько (здание) в вашем университете?
7. В нашем классе много (девочка) и мало (мальчик).
8. У моей бабушки никогда не было (кредитная карточка).
9. Я не могу жить без (путешествие).
10. Сколько (лекция и семинар) у тебя в этом семестре?
11. Где можно получить список (учреждение), которые занимаются вопросами иммигрантов?

2.6.

Окончание существительных выражает не только падеж, но и число. Внимательно заполните таблицу теми формами, которых не хватает.

Именительный падеж единственного числа	Родительный падеж единственного числа	Родительный падеж множественного числа	Именительный падеж множественного числа
американский паспорт			
	(для) эмигрантской газеты		
русскоязычная община			
	(недалеко от) Центральной площади		
			кредитные карточки

Exceptions. Исключения.

В родительном падеже множественного числа есть много исключений. Запомните самые частотные из них!

друг	→	(много) друзей
ребёнок (дети)	→	(много) детей
сосед	→	(много) соседей
родители	→	(нет) родителей
человек (люди)	→	(много) человек/людей
ухо	→	(нет) ушей
юноша	→	(много) юношей
муж	→	(много) мужей
раз	→	(много) раз
глаз	→	(нет) глаз
деньги	→	(много) денег
сестра (сёстры)	→	(много) сестёр
волосы	→	(нет) волос
год	→	(много) лет
носки	→	(много) носков
брат (братья)	→	(много) братьев
стул	→	(много) стульев

Обратите внимание: Форма «человек» используется при счёте после цифр, которые заканчиваются на 5 (6, 7... 0) и со словом «несколько». Например, *в нашей семье пять человек*. Форма «людей» используется со словами «много», «мало» и в некоторых других случаях: *в субботу в магазинах много людей.*

2.7.

Закончите предложения. Обращайте внимание на формы слов в родительном падеже множественного числа и на исключения из правила.

1. У Миши уже родился ребёнок, а у его старшего брата до сих пор нет _____.

2. Мне не нужно много _____, мне нужен один настоящий друг.

3. В нашем городке скоро откроется новый торговый центр, и многие жители против, потому что у нас уже есть несколько _____, но нет ни одной библиотеки.

4. Я была в Европе только один раз, а моя соседка по комнате побывала там уже несколько _____.

5. Я единственный ребёнок в семье, у меня нет ни _____, ни _____.

6. В нашем городе только один русский ресторан, а в Нью-Йорке несколько десятков _____.

7. Через год моя жизнь изменится, а через несколько _____ она будет совсем другой.

8. На концерт классической музыки в нашем общинном центре не пришел ни один человек, а на танцы пришло много _____.

Рабочая тетрадь, упр. 5

Additional function of the genitive case: counting.
Новая функция родительного падежа: счёт.

Счёт в русском языке—сложный процесс. Во-первых, слово *один* не является числительным (numeral); это на самом деле прилагательное, и у этого слова есть род и число (yes, in Russian one can be plural!), например: *один эмигрант*, *одна гражданка*, *одно учреждение*, *одни джинсы*. Слово *один* никак не влияет на падеж существительного, которое следует за ним, а наоборот подстраивается под существительное.

Во-вторых, у числительного *два* есть две формы: *два* и *две*. Форма *два* используется, когда мы считаем существительные мужского или среднего рода: *два эмигранта*, *два гражданина*, *два общества*. Форма *две* используется, когда мы считаем слова женского рода: *две гражданки*, *две диаспоры*, *две студентки*.

Но самое интересное заключается в том, что с разными числительными мы используем родительный падеж в разном числе.

После цифр 2, 3 и 4 мы используем родительный падеж единственного числа:

> два (три, четыре) гражданина   две (три, четыре) гражданки
> два (три, четыре) беженца   две (три, четыре) беженки
> два (три, четыре) заведения   две (три, четыре) организации

После цифр 5, 6, 7, 8, 9 или 0 мы используем родительный падеж множественного числа:

> Пять (6·, 7, 8, 9, 0) мигрантов
> Пять (6, 7, 8, 9, 0) учреждений
> Пять (6, 7, 8, 9, 0) гражданок США
> Пять (6, 7, 8, 9, 0) организаций
> Пять (6, 7, 8, 9, 0) общин
> Пять (6, 7, 8, 9, 0) выходцев из Гаити

2.8.
Посчитайте этих людей и эти предметы (от 1 до 10):

город	диаспора	община	иммигрант
беженец	гражданка	паспорт	украинец
украинка	немец	немка	афро-американец
афро-американка	общежитие	лекция	семинар
карандаш	слово	ручка	компьютер
доллар	рубль	житель	жительница

Рабочая тетрадь, упр. 6

Ещё по теме: После цифр 11, 12, 13... 20 используется родительный падеж множественного числа, а вот после 20 всё зависит от последней цифры:

Если число заканчивается на цифру 1 (21, 31, 101, 1001, 1000001), существительное не меняется, форма слова *один* зависит от рода существительного.

Например: двадцать **один** день, тридцать **одна** студентка, сто **одно** общежитие, **один** миллион и **одно** слово, тысяча и **одна** ночь

Если число заканчивается на цифры 2, 3 или 4, существительное переходит в форму родительного падежа единственного числа (обращайте внимание на форму *два* или *две*).

Например: сто **два** иммигранта, двадцать **две** студентки, тысяча сто тридцать **три** школы, один миллион пятьсот тысяч четыреста сорок **четыре** жителя

Если число заканчивается на цифры 5, 6, 7, 8, 9, или 0, существительное должно быть в форме родительного падежа множественного числа.

Например: сто шестьдесят **(160)** музеев, двадцать **пять** эмигрантских публикаций, тысяча триста сорок **шесть** рублей, один миллион семьсот тысяч девятьсот девяносто **девять** долларов

Наконец, при счёте важно обращать внимание на форму прилагательных. Окончание прилагательных всегда -ЫХ/-ИХ, вне зависимости от числа существительного!

> *род.мн.   род.ед.*
> два (3, 4) русских эмигранта
>
> *род.мн.   род.ед.*
> две (3, 4) пожилых жительницы
>
> *род.мн.   род.мн.*
> пять русских эмигрантов
>
> *род.мн.   род.мн.*
> пять пожилых жительниц

Обратите внимание: Система окончаний прилагательных в родительном падеже при счёте неустойчива (unstable). В разговорной речи вы можете услышать и другие формы: *две русские жительницы*.

2.9.

Выберите число родительного падежа, необходимое в каждом случае, и раскройте скобки. Следите за окончаниями существительных и прилагательных!

1. 300 _____ (беженец)

2. 1004 _____ (новый вебсайт)

3. 561 _____ (иммиграционная виза)

4. несколько _____ (молодой американец)

5. 1238 _____ (российский турист)

6. 5 _____ (близкий родственник)

7. 1533 _____ (друг)

8. много _____ (странный человек)

Рабочая тетрадь, упр. 7

Обратите внимание: После слов *сколько, столько, много, немного, мало, несколько,* нужна форма родительного падежа **множественного числа**, только если существительное исчисляемое (countable):

сколько (кого?)	→ сколько жител**ей**?
много (кого?)	→ много студент**ов**
мало (чего?)	→ мало пробл**ем**
несколько (чего?)	→ несколько учрежден**ий**

Если существительное неисчисляемое, нужно использовать родительный падеж **единственного числа**:

столько (чего?)	→ столько шоколад**а**
много (чего?)	→ много сметан**ы**
мало (чего?)	→ мало молок**а**
немного (чего?)	→ немного ча**я**
сколько (чего?)	→ сколько сахар**а**

2.10.

Впишите слова в правильной форме после числительных.

В июне вся наша семья—я, жена и наши шесть _____ (дети) едем в Рим! Это наши

первые заграничные каникулы. Мы собираемся провести в Риме 5 _____ (неделя).

Нам, конечно, придётся везти с собой огромное количество _____ (вещь). У нас

будет три _____ (чемодан), нам надо будет упаковать 18 _____

(свитер), 46 _____ _____ (пара) (носки), 24 _____

_____ (тёплая рубашка), 7 _____ (куртка), 42 _____

_____ (детская майка), 24 _____ _____ (фланелевая

пижама), 3 _____ (пара) брюк и многое другое. Кроме того, необходимо взять с

собой то, чем можно занять детей в дороге. Мы решили, что нам хватит немного

_____ _____ (цветная бумага), 12 _____

_____ (развлекательная книга), 6 _____ _____

(небольшая тетрадь) и 3 _____ _____ (дорожная игра). Мне бы

нужна ещё 1 _____ _____ (дорожная сумка), но у меня нет на неё

_____ (деньги). Ведь хорошая сумка стоит 853 _____ (рубль)!

Нужно, конечно, не забыть ещё упаковать 8 _____ _____ (зубная

щётка), 4 _____ (тюбик) _____ _____ (зубная паста),

5 _____ (коробка) _____ _____ _____

(бумажный носовой платок) и много-много _____ (шоколад). Главное, не забыть

кого-нибудь из своих детей дома!

Рабочая тетрадь
- Прочитайте информацию о необычных существительных и их форме в родительном падеже и сделайте упр. 8

2.11.

Заполните пропуски существительными в правильной форме в этих необычных задачках по математике Григория Остера. Прочитайте задачки вслух, обращайте внимание на числительные и число в родительном падеже! Решите задачки.

Задача 1

Личный попугай капитана Флинта изучил 1567 _____ (ругательство[1]) на разных языках. 271 _____ (ругательство)—на английском, 352 _____ (ругательство)—на французском и 127 _____ (ругательство)—на испанском языках. Остальные ругательства попугай почерпнул[2] из великого и могучего русского языка. Сколько _____ (ругательство) почерпнул личный попугай капитана Флинта из русского языка?
Ответ: _____

Задача 2

Уходя на пенсию, старая учительница подсчитала, что за долгие годы самоотверженного[3] труда она поставила своим ученикам 26172 _____ (двойка), 11583 _____ (тройка), 4884 _____ (четвёрка) и 955 _____ (пятёрка). Сколько всего _____ (отметка) поставила строгая учительница за годы самоотверженного труда?
Ответ: _____

Задача 3

У иностранного диверсанта[4] было задание: тёмной ночью взорвать[5] 20 _____ (общеобразовательная школа[6]). Диверсант перевыполнил[7] задание на одну пятую[8] его часть. Сколько _____ (счастливый ребёнок) смогут отдохнуть от общего образования[9], если известно, что в каждой взорванной школе томилось[10] по 756 _____ (ученик)?

Ответ: _____

1. swear word/curse   2. выучил/взял   3. selfless labor   4. saboteur   5. to detonate/to blow up   6. secondary school
7. overperformed/exceeded expectations   8. one-fifth   9. secondary education   10. languished

РАЗДЕЛ 3. Подводим итоги

В этой главе вы...

- узнали или повторили ключевые слова по теме «Мой мир»,
- научились описывать общину, город или район, в котором вы живёте,
- повторили функции родительного падежа,
- научились правильно писать окончания существительных и прилагательных множественного числа в родительном падеже,
- научились правильно использовать конструкции, требующие родительного падежа.

Проверьте себя.

1. Просмотрите список слов и выражений. Какие из этих слов вы знаете? Определите знание каждого слова по шкале от 1 до 5.

1 Не знаю, никогда не слышал/а это слово.
2 Мне встречалось это слово, но я не уверен/а, что оно значит.
3 Я могу легко догадаться о значении этого слова в контексте.
4 Знаю, использую это слово сам/а.
5 Знаю слово и его синонимы, могу объяснить, что это слово значит и в каком контексте и/или с какими другими словами его нужно использовать.

_____	иммиграция	_____	эмиграция
_____	бытовые эмигранты	_____	беженцы
_____	выходцы	_____	мигранты
_____	диаспора	_____	община
_____	жители	_____	место проживания
_____	национальность	_____	гражданство
_____	заведение	_____	учреждение
_____	адвокатская контора	_____	бюро риэлторских услуг
_____	район	_____	проживать

Сравните сумму очков с результатами, которые вы получили в начале главы: _____

2. Повторите функции родительного падежа:
   - На какие вопросы отвечает родительный падеж?
   - Какие функции выполняет этот падеж (вспомните материал Главы 4)?
   - Какие новые функции этого падежа вы узнали в этой главе?
   - Как использовать этот падеж при счёте?

3. Форму существительных родительного падежа множественного числа легко «вычислить», если помнить об оппозиции окончаний: если в именительном падеже единственного числа есть окончание, его не будет в родительном падеже множественного числа, и наоборот. Проверьте, как хорошо вы знаете формы родительного падежа множественного числа. Закончите таблицу.

Именительный, единственное число	Родительный, множественное число
Нет окончания	**Есть окончание**
Мужской род на твёрдый согласный: *мигрант, район, выходец*	_____ _____ _____
Мужской род на шипящую: *врач, гараж, карандаш*	_____
Мужской или женский род на мягкий знак: *житель, площадь*	_____
Есть окончание	**Нет окончания**
Женский или мужской род на -А/Я: *община, жительница, дедушка*	_____
Средний род: *чувство, учреждение*	_____

Обращайте внимание на:
- Разделительную гласную, когда убираем окончание: *дедушек, писем*
- Беглую гласную, когда добавляем окончание: *выхо**д**цев, американ**ц**ев, **д**ней*
- Мягкий знак, когда убираем окончание у слова с мягкой основой: *недель*
- Слова на -ИЯ, -ИЕ, которые «открывают» -Й, когда уходят гласные звуки А или Э: *организаций, заведений*

Какие окончания должны быть у прилагательных в форме **родительного падежа множественного числа**? _____

Применяем знания на практике.

3.1.

Прочитайте короткий рассказ советского писателя Даниила Хармса. Раскройте скобки. Обращайте внимание на число существительных в родительном падеже и на исключения из правила.

«Рыжий человек»

Жил один рыжий человек, у которого не было _____ (глаз) и _____ (ухо).

У него не было и _____ (волосы), так что рыжим его называли условно.

Говорить он не мог, так как у него не было _____ (рот).

_____ (нос) тоже у него не было.

У него не было даже _____ (рука) и _____ (ног).

И _____ (живот) у него не было, и _____ (спина) у него не было, и _____ (хребет[1])

у него не было, и никаких _____ (внутренность[2]) у него не было.

Ничего не было!

Так что непонятно, о ком идёт речь.

Уж лучше мы о нём не будем больше говорить.

1. spine (colloq.)   2. (here) intestines

3.2.

Прочитайте отрывок из книги американского и российского политолога, историка и публициста Николая Злобина о США. Обратите внимание на использование родительного падежа в разных функциях. Определите, в каком числе используется каждый случай родительного падежа. Прокомментируйте необычные случаи использования родительного падежа множественного числа.

«Америка: живут же люди!»

Общеизвестны крылатые слова писателя и драматурга Израэла Зангвилла о том, что Америка является «плавильным котлом»[1]. Менее известно, что этот котёл переплавляет далеко не всё. До сих пор в США хорошо заметны глубокие следы тех или иных этнических и национальных, культурных и языковых вливаний[2].

Вся история Америки отражает путь её освоения[3]. По ней шли то французские, то испанские, то немецкие, то голландские, то английские волны первопроходцев[4]. Это нашло отражение в топонимике[5]. Тут есть «французские» города и улицы—от многочисленных Парижей и бесконечных Версалей почти в каждом штате до многомиллионного Сент-Луиса в Миссури и площади перед Белым домом в Вашингтоне, названной в честь маркиза де Лафайета. Есть «немецкие» города—от разного размера Берлинов и Джермантаунов до не менее многочисленных Фридрихсбургов и Карлсбадов. Конечно, сильно распространены испанские названия—они есть даже в названиях штатов: Невада и Калифорния, Флорида и Нью-Мексико, Техас и Колорадо, не говоря уже про Пуэрто-Рико или Гуам. Крайне многочисленны голландские названия—от всем известного Гарлема до бессчётных Амстердамов и Бергеров (кстати, первое название Нью-Йорка было Новый Амстердам). Английские названия представлены[6] в большом количестве—Лондоны и Фултоны, Бирмингемы, Брайтоны, Бристоли и Кембриджи. Есть в США Варшавы, Белграды, Вены, Праги, Стокгольмы, Мадриды, Венеции, Римы, Трои и Глазго. Есть—и не по одному—города и городки с названиями Москва, Санкт-Петербург, Одесса...

(Продолжайте читать. Допишите пропущенные слова в родительном падеже в правильном числе по смыслу.)

... Освоение Нового Света шло волнами. Закладывались новые города, которые назывались именами близкими для _____ (первооткрыватель[7]). Таким же образом получали названия улицы и пригороды, горы и реки, долины[8] и ущелья[9]. Потом приходила следующая волна эмигрантов, и кое-что переименовывалось. Иногда — неоднократно. Топонимика США — это история _____ и _____ (освоение и развитие) страны. В больших городах возникли Чайна-тауны, где живут китайцы. Там говорят по-китайски, а все дорожные и уличные указатели[10] дублируются на этом языке. Появились «маленькие Италии», где селились[11] итальянцы, — там обычно расположены хорошие рестораны. Есть и французские районы, особенно в городах на юге страны, таких как Новый Орлеан и другие, где и сейчас можно попробовать блюда _____ _____ _____ (классическая французская кухня), познакомиться со старинными традициями и услышать язык, на котором в самой Франции уже очень давно никто не говорит. Есть знаменитый Брайтон-Бич в Нью-Йорке, ставший основным местом _____ (поселение) _____ _____ (русскоязычный эмигрант) в США и окружённый районами сравнительно _____ _____ (компактное проживание) _____ _____ (другое меньшинство), в основном из _____ (страна) _____ _____ (Латинская Америка) и _____ _____ (Восточная Европа). На Брайтон-Бич не только говорят по-русски, но и названия _____ _____ (магазин и ресторан), _____ (офис) _____ (доктор) и _____ (адвокат) тоже пишут на русском.

1. melting pot   2. infusions   3. conquest   4. pioneers   5. toponymics, i.e., geographical names   6. are represented
7. explorer   8. valleys   9. gorges, ravines   10. signs (road signs)   11. settled

 Рабочая тетрадь, упр. 9

3.3.

Расскажите про город, район города или штат (провинцию), в котором особенно заметна какая-то иммигрантская культура и с которым вы знакомы. Включите как можно больше деталей. В качестве модели вы можете использовать разные тексты из главы.

Рабочая тетрадь, упр. 10

ГЛАВА 6

КАК ГОВОРИТЬ ОБ УЧЁБЕ

В этой главе вы...

- научитесь рассказывать о своих занятиях, специальности, академических планах,
- повторите или узнаете новые слова, чтобы говорить об учёбе в университете, или в школе
- повторите или узнаете функции винительного падежа,
- научитесь правильно писать окончания существительных и прилагательных в винительном падеже,
- повторите или узнаете формы личных местоимений в винительном падеже,
- научитесь правильно использовать конструкции, требующие винительного падежа.

РАЗДЕЛ 1. В центре внимания: значение слова

1.1.

Просмотрите список слов и выражений. Какие из этих слов вы знаете? Определите знание каждого слова по шкале от 1 до 5.

1 Не знаю, никогда не слышал/а это слово.

2 Мне встречалось это слово, но я не уверен/а, что оно значит.

3 Я могу легко догадаться о значении этого слова в контексте.

4 Знаю, использую это слово сам/а.

5 Знаю слово и его синонимы, могу объяснить, что это слово значит и в каком контексте и/или с какими другими словами его нужно использовать.

_____ образование	_____ воспитание
_____ младшие классы	_____ средняя школа
_____ старшие классы	_____ институт
_____ детский сад	_____ школьник
_____ преподаватель	_____ частные уроки
_____ стипендия	_____ записаться на курс

149

_____ изучать	_____ делать домашнюю работу (делать уроки)
_____ курсовая работа	_____ сдавать экзамен
_____ сдать экзамен	_____ выпускной

Посчитайте сумму очков: _____

 **1.2**

Внимательно прочитайте заметки о значении и использовании ключевых слов. Отметьте слова и выражения, которые вам встречаются впервые. Обратите внимание на конструкции, в которых эти слова и выражения используются.

American and Russian education systems differ from one another; moreover, the educational system of the late Soviet Union, in which your grandparents and parents grew up, was significantly different from education in modern Russia. The words and expressions that we have chosen as key in this chapter will help you not only translate words but understand the differences in concepts and ideas.

образование (no pl.) обучение (no pl.) воспитание (no pl.)	Three important Russian-language concepts that are not immediately translatable into English, are *образование*, *обучение*, and *воспитание*. Each is often translated into English as 'education.' *Образование* is an umbrella term that defines both the process and the product of a systematic development of a person's cognitive, emotional and physical skills and abilities: ● ...более 65 тысяч преподавателей в середине января 1997 года провели Всероссийскую акцию в защиту **образования**. [process] ● ...количество желающих получить высшее **образование** растёт год от года. [product] As such, the word *образование* is used in many set expressions, such as *министерство образования*, *вопросы образования*, and *российская система образования*. The words *обучение* and *воспитание* both refer to systemic ways of educating a person, but *обучение* stresses the transfer of knowledge, and *воспитание* foregrounds the general development of a person as a social being. ● К великому своему счастью я родился в те времена, когда русская интеллигенция ставила **воспитание личности** на первое место, полагая всё остальное лишь **обучением**, чем-то вторичным, поскольку **воспитание** есть основа, некая шпулька (spool), на которую можно наматывать нити **образования** и **знаний**. Note that the name of the American major 'education' is rendered in Russian by the words *педагогика*, *педагогический* as in *педагогический факультет* and *специальность «Педагогика»*.

учитель, учителя

преподаватель

педагог

вуз (высшее учебное заведение):
институт,
университет,
академия

школа:
младшие классы,
средние классы и
старшие классы

детский сад

Учитель and its main synonyms *преподаватель* and *педагог* most often describe a person who works in the field of education (*в сфере образования*) and is engaged in *обучение детей или взрослых* (например: *учитель русского языка*, *преподаватель химии*, *педагог по вокалу и т.д.*). *Учитель* is more frequently used to describe someone who works at a school—elementary, middle or high school. *Общеобразовательная школа* includes *младшие классы*, *средние классы*, and *старшие классы*. Note that all levels of a school, from *младшие классы* to *старшие классы*, are referred to as *школа*. Unlike the American system, all grades from 1 to 11 belong to the same administrative and physical entity. Note that the combination #*старшая школа* does not make sense in Russian.

When Russians want to speak about a more specific time period in their schooling, they may say «*когда я учился в младших классах*», «*в старших классах я стал заниматься музыкой*», or «*в средних классах я учился плохо*». Similarly, you can refer to an American elementary school with *младшие классы*, to middle school with *средние классы*, and to high school with *старшие классы*.

The Russian term *преподаватель* is reserved for instructors and professors working at institutions of post-secondary education. These include *колледжи*, *техникумы*, and *училища* (which are akin to two-year American community colleges and trade schools), which are considered *среднее специальное образование*, and institutions of higher education (*высшее образование*) such as *университеты*, *институты*, and *академии*, which are frequently grouped under the common acronym *вузы*, or *высшие учебные заведения*.

Notice that the Russian word *профессор* denotes a title, not a position, and therefore, it is not used as a term of address.

Normally, *учителя*, *преподаватели*, and *педагоги* work at official educational institutions (*образовательные учреждения*), such as *школы*, *институты*, and *университеты*. Private lessons (*частные уроки*) are often given by a *репетитор*, a tutor whose purpose is more local and immediate, such as to prepare someone to pass a class or an exam or to get ready for university entrance exams.

● Антон посоветовал племяннику идти на экономический факультет, а для этого нужно было целый год заниматься с **репетитором** по математике и платить за каждое занятие немалые деньги...

Воспитатель works at a preschool (*детский сад*); the focus of the work of *воспитатель* is, logically, on *воспитание* and *развитие детей*. At the same time, one can find *учитель* or *педагог* (*педагог по музыке*, *учитель рисования*) in any given *учреждение дошкольного образования*, i.e., *детский сад*. These are full-day state-supported daycare centers charged with early childhood education.

ученик, ученица	The Russian language makes an important distinction between the words *ученик* and *студент*. *Ученик* and *ученица*, as well as *школьник* and *школьница*, are school students (kindergarten through high school), whereas *студент* and *студентка* are post-secondary students. The word *учащийся* (pl. *учащиеся*) can be applied to all levels of study, but it belongs to a more formal register:
школьник, школьница	
студент, студентка	
первокурсник, первокурсница	
учащийся, учащаяся, учащиеся	

- **Учащиеся**, которые занимаются исследовательской (research) деятельностью (activity) более глубоко разбираются в причинах различных явлений (phenomena), более продуктивно доказывают свою точку зрения, могут понять и признать (accept/recognize) собственные ошибки.

The terms freshman, sophomore, junior, and senior, referring to college or university study, are translated as *первокурсник*, *второкурсник*, *третьекурсник*, and *четверокурсник*, respectively.

учить/научить *кого? что делать?*	There are a number of verbs of teaching and learning in Russian. Verbs with the root -УЧ- are, naturally, very frequent in the context of *образование* and *обучение*. Pay close attention to the particular grammatical structure that gives each verb its exact meaning. For example, the verb *учить* means both 'to teach' and 'to study, to learn'.
учить/выучить *что? как хорошо?*	

Учить/научить is the most common <u>teaching</u> verb:

учиться *где? как? как хорошо? чему? на кого?*	- Всё, что он хотел сделать в жизни, — это дать сыну и дочери хорошее образование, **научить** их трудиться и не унывать (despair, lose heart)...

Учить/выучить, on the other hand, is a <u>learning</u> verb:

научиться *делать что? как хорошо?*	- Кирилл весь год старательно **учил** уроки, потому что мама обещала, что возьмёт его с собой в командировку в Африку, если он закончит учебный год на одни пятёрки. - А когда ей было 9 лет, она **выучила** наизусть и целиком «Ромео и Джульетту» на грузинском...
изучать	

Учиться is another frequent learning verb. When talking about attending school, use the verb *учиться* followed by a location (*я учусь в университете Майами*). Note that the question *Где ты учишься?* corresponds to the English phrase 'Where do you go to school?'

The verb *учиться*, followed by an adverb such as *хорошо*, *неважно*, or *плохо*, is used to comment on the level of diligence a person applies to his or her studies.

- Мне говорили — Боря **хорошо учится**, помогает родителям, занимается спортом...

The phrase *учиться на кого* refers to the future profession of a university student (similar to the concept of a major but focuses more on the actual occupation after graduation).

- Некоторое время Володя **учился на** биолога (он с детства таскал домой то кошек, то собак и лечил их), потом поступил в театральное училище.

Научиться more frequently refers to obtaining skills rather than knowledge:

- Он сам **научился** играть на балалайке, мандолине, гитаре.

When it comes to describing what you study or specialize in at a university, use the verb *изучать* (*в университете она изучала политологию*). *Изучать* stresses the process of investigating a particular academic area.

- Он блестяще (brilliantly) знал итальянское искусство—ещё со времён своей молодости, когда неоднократно ездил в Италию **изучать** архитектуру, живопись (paintings/art), историю культуры.

факультет кафедра отделение	Russian universities are made up of administrative units known as *факультеты* (something between a school and department at an American university). Russians are fond of calling *факультеты* by abbreviated names: *филфак* for *филологический факультет* and *матфак* for *математический факультет*, for example. *Факультеты* are in turn divided into *кафедры* and *отделения* (departments and/or programs), thus a *филологический факультет* of Moscow State University (МГУ) consists of *Кафедра английского языкознания*, *Кафедра истории русской литературы*, *Кафедра немецкого языкознания*, and the like. Russian students have to choose their majors before they apply to university; in fact, they apply directly to a particular *факультет*. Thus, to inquire about one's major, one may simply ask, *На каком факультете ты учишься?* When it comes to translating the reality of American colleges, talking about departments may not be very helpful (although *Что ты изучаешь?* is quite useful). A student can describe his or her major as *специальность: основная специальность* (major), *дополнительная специальность* (minor), or *две ведущих специальности* (double major). To find out about your friend's major, you can ask, *Какую специальность ты выбрал?* or *Какая у тебя специальность?*
слушать/прослушать какой-либо курс записываться/ записаться на какой-либо курс	Since academic programs at Russian universities are fixed, students do not have much freedom in choosing their courses (*предметы, курсы*). All students with the same major study the same program (*слушают одни и те же курсы, изучают одни и те же предметы*). In the US, students have the opportunity *выбрать предметы из списка обязательных и рекомендуемых предметов*. Each semester, students have to register (*записываться или регистрироваться на курсы*). It may be hard to

регистрироваться/ зарегистрироваться на какой-либо курс	translate the specific titles of your courses, so to specify which course you have registered for, use constructions with the preposition *ПО*: *курс* **по** *хими**и**, курс* **по** *русск**ому** языку, лабораторная* **по** *физик**е***. If you want to inquire about what classes someone is taking this semester, you should ask *Какие предметы ты изучаешь в этом семестре?* or *Какие курсы ты слушаешь в этом семестре?* Note that the Russian phrase *брать уроки* refers only to private lessons (*брать частные уроки по музыке*); and *брать классы*, a phrase common in the diaspora dialect, makes little sense in standard Russian, since the word *класс* usually refers to a classroom or a group of students.
курсовая работа контрольная работа самостоятельная работа сочинение отчёт сессия	There is a number of different types of papers one will work on during their tenure at a school or a college: *сочинение* and more rarely *эссе* (essay), *отчёт* and, more specifically, *лабораторный отчёт* (lab report), *контрольная работа* (test), *самостоятельная работа* (quiz), *курсовая работа* (term paper), *дипломная работа* (thesis), and *диссертация* (dissertation). Final exams in Russian universities can be taken as oral exams (*устные экзамены*) or written exams (*письменные экзамены*). *Экзамены* are taken during finals week (*сессия*). There is no special term for mid-term exams—you can simply use the word *экзамен*.
сдавать/сдать экзамен проваливать/ провалить экзамен заваливать/завалить предмет оценка, отметка	Unsurprisingly, *сессия* is the most stressful time in the educational process. During *сессия*, students take exams (*сдавать экзамены*). In Russia, the course grade (*отметка, оценка*) is largely based on the grade received on the final exam, so if one fails the exam (*провалить или завалить экзамен*), they fail the course (*провалить или завалить химию, литературу и т.д.*). ● Весь день и всю ночь Максим готовился к **экзамену**. Как известно, хорошая оценка за **экзамен** означает хорошую **оценку** за курс. *Каникулы* (break) follow the exam week and may be the most popular part of the academic year (*учебный год*).
аттестат диплом степень бакалавра/ магистра/кандидата наук/доктора наук выпускник	If you are successful in your studies, you will eventually graduate from your educational institution (*окончить школу, окончить вуз, окончить академию*). High school graduates (*выпускники школы*) receive a high school certificate (*аттестат о среднем образовании*); university graduates (*выпускники университета, вуза*) receive a degree (*квалификация, степень,* or *диплом*): *квалификация или степень бакалавра* (обычно после 4 лет обучения), *квалификация или диплом специалиста* (обычно после 5 лет обучения в некоторых специализированных вузах) *и квалификация или степень магистра* (обычно 2 года обучения после бакалавриата). Upon completing advanced professional training (*магистратура или аспирантура*), one receives *степень кандидата наук* or *степень доктора наук*. Notice that although we use words like *выпускник* (graduate) and *выпускной* (graduation ceremony), the phrase 'to graduate from X' should

be translated as *оканчивать/окончить школу, университет, институт,* or *аспирантуру*. Similarly, the phrase 'after graduation' should be rendered as *после окончания школы, университета* or *колледжа*.

You will learn more about *система образования* in the exercises throughout this chapter.

Рабочая тетрадь, упр. 1

1.3.

Трудности перевода. Прочитайте предложения в левой колонке. В правой колонке найдите английские эквиваленты русским словам, выделенным жирным шрифтом в левой колонке. Обращайте особое внимание на трудности перевода некоторых слов и понятий.

Русские слова и выражения	Английские слова и выражения
1. Утренние уроки в **младших классах** начинались с весёлой зарядки под музыку.	sign up for class (_11_)
2. В **старших классах** дурака не поваляешь[1]! Приходится много заниматься, готовиться к ЕГЭ[2].	elementary school (_____)
3. Пока я учился в **школе**, отметки меня не очень беспокоили, а вот в институте пришлось взяться за ум[3].	scholarship (_____)
4. И как всех советских детей в 3 года Леночку отдали в **детский сад**.	school students, pupils (_____)
5. С начала 60-х годов отец преподавал на мехмате[4] и позже уже возглавлял кафедру языков программирования на новом **факультете** вычислительной математики и кибернетики.	apply to a graduate school (_____)
6. Очень важно, чтобы **студенты** уже с первого курса научились пользоваться электронной библиотекой.	professional college, trade school (_____)
7. С весёлым хохотом во двор школы выбежали **ученики**.	to fail an exam (_____)
8. Уже восемь, а мне ещё надо успеть дописать **лабораторный отчёт**!	department (_____)
9. —Лена работает в школе? —Нет, она преподаватель в городском **училище**.	to pass an exam (_____)
10. После окончания университета я хочу немного поработать, набраться опыта. А уже потом **поступать в аспирантуру**.	high school (_____)
11. Я уже **зарегистрировалась** на курсы по химии и физике. Осталось выбрать один предмет из списка общеобразовательных[5].	stipend (_____)
12. В старших классах Мариам серьёзно занималась физикой, даже выиграла несколько олимпиад по физике среди американских школьников. Теперь она получает престижную **стипендию** и учится в университете практически бесплатно.	lab report (_____)

Русские слова и выражения	Английские слова и выражения
13. —Ты что такой невесёлый? —Да вот, **провалил экзамен** по биохимии, теперь надо его пересдавать.	students (_____)
14. —Ты уже **сдал экзамен** по русскому? —Сдал!	pre-school, nursery school (_____)
15. Студенты математической аспирантуры получают неплохую **стипендию**.	school (K–12) (_____)

1. goof off   2. Единый государственный экзамен—стандартизированный тест, обязательный для всех выпускников школ в России.   3. clean up one's act   4. механико-математический факультет   5. general education (adj.)

Рабочая тетрадь, упр. 2

1.4.

Высшее образование в СССР и в России. Прочитайте текст и выберите термин, подходящий по смыслу. Внимание: если возможен более, чем один вариант, обсудите нюансы значения.

Одним из важных достижений[1] советской системы (*образования, обучения, воспитания*) является высшее (*образование, обучение, воспитание*), которое в то время по праву можно было считать одним из лучшим в мире. Система высшего образования была представлена институтами и университетами. (*Институты, Университеты*) ориентировались на конкретное направление профессиональной деятельности, в то время как (*в институтах, в университетах*) готовили специалистов по самым разным специальностям, как по прикладным[2], так и по теоретическим дисциплинам.

Важной особенностью[3] советского высшего образования была его доступность[4]. Во-первых, образование было бесплатным, а во-вторых, (*ученикам, студентам, учащимся*) выплачивалась ежемесячная стипендия, своего рода пособие[5].

Конечно, поступали в вузы не все желающие—для поступления нужно было не только подать заявление, но и сдать (*контрольную работу, вступительный экзамен, вступительный тест*). Конкурс в престижные вузы был очень высокий!

При поступлении абитуриенты[6] должны были сразу выбрать будущую (*специальность, профессию*) и подавать документы на определённый (*факультет, институт*). Программа (*обучения, образования*) у всех студентов одной специальности была одинаковой: они не могли сами выбирать (*классы, предметы, курсы*). Все студенты, поступившие на одну специальность, учились вместе все пять лет: вместе (*брали классы, слушали курсы*), вместе занимались, вместе прогуливали. Самая крепкая дружба завязывалась на студенческой скамье!

После распада СССР система высшего образования значительно изменилась. Во-первых, количество бюджетных (т.е. бесплатных) мест в университетах и институтах России значительно уменьшилось. Размер студенческой стипендии стал заметно ниже. Кроме того, начиная с 2003 года российские вузы стали переходить на Болонскую систему образования. В этой новой—общеевропейской—системе предусматривается[7] 3 уровня (*образования, обучения*). Первый уровень длится 4 года, и в результате (*выпускники, студенты*) получают (*бакалавра, степень бакалавра, диплом бакалавра*). Второй уровень, который называется магистратура, длится 2 года. После окончания такой программы выпускники получают (*магистерскую, степень магистра, магистерскую степень*). Чтобы сделать карьеру в науке, необходимо получить (*докторскую степень, степень доктора наук*). Эта ступень может длиться несколько лет; как правило, люди, которые (*учатся, изучают, учат*) в докторантуре, уже работают на какой-либо кафедре или в научно-исследовательском институте[8].

1. achievement   2. applied   3. unique characteristic   4. accessibility   5. financial aid   6. поступающие в университет
7. provides/offers   8. research institute

Рабочая тетрадь, упр. 3–4

1.5.

Американская (немецкая, израильская, канадская и т.п.) система образования, конечно, отличается от советской и от современной российской. Назовите несколько отличий. Вам помогут следующие вопросы:

- Сколько лет учатся в школе в вашей стране?
- Высшее образование платное или бесплатное?
- Сдают ли школьники стандартизированные выпускные экзамены?
- Когда выпускники школы поступают в университет, нужно ли им выбирать специальность сразу? На каком курсе они обычно выбирают специальность?
- Есть ли возможность учиться в университете бесплатно?
- Получают ли студенты стипендии? Может ли студент или аспирант получить финансовую помощь или взять образовательный кредит[1]?
- Сколько лет учатся в университете? Могут ли студенты сами выбирать программу обучения?
- Какие степени можно получить по окончанию учёбы?
- Какие специальности популярны?

1. student loan

РАЗДЕЛ 2. В центре внимания: форма слова

Повторение пройденного материала.

- Какие падежи вы уже знаете?
- На какие вопросы отвечает каждый из этих падежей?
- Назовите 4 главные функции родительного падежа.
- Назовите хотя бы 6 предлогов родительного падежа.
- Назовите «неверный» предлог родительного падежа.

2.1.

Определите падеж слов в словосочетаниях. Подпишите над словами название падежа—им. или род., а также число—ед. или мн..

> *им.п.   род.п.*
> *ед.ч   ед.ч*
> **Образец:** учитель химии → учитель химии

преподаватель кафедры	преподаватель кафедры французского языка
учащиеся школ и вузов	кафедра музыковедения
степень бакалавра	Институт экономики и финансов

Accusative of nouns and adjectives: singular.
Винительный падеж существительных и прилагательных в единственном числе.

Прочитайте предложения в левой колонке и вопросы к ним в правой колонке. Обратите внимание на вопросительные слова и на окончания существительных и прилагательных.

1. В этой главе мы <u>изучаем винительн**ый** падеж</u>. — <u>Что</u> вы изучаете?
2. В этом семестре Ефим <u>записался на органическ**ую** химию, физику и рисование</u> (для души). — <u>На что</u> (<u>на какой курс</u>) он записался?

3. Между мной и моим братом большая разница в возрасте: я уже <u>поступил в Колумбийск**ий** университет</u>, а мой младший брат только что <u>пошёл в средн**юю** школу</u>. — <u>Куда</u> (<u>в какой университет</u>) ты поступил?
   <u>Куда</u> (<u>в какую школу</u>) пошёл брат?

4. Мария всю ночь <u>писала курсов**ую** работу</u> по истории. — <u>Что</u> писала Мария?

5. Антон очень <u>боится сдавать экзамен</u> по русскому языку. — <u>Что</u> он боится сдавать?

6. Я не очень <u>люблю сво**его** сосед**а**</u> по комнате: он слишком шумный и неряшливый. — <u>Кого</u> ты не любишь?

7. Я не ожидала <u>увидеть наш**его** нов**ого** преподавателя</u> по химии в спортзале. — <u>Кого</u> ты не ожидала увидеть?

8. Папа говорит, что невозможно не <u>влюбиться в неповторим**ую** атмосферу</u> белых ночей Петербурга. — <u>Во что</u> невозможно не влюбиться?

9. Мы очень <u>любим наш**у** немецк**ую** овчарк**у** Джину</u>. Она как член семьи. — <u>Кого</u> вы очень любите?

Существительные и прилагательные в подчёркнутых фразах—примеры винительного падежа, с которым мы будем работать в этой и следующей главах.

Самое важное значение винительного падежа—выражать прямое дополнение[1]. В предложениях 1, 4, 5, 6, 7 и 9 в таблице выше есть примеры прямого дополнения, которое выражено винительным падежом: *изучаем винительный падеж, писала курсовую работу, сдавать экзамен* и т.д.

Для того, чтобы правильно выражать объект действия, т.е. прямое дополнение, вам нужно знать систему окончаний винительного падежа. Формы этого падежа сложнее, чем формы всех других падежей. Это единственный падеж в русском языке, где окончание зависит от одушевлённости или неодушевлённости, хотя эта черта важна только в мужском роде и во множественном числе. Поэтому мы не будем выводить правило на основе наблюдений, а сразу начнём работать с формами и функциями падежа. Внимательно изучите таблицу окончаний.

1. Вернитесь в главу 4, если вы не помните, что такое прямое дополнение.

Окончания существительных и прилагательных в винительном падеже единственного числа

Именительный падеж Кто это? Что это?	Окончания в винительном падеже существительных и прилагательных[1]	Примеры винительного падежа Что? Кого?
Женский род: *классическая литература* *древняя история*	Существительные: -У/-Ю Прилагательные: -УЮ/-ЮЮ	**Что** вы изучаете? Я изучаю классическ**ую** литератур**у**. А он изучает древн**юю** истори**ю**.
Женский род на -СЬ: *французская живопись*	Окончание существительных не меняется, а окончания прилагательных меняются: -УЮ/-ЮЮ	**Что** ты любишь? Я люблю французск**ую** живопис**ь**.
Мужской род, одушевлённый: *наш профессор*	Существительные: -А/-Я Прилагательные: -ОГО/-ЕГО (Обратите внимание: идентично с родительным падежом)	**Кого** он не любит? Он не любит наш**его** преподавател**я** истории.
Мужской род, неодушевлённый: *бухгалтерский учёт (бухучёт)*	Окончания существительных и прилагательных такие же, как в именительном падеже	**Что** вы изучаете? Он изучает бухгалтерск**ий** учёт (бухучёт).
Средний род: *рисование, инженерное дело*	Окончания существительных и прилагательных такие же, как в именительном падеже	**Что** она любила больше всего? В школе больше всего она любила рисован**ие**. **Что** ему всегда нравилось изучать? Ему всегда нравилось изучать инженерн**ое** дел**о**.

1. Когда мы говорим «прилагательные», мы имеем в виду и притяжательные и указательные местоимения, потому что падежные окончания этих слов совпадают. Единственным исключением является форма притяжательных и указательных местоимений женского рода в винительном падеже.

моя → мою
твоя → твою
наша → нашу
ваша → вашу
эта → эту
та → ту

В этих формах только одна гласная в окончании, а у прилагательных — две.

Эту таблицу можно суммировать следующим правилом:

В винительном падеже единственного числа, когда слово отвечает на вопросы *кого? что?*
- все существительные, которые заканчиваются на -А (-Я), меняют окончание на -У (-Ю),
- одушевлённые существительные мужского рода добавляют окончание -А (-Я),
- окончания других существительных (мужской род неодушевлённый, средний род или женский род на согласную и ь) не меняются.

Прилагательные в этом падеже имеют следующие окончания:
- женский род: -УЮ (-ЮЮ),
- мужской род (описывает <u>одушевлённые</u> существительные мужского рода): -ОГО/-ЕГО,
- мужской род (описывает <u>неодушевлённые</u> существительные мужского рода): -ЫЙ (-ИЙ) или -ОЙ (как именительный),
- средний род: -ОЕ (-ЕЕ) (как именительный).

 Обратите внимание:

1. В русском языке есть неизменяемые слова. У этих слов нет числа или падежа: *пальто, Чикаго, радио, такси.*
2. Слова *время* и *имя* не меняются в винительном падеже, потому что они среднего рода: *извините, я не услышала <u>Ваше имя</u>; Вы не скажете <u>время</u>?*
3. Местоимение *весь* (whole, entire) следует общему правилу и имеет следующие формы в винительном падеже: *он прочитал **весь** роман; он прочитал вс**его** Шекспира; она прочитала вс**ю** статью за 20 минут; он прочитал вс**ё** стихотворение.*

 **2.2.**

Раскройте скобки, используйте винительный падеж, чтобы показать, что слово в скобках является объектом действия глагола.

Как ты сдал _____ (экзамен) по физике? → Как ты сдал <u>экзамен</u> по физике?

1. Кого ты хочешь пригласить на свой выпускной? —Только _____ _____ _____ (своя лучшая подруга) и родителей.
2. Моя племянница не любит _____ (имя) Алеша, но любит _____ (имя) Алексей.
3. Ты уже сделал _____ (домашнее задание) по программированию?
4. Мне кажется, что мы зря теряем _____ (время). _____ _____ (эта задача) просто невозможно решить!
5. Я давно уже не видел _____ _____ (двоюродный брат) и _____ (его семья). Они живут в Украине, а мы уже 5 лет там не были.
6. Я сейчас читаю _____ _____ (интереснейшая книга) о лесах Амазонки.
7. В школе Гриша, конечно, изучал _____ _____ (органическая химия), но его знаний оказалось недостаточно для университетского курса.
8. Когда я готовился к экзаменам, я съел _____ _____ (весь шоколад), который был дома.
9. Аня попросила _____ _____ (профессор Джонсон) написать ей _____ (рекомендация).

Personal pronouns in the accusative case.
Личные местоимения в винительном падеже.

Внимательно прочитайте формы личных местоимений:

Кто?	Кого ты любишь?
я	меня (себя)
ты	тебя
мы	нас
вы	вас
он, оно	его
она	её
они	их[1]

1. К формам личных местоимений
его, её, их добавляют Н, если эти
формы используются с предлогами:
говорит про него, про неё, про них.

2.3.

Допишите пропущенные местоимения, используйте винительный падеж, чтобы показать, что слово является объектом действия глагола.

1. Не забудь поздравить Сашу с поступлением в университет. —Я уже поздравил _____.
2. Ты часто разговариваешь с родителями? —Конечно! Я вижу _____ каждые выходные. Мне повезло, университет находится недалеко от дома.
3. Наташа очень изменилась после окончания университета. Я даже не узнала _____.
4. Нам очень сложно с соседями по общежитию. Они не понимают _____, а мы не понимаем _____.
5. Я очень прошу _____, Маша, не опаздывай больше!
6. Ты уже познакомилась с новым преподавателем по социологии? —Да, я видела _____ на ориентации.
7. Я вчера встретила Машу и Витю на концерте Земфиры и очень удивилась. —Ой, я тоже _____ видела.
8. Я нигде не могу найти свой учебник по математике... —Ты постоянно _____ теряешь!

Functions of the accusative case. Функции винительного падежа.

Винительный падеж является самым употребительным (most frequently used) падежом русского языка, но у него не очень много функций (по сравнению с родительным).

Function 1: direct object. Функция №1: прямое дополнение.

Как вы уже знаете, основной функцией винительного падежа является выражение прямого дополнения. Прямое дополнение тесно связано с глаголом. В каждом языке, и в русском тоже, есть целая группа глаголов, которые требуют (require) использования прямого дополнения. Без этого дополнения часто невозможно понять предложение, или предложение кажется неполным (даже если контекст может компенсировать отсутствие прямого дополнения). Сравните примеры в русском и английском языках и проанализируйте, как отсутствие или присутствие прямого дополнения помогают или мешают пониманию.

Мы любим.	Мы любим историю.
Я сделал.	Домашнюю работу я сделал вчера.
Родители купят.	Родители купят новый компьютер завтра.
Я знаю.	Я уже знаю нашего нового преподавателя.

I love.	I love Russian literature.
He completed.	He completed all of his homework yesterday.
I will buy.	I will buy textbooks for the new semester on Monday.
We know.	We already know our new professor.

Глаголы, которые требуют прямого дополнения, называются переходными (transitive). Таких глаголов много. Некоторые из них также могут иметь и непрямое дополнение (indirect object): например, *на день рождения родители подарили брату новый компьютер* (в этом предложении фраза «новый компьютер» играет роль прямого дополнения, а слово «брату» является непрямым дополнением). Помните, что винительный падеж выражает **только** прямое дополнение переходных глаголов.

2.4.

Просмотрите список глаголов в упражнениях 1.1 или 1.2 в главах 2 и 3, выберите из них все переходные глаголы и напишите их возможные дополнения.

> **Образец:** читать (что?) книгу, газету, статью и т.д.

_____

_____

_____

2.5.

Раскройте скобки и закончите предложения. Обращайте внимание на окончания винительного падежа.

1. Вчера я не сделала _____ (домашняя работа) и сегодня, в результате, получила _____ (двойка).

2. Не забудь написать сегодня _____ (сообщение/электронка) своему преподавателю, чтобы предупредить его, что опоздаешь завтра на урок.

3. Вчера Даниэль читал _____ (длинная статья) для курса по истории царской России, но не успел дочитать её до конца.

4. Я ещё не знаю, хочу ли писать _____ (дипломная работа).

5. Чтобы закончить _____ (курсовая работа), мне нужно заказать ещё _____ (одна книга) по межбиблиотечному займу.

6. В этом году Анна плохо сдала _____ (зимняя сессия), и родители не разрешили ей поехать в Мексику на каникулы.

7. Ты уже выбрал _____ (университет), в котором хочешь учиться?

8. Моя подруга очень хорошо написала _____ (последняя контрольная работа) по химии.

9. Преподаватель похвалил _____ (весь наш класс) за то, что мы активно работали весь семестр.

10. Моя подруга Дина закончила _____ (Мичиганский государственный университет) два года назад. Она получила _____ (диплом) с отличием magna cum laude.

Рабочая тетрадь, упр. 6

2.6.

Ответьте на вопросы. Используйте правильные окончания в существительных и прилагательных.

1. Что вы изучаете в университете (т.е. какая у вас специальность)? Что бы вы хотели изучать, если бы не тратили всё время на свою специальность?

   русский язык, (русская, французская, английская и т.п.) литература, (органическая, неорганическая) химия, философия, политология, биохимия, (европейская, русская, американская, африканская) история, юриспруденция, инженерное дело, и т.п.

2. Какие предметы вы изучаете в этом семестре?

   история искусств, физика, бизнес, менеджмент, бухучёт, экономика, психология, социология, программирование, информатика, античное искусство, компьютерная (математическая) лингвистика, и т.п.

3. Какую литературу вы любите читать?

   русская, немецкая, французская, американская, британская, латино-американская, африканская, современная, классическая, приключенческая[1], научно-популярная[2], документальная проза[3], научная фантастика[4], фэнтези, и т.п.

   1. adventure   2. popular science   3. non-fiction   4. science fiction

4. Что вы хотите получить на день рождения?

   скейтборд, планшет, новый смарт-фон, поездка в Европу, спортивная машина, билет на концерт моей любимой группы, новый компьютер, хорошая оценка по химии, и т.п.

2.7.

Составьте предложения по смыслу, используя глаголы из первой колонки и слова и выражения из второй колонки.

> **Образец:** Лиза **перевела научную статью** с русского на английский.

изучать	хорошая презентация
слушать/прослушать	сочинение по литературе
читать/прочитать	кожаная сумка/кожаный рюкзак
писать/написать	новый роман
заказывать/заказать	длинное стихотворение
смотреть/посмотреть	плохая оценка
покупать/купить	русская еда
переводить/перевести	научная статья
учить/выучить	доклад для конференции[1]
получать/получить	увлекательная лекция
готовить/приготовить	контрольная работа
готовить/подготовить	сложный экзамен
проваливать/провалить	подержанный[2] учебник

1. conference presentation   2. second-hand

Function 2: direction and directionality.
Функция № 2: направление и направленность.

Второй большой функцией винительного падежа является:

а)   выражение направления движения (direction of motion, destination) с глаголами движения:
в этой функции существительные винительного падежа отвечают на логический (а не падежный) вопрос *куда?*
или

б)   выражение направленности действия (directionality of action) с разными другими глаголами, которые предполагают (presuppose, entail) вектор движения действия: в этой функции существительные винительного падежа отвечают на такие вопросы, как *куда? на что? в кого? во что?*
(Вы будете детально работать с этой функцией винительного падежа в следующей главе. Здесь мы обратим внимание только на те глаголы и существительные, которые имеют отношение к теме главы.)
Например:

—Прошлым летом я ездил в Испанию по программе изучения испанского языка. → Куда ты ездил?

—Я подал на стипендию, но не получил её. → На что (куда) ты подавал?

—Лена постоянно опаздывает на утреннюю лекцию. → Куда (на что) она опаздывает?

—Джессика влюбилась в Марка. → В кого она влюбилась?

Иногда для билингвов трудно правильно выбрать предлог винительного падежа для выражения направления или направленности. Вам поможет это правило.

B = moving into a closed space: *опаздываю в университет, в школу, в спортзал.*

HA = moving into an open space or something that is conceived as an open space; HA is also used with activities (lectures, seminars, meetings, work, program, concerts, etc. are considered activities): *опаздываю на лекцию, на семинар, на работу, на концерт.*

2.8.

Составьте предложения со словами из двух колонок. Обратите внимание на то, что все эти глаголы предполагают <u>направленность действия</u>. Внимание на предлоги и окончания слов в правой колонке!

подавать/подать (документы) в/на поступать/поступить в/на регистрироваться/ зарегистрироваться на	престижная стажировка новая работа государственный университет химико-биологический факультет практика бесплатная программа новый курс хирургическая резидентура[1]
учиться/выучиться на	корпоративный юрист инженер в медико-биологической практике специалист по нанотехнологиям зубной врач медсестра эколог IT-специалист пиарщик
опаздывать/опоздать в/на спешить в/на торопиться в/на	библиотека промежуточный[2] экзамен защита дипломной работы выступление главного докладчика[3] студенческая конференция коллоквиум по физике заседание[4] студенческого совета[5] собрание[6] оргкомитета[7] школа

1. residency in surgery   2. interim exam (i.e., midterm)   3. presenter (at a conference)   4. meeting/session   5. student union   6. meeting   7. organizational committee

2.9.
Направленность действия может обуславливаться (conditioned) не только глаголами, но и существительными, и словосочетаниями. Переведите слова в скобках на русский и добавьте свои примеры.

1. домашнее задание **на понедельник**, _____ (next week),

   _____ (summer), _____ (ваш ответ)

2. перенести выступление **на вторник**, _____ (next Wednesday),

   _____ (next month), _____ (next

   quarter), _____ (ваш ответ)

3. подарок **на день** рождения, _____ (wedding), _____

   (graduation), _____ (birth of a child),

   _____ (entering/being accepted to a university),

   _____

4. платье/костюм **на свадьбу**, _____ (party), _____ (graduation

   party), _____ (ваш ответ)

5. упражнения **на винительный падеж**, _____ (past tense),

   _____ (genitive case), _____ (ваш

   ответ)

Рабочая тетрадь, упр. 7

Function 3: accusative case with prepositions.
Функция № 3: винительный падеж с предлогами.

Винительный падеж используется с несколькими предлогами, половина из которых «неверные»: ПРО, ЧЕРЕЗ, НАЗАД, ПОД, ЗА, В, НА. «Неверные» предлоги используются с двумя падежами и имеют разные значения, в зависимости от падежа. Предлоги ПОД, ЗА, В, НА могут означать направление/направленность, если используются с винительным падежом: *мы ездили в Россию*; *он ушёл на лекцию*; *соседка положила газету под дверь*; *я забросила рюкзак за диван*; а могут означать местонахождение (location), когда используются с другими падежами (предложный и творительный). Вы будете детально работать с этими предлогами в следующей главе, а также в Главах 9 и 10. В этой главе мы будем работать только с «верными» предлогами винительного падежа: ПРО, ЧЕРЕЗ, НАЗАД.

Например:

В нашей семье любят говорить <u>про политику</u>.

Мы перешли <u>через мост</u>. Занятие начинается <u>через час</u>.

<u>Неделю назад</u> мы сдали все экзамены.

2.10.

Ответьте на вопросы, используя предложенные слова. Обращайте внимание на окончания существительных и прилагательных!

1. Про что был новый пост Александра в Фейсбуке?

   управление стрессом во время экзаменов, важность ежедневной зарядки в жизни, здоровое отношение к еде, увлечение диетами, организация своего времени, эффективная диета, свободное время, жизненный баланс, умение жить с удовольствием

2. Ответьте своими словами:
   —Про что вы любите читать в Фейсбуке?
   —Вы пишете посты в Фейсбуке? Про что?
   —Вы пользуетесь Инстаграмом или Твиттером? Про что обычно ваши посты или твиты?

Рабочая тетрадь

● Прочитайте о нюансах использования прямого дополнения и сделайте упр. 8

Предлоги НАЗАД и ЧЕРЕЗ могут быть временными: *неделю назад, через минуту*, и могут быть пространственными (spatial): *километр назад, перешёл через мост*.

В использовании этих (и других) предлогов есть важный нюанс, если они используются с числительными выше 1: тогда вместо винительного используется родительный падеж. Например, *через две минуты, через пять минут*. Заметьте окончания в слове «минута» в этих примерах.

Вспомните, что в Главе 5 мы говорили о том, как считать по-русски: цифры 2, 3 и 4 требуют родительного падежа единственного числа, а цифры 5 и выше требуют родительного падежа множественного числа: *два, три, четыре студента*; *пять—двадцать студентов*. Цифра 1 не участвует в этом правиле, потому что «один» описывает существительные так же, как прилагательное или притяжательное местоимение: *одно занятие, одна лекция, один семинар*.

Когда после предлогов НАЗАД или ЧЕРЕЗ используются числительные (кроме цифры 1), винительный падеж уступает (gives way to) место родительному.

Например:

Винительный: *через (одну) минуту, через (один) семестр; (один) месяц назад, (одно) мгновение назад.*

Родительный: *через две минуты, через три часа, через пять месяцев; две минуты назад, четыре года назад, пять секунд назад.*

2.11.

Переведите на русский. Обращайте внимание на предлоги ЧЕРЕЗ и НАЗАД и на окончания слов в винительном и родительном падежах.

1. I just said that a minute ago!
2. Victor left just 2 minutes ago.
3. We have an exam in 10 minutes.
4. My favorite program starts in a minute.
5. We met 5 years ago and have been friends since then.
6. My younger brother will be applying to universities in one week.
7. Liza applied for a scholarship a week ago.

Рабочая тетрадь

- Прочитайте о функции винительного падежа №4 (выражения времени) и сделайте упр. 9–14

Accusative of nouns and adjectives: plural.
Винительный падеж существительных и прилагательных во множественном числе.

Уникальная черта винительного падежа—разделение существительных на одушевлённые и неодушевлённые—сохраняется и во множественном числе.

NEОДУШЕВЛЁННЫЕ существительные и прилагательные, которые их описывают, НЕ меняются, т.е. имеют такие же окончания, как в именительном падеже:

> В прошлом году мы ездили <u>на Гавайские острова</u>.
> Мы часто ходим <u>на симфонические концерты</u>.
> Сева подал <u>документы в разные университеты</u>.

ОДУШЕВЛЁННЫЕ существительные и прилагательные, которые их описывают, МЕНЯЮТСЯ и следуют правилу родительного падежа множественного числа.[1] Возможные варианты окончаний:

-ОВ (-ЕВ) → увидел профессор**ов**, студент**ов**, итальянц**ев**
-ЕЙ → увидел преподавател**ей**, врач**ей**, товарищ**ей**
Нулевое окончание → увидел подруг, студенток

> В прошлом семестре мы изучали <u>известн**ых** русских советск**их** писател**ей**</u> XX века.
> В большом государственном университете невозможно знать <u>всех своих сокурсников и сокурсниц</u>.

1. Повторите окончания родительного падежа множественного числа в главе 5.

2.12.

Поменяйте число выделенных существительных и словосочетаний с единственного на множественное.

1. подготовить <u>доклад</u> на конференцию
2. предупредить <u>преподавателя</u> об опоздании
3. спросить <u>друга</u> о домашней работе
4. хорошо сдать <u>финальный экзамен</u>
5. попросить <u>нашего репетитора</u> проверить задание
6. записаться на <u>сложный курс</u>
7. научить <u>младшую сестру</u> читать по-русски
8. плохо написать <u>самостоятельную работу</u>
9. пригласить <u>новую студентку</u> к нам на вечеринку
10. заказать <u>билет</u> на выпускной вечер
11. поздравить <u>выпускника</u>
12. увидеть <u>известного физика</u> на конференции
13. послушать <u>великого пианиста</u> в зале консерватории

Рабочая тетрадь, упр. 15

2.13.

Заполните пропуски, выбирая правильную форму винительного падежа по смыслу: единственное или множественное. В тех случаях, когда возможны оба варианта, используйте оба.

1. Я завидую способности моей подруги всегда делать интересн_____ интерактивн_____ презентац_____.
2. Нам задали написать аналитическ_____ сочинени_____ по истории освоения североамериканского континента.
3. Я ненавижу писать аналитическ_____ сочинени_____.
4. Все любят этого преподавателя философии: он читает блестящ_____ лекци_____, на котор_____ собираются студенты со всего университета.
5. Я не люблю заниматься один, поэтому я всегда зову сво_____ лучш_____ друг_____ пойти со мной в библиотеку заниматься.
6. Учебники по химии такие дорогие! Мне пришлось купить подержанн_____.
7. Ты не поможешь мне перевести эт_____ стать_____ на английский?
8. Моя сестра-близнец ещё ни разу не получила плох_____ оценк_____ по профильным[1] предметам. Я тоже стараюсь получать только хорош_____ оценк_____.

1. major-related, i.e. those subjects that are required by the major

Рабочая тетрадь, упр. 16

2.14.

Обсудите с партнёром.

1. Какие университеты вы рассматривали и в какие университеты вы подавали документы? (рассматриваете/подаёте сейчас?)
2. В какой университет вы хотели бы поступить, если бы уже не учились в ХХХ?
3. На кого вы учитесь? Какие предметы вы изучаете?
4. Куда вы хотели бы поехать на каникулы?
5. В какие летние программы вы хотели бы поступить?
6. На какие стипендии вы подаёте (подали)?
7. Каких профессоров вы любите больше всего? Какие качества должны быть у хорошего преподавателя?
8. Что характеризует студентов вашего университета (школы)?

Рабочая тетрадь, упр. 17

РАЗДЕЛ 3. Подводим итоги

В этой главе вы...

- научились рассказывать о своих занятиях, специальности, академических планах,
- повторили или узнали новые слова, чтобы говорить об учёбе в университете,
- повторили или узнали функции винительного падежа,
- научились правильно писать окончания существительных и прилагательных в винительном падеже,
- повторили или узнали формы личных местоимений в винительном падеже,
- научились правильно использовать конструкции, требующие винительного падежа.

Проверьте себя.

1. Ключевые слова: просмотрите список слов и оцените знание каждого слова по шкале от 1 до 5.

1 Не знаю, никогда не слышал/а это слово.

2 Мне встречалось это слово, но я не уверен/а, что оно значит.

3 Я могу легко догадаться о значении этого слова в контексте.

4 Знаю, использую это слово сам/а.

5 Знаю слово и его синонимы, могу объяснить, что это слово значит и в каком контексте и/или с какими другими словами его нужно использовать.

_____ образование	_____ воспитание
_____ младшие классы	_____ средняя школа
_____ старшие классы	_____ институт
_____ детский сад	_____ школьник
_____ преподаватель	_____ частные уроки
_____ стипендия	_____ записаться на курс
_____ изучать	_____ делать домашнюю работу (делать уроки)
_____ курсовая работа	_____ сдавать экзамен
_____ сдать экзамен	_____ выпускной

Сравните сумму очков с результатами, которые вы получили в начале главы: _____

2. Повторите функции винительного падежа.
   - На какие вопросы отвечает винительный падеж?
   - Какие предлоги используются в винительном падеже? Какие из них «верные»?
   - Какие функции выполняет этот падеж?
   - В каких конструкциях используется этот падеж?

3. Проверьте, как хорошо вы знаете формы винительного падежа единственного и множественного числа.

	Существительные (окончания для твёрдой и мягкой основы)	Прилагательные и притяжательные местоимения (окончания для твёрдой и мягкой основы)
Женский и мужской род на -А или -Я		
Женский род на -СЬ	—	
Средний род		
Мужской род на согл., одушевлённые		
Мужской род на согл., неодушевлённые		
Множественное число, одушевлённые		
Множественное число, неодушевлённые		

4. Связываем падежи в систему!

Именительный, родительный и винительный падежи образуют взаимосвязанную (interconnected) систему окончаний. Если вы хорошо знаете окончания существительных во множественном числе родительного падежа, у вас не будет проблем с окончаниями множественного числа в винительном падеже.

	Окончания муж.р.	Окончания ср.р.	Окончания жен.р.[1]	Окончания множ.ч.
именительный	любая согласная (-С или -СЬ)	-О или -Е	-А или -Я (-СЬ)	-Ы или -И -А или -Я
винительный	неодушевл. = как именит. п.	как именит. п.	-А → -У -Я → -Ю (слова на -СЬ не меняются)	неодушевл. = как имен. п.
	одушевл. = как род. п.			одушевл. = как род. п.
родительный	-А или -Я	-А или -Я	-Ы или -И	-ОВ (-ЕВ) -ЕЙ нулевое окончание (-ИЙ как вариант)

1. Помните, что сущ-ые муж.рода на -А/-Я ведут себя так же, как сущ-ые жен.рода на -А/-Я.

Рабочая тетрадь

- Прочитайте информацию о том, как различать именительный, родительный и винительный падежи, и сделайте упр. 18–19

Применяем знания на практике.

3.1.

Прочитайте краткое описание советской системы дошкольного и школьного образования, через которую, может быть, прошли ваши родители и, наверняка, ваши бабушки и дедушки. Заполните пропущенные окончания слов в винительном и родительном падежах. Обращайте внимание на число (по контексту) и одушевлённость/неодушевлённость существительных.

Дошкольное образование

Дошкольное образование в СССР было первой, и, возможно, одной из сам_____ важн_____

ступен_____[1] в воспитании советско_____ гражданин_____. Детск_____ сад_____[2] и ясли[3]

строили в каждом районе город_____, и они были доступны для люб_____ семь_____. Система

дошкольн_____ образовани_____ охватывала вс_____ дет_____ с момента рождени_____ до

семилетн_____ возраст_____. Уже в возрасте двух лет, молодые мамы могли отнести

сво_____ малыш_____ в ясли. С трёх лет малыш переходил в детск_____ сад_____, куда ходили до семи лет. Несмотря на многие социальные проблемы того времени, система дошкольн__

образовани_____ СССР не только обеспечивала грамотн_____ воспитани_____ детей, но и

помогала молодой маме вести активн_____ профессиональн_____ жизнь_____. Нет ничего

удивительного в том, что цел_____ поколени_____⁴ советск_____ люд_____ объединяет

общий опыт детск_____ садик_____.

Общее среднее образование или просто — школа

Теоретически, десятилетняя школьная программа делилась на три ступен_____: младшие

классы, средние классы и старшие классы. Но деление это относилось, скорее, к организации

учебн_____ процесс_____, а в практическом смысле все школьники с перв_____ по десятый

класс ходили в одну и ту же школ_____, слушали одних и тех же учител_____, праздновали одни

и те же праздник_____ и ходили на одни и те же спортивн_____ площадк_____⁵ и

школьн_____ мероприяти_____⁶. Поскольку программа обучени_____ в Советском Союзе

была единая, все школьники занимались по одним и тем же учебникам, изучали одни и те же

предмет_____, и это обеспечивало⁷ общ_____ уровень_____ образования по всей стране.

Теоретически школьники могли легко перейти из одн_____ школ_____ в друг_____, но,

как правило, большинство ученик_____ проводили бок о бок со своими одноклассниками вс_____

сво_____ школьн_____ жизнь_____!

В Советском Союзе школа играла огромн_____ роль_____ не только в обучении, но и в

воспитании детей. На базе школы существовали занятия по интересам, спортивные секции, для

школьник_____, устраивались экскурси_____, поход_____ в театр_____, в музе_____,

поездк_____ за город и тому подобное.

В тексте использованы материалы сайта: http://fishki.net/1602457-obrazovanie-v-sssr-i
-sovremennoj-rossii.html © Fishki.net

Рабочая тетрадь, упр. 20

3.2.

Вас попросили рассказать пожилым иммигрантам из бывшего Советского Союза о том, как работает система образования вашей страны. Ваша задача — не только описать свою систему, но и сравнить её с опытом этих иммигрантов на основе того, что вы узнали о системе образования в СССР в этой главе. Фокус внимания на выборе правильной лексики и на окончании слов!

1. Как отличается система дошкольного образования? Есть ли в вашей стране ясли и детские сады? Это государственные или частные учреждения? Какая цель детских садов — уход за детьми, воспитание или образование детей?

2. Как отличается система школьного образования? Сколько лет учатся в школе? Школы — это государственные или частные учреждения? Сдают ли школьники стандартизированные выпускные экзамены? Могут ли школьники выбирать предметы? Какие предметы обязательные, а какие предметы можно изучать по выбору?

Рабочая тетрадь, упр. 21

ГЛАВА 7

КАК ГОВОРИТЬ О ПОЕЗДКАХ, ПЕРЕЕЗДАХ И ПУТЕШЕСТВИЯХ

В этой главе вы...

- узнаете или повторите глаголы, описывающие движение в пространстве,
- научитесь различать разные типы и направления движения,
- научитесь говорить о поездках, переездах и путешествиях,
- повторите или узнаете использование концепта «направление» в русском языке,
- повторите правила винительного падежа в единственном и множественном числе.

РАЗДЕЛ 1. В центре внимания: значение слова

Verbs of motion. Глаголы движения.

The Russian language affords us plenty of options for describing motion and movement in space and time, expressed in different language forms. Specifically, there exist multiple verbs that express different types of movement and manner of motion: *отправиться* (set out, start out), *перемещаться* (move from place to place), *гулять* (walk, stroll), *возвращаться* (return), *подниматься* (ascend), *спускаться* (descend), *кружить* (circle around, walk around), *кружиться* (spin, twist around), *вертеть* (twirl, whirl something), *вертеться* (spin, twirl), *качаться* (sway, swing), *скакать* (jump, leap), *падать* (fall), *класть* (put something somewhere), *садиться* (to sit down), etc. In this chapter, we will pay special attention to a specific class of Russian verbs known as the *verbs of motion* (specifically, the 14 pairs below).

Self-propelled motion	Motion by conveyance	Transitive verbs of motion
идти — ходить	ехать — ездить	нести — носить
бежать — бегать	лететь — летать	вести — водить
брести — бродить		везти — возить
плыть — плавать[1]		тащить — таскать
лезть — лазить		катить — катать
ползти — ползать		гнать — гонять

1. Notice that this pair can be used to express both self-propelled motion and motion by conveyance: *я люблю плавать; мы плавали на корабле по Балтийскому морю.*

The term *verb of motion*—or VoM—not only describes verbs that represent some specific type of motion, but it also groups together a class of verbs that behave grammatically in a peculiar way. The conceptual and grammatical specificity of VoMs presents a considerable challenge to Russian–English bilingual speakers and learners of Russian as a second language.

Directionality. Направленность.

The VoMs that you see listed above are grouped in pairs, based on the concept of directionality (направленность). The first verb of the pair refers to unidirectional (однонаправленный) or determinate movement that has a departing point (i.e., source) and an end point (i.e., goal). The following example fits this pattern: *Пока мы **ехали** из дома в центр города, погода испортилась*. The source of the motion is clearly *home*, and the goal is *the city center*; we can represent this type of movement as the following diagram, where the arrow represents a unidirectional movement:

ДОМ	*ехать*	ЦЕНТР ГОРОДА
[source]	→	[goal]

The source (and sometimes even the goal) of the movement do not have to be spelled out, they may be assumed, as in this sentence: *Смотрите, дети **бегут** в парк, там открылись новые аттракционы!* Here the source is assumed—it may possibly be in the field of vision of the speaker or just presumed, and the goal is the park.

assumed (ДОМ?)	*бежать*	ПАРК
[source]	→	[goal]

The other verb in the pairs of VoMs above refers to multidirectional (многонаправленный) or indeterminate movement, where the motion is one of the following:

1. **a round trip**: a movement that starts at the source, continues to the goal, and then returns back to the source: *Я ходила сегодня в магазин и купила продукты на неделю.*

assumed (ДОМ?)	*ходить*	МАГАЗИН
[source]	⇆	[goal]

2. **random movement** in different directions: *Я сегодня весь день ходила по магазинам.*

$$\text{МАГАЗИН} \leftarrow \textit{ходить} \rightarrow \text{МАГАЗИН}$$
$$\downarrow$$
$$\text{МАГАЗИН}$$

3. **ability** to perform the action (ходить, ездить на велосипеде) or to perform it in a certain manner: *Алекс быстро бегает.*

Note that it is customary to write the unidirectional verb first and multidirectional verb second when listing pairs of VoM.

1.1.

Определите инфинитив и направленность глаголов, выделенных жирным шрифтом: (однонаправленный глагол →) (многонаправленный глагол ⇆).

> **Образец:** В детстве мы часто <u>ездили</u> (*ездить* ⇆) к родственникам в далёкую алтайскую деревню.

Когда я была маленькой девочкой, мой папа часто **возил** (_____) меня в деревню. Это были очень весёлые поездки,—передо мной открывался широкий, пёстрый, радостный мир. Мы **ехали** (_____) на поезде до дальней станции, там садились (_____) в старый автобус, который, трясясь и урча, три часа **вёз** (_____) нас до Кремлево через голубые и жёлтые поля цветущего льна[1] и пшеницы[2]. А иногда мы **летели** (_____) полчаса на маленьком самолёте, забитом почтовыми мешками и ящиками. Под нами **плыли** (_____) разноцветные геометрические фигуры живой полезной земли, которая «родит плоды» и кормит всех людей. Я понимала, почему землю называют «матушкой»: перед глазами всё время стояли возделанные поля[3]. В августе их сжинали[4], было больно **бегать** (_____) босиком по острым обрезанным стеблям[5], и было вкусно жевать твёрдые зрелые зёрна[6]. В телевизоре бесконечно **ездили** (_____) комбайны[7], льющие золотые потоки в огромные «закрома»[8]; по зелёным полям бродили пёстрые коровы, а по железной дороге **катились** (_____) вагоны, доверху набитые «богатствами Родины».

—*по мотивам С. Синицкой «Бобылево»*

1. flax   2. wheat   3. cultivated fields   4. reap   5. stalk   6. seeds, grain   7. combine harvester   8. pouring golden rivers into huge granaries. "Granary of the homeland" is a widely used cliché, used to describe the agricultural wealth of a country.

Рабочая тетрадь, упр. 1

Conveyance: on foot vs. via transportation.
Средство перемещения: пешком или на транспорте.

Russian VoMs also differentiate between motion on *foot* (идти/ходить, нести/носить, вести/водить, тащить/таскать) and by means of *transportation* (ехать/ездить, везти/возить, катить/катать). It is an important distinction which does not exist in English, where one can say "I **went** to the park," as well as

"I **went** to Europe last fall," even though in the first sentence the speaker may have walked, and in the second sentence the speaker must have traveled by plane or some other type of transportation. In Russian, one cannot say #*Я ходил в Европу прошлой осенью* since *ходить* cannot possibly describe movement by some sort of transport; one should say: *Я **ездил** в Европу прошлой осенью.* Likewise, in the following examples, Russian distinguishes nuances of the manner of motion: *Саша нёс на руках уснувшего сына. Саша вёл сына в школу. Саша вёз сына в школу.* In the first sentence, Саша walked and carried his son, while in the second sentence the son walked on his own, led by his father; in the third sentence, Саша was driving his son to school, and neither of them was walking.

 Рабочая тетрадь, упр. 2

 **1.2.**

Водить или *возить*? *Носить* или *возить*? Выберите правильный глагол по смыслу предложения. Если контекст допускает разные варианты, подумайте, чем отличаются синонимичные предложения.

1. Хорошо быть водителем трамвая! Вот, люди стоят и ждут трамвая, устали после работы, а ты подъезжаешь—и тебе все радуются, ведь ты (*везёшь, ведёшь*) их домой!

2. Максим был в Праге в первый раз. Он целыми днями (*носил, водил, возил*) на руках двухлетнего сына, торопясь увидеть все достопримечательности[1], которые в избытке[2] предлагал ему этот старинный город.

3. Совмещать[3] родительские обязанности и такую требовательную профессию Ирине было непросто. Ей порой казалось, что она просто живёт в машине: детей нужно было (*возить, водить, носить*) в школу, забирать из школы, (*водить, возить, носить*) на бесконечные занятия музыкой, танцами, математикой...

4. Девочка хвастала подругам, что её папа часто ездит заграницу и что он (*привезёт, принесёт, приведёт*) ей говорящую куклу.

5. Зоя никак не решалась (*принести, привезти, привести*) своего нового парня домой, ей почему-то казалось, что родители не одобрят[4] её выбора.

1. places of interest/sights   2. in abundance   3. combine/balance (here)   4. approve

 Рабочая тетрадь, упр. 3

Prefixed verbs of motion. Глаголы движения с приставками.

An important feature of VoMs is how they interact with prefixes: once *однонаправленный* stem acquires a prefix, it not only changes its meaning (based on the meaning of the prefix), but also becomes a perfective verb (ехать, imp. → **пере**ехать куда-либо, perf., **при**ехать куда-либо, perf.). *Многонаправленные* stems with added prefixes also change their meaning (based on the meaning of the prefix), but remain imperfective (носить → **от**носить кому-либо что-либо, imp., **вы**носить что-либо, imp.). Например:

- И вот я поднял голову над водой, посмотрел на вторую дорожку[1] рядом, но Юры там не оказалось. Он был впереди. Расстояние между нами почти не уменьшилось. Он продолжал вертеть головой и **плыть** вперёд. Изо всех сил отталкиваясь ногами, я **поплыл** за ним брассом. (Ф. Искандер, «Мой кумир», РНК).

  1. lane (in a swimming pool)   2. breaststroke

In the example above, the determinate verb *плыть* is used in the imperfective form (Юра продолжал плыть, or, to paraphrase, Юра плыл), to denote the motion carried out in one direction → and the focus is on the <u>process</u> rather than the result. In the next sentence, the verb *плыть* is used in the perfective form (я поплыл за ним, or, to paraphrase, я начал плыть за ним). As a result, the verb loses its directionality and instead expresses the <u>result</u>, i.e. the commencement of swimming: *я <u>поплыл</u>.*

In the example below, however, the original stem of *многонаправленный* (also called indeterminate ⇆) verb *ходить* is used with a prefix which changed its meaning (from 'to go' to 'to arrive'), but kept the verb imperfective. It describes multiple reiterations of the movement (приходить), i.e., repeated action, in the past.

- Антон **приходил** в этот парк каждый день выгуливать своего добермана.

The ability of VoMs to either become perfective (when adding a prefix to *однонаправленные stems*) or remain imperfective (with a prefix added to *многонаправленные stems*) has important consequences for meaning making. Consider the following:

- When one says *Прошлым летом я **ездил** на каникулы в Грузию,* the listener understands that the motion happened in the past and that the speaker has returned. Importantly, because the movement was a round trip, involving at least two movements—there and back ⇆, this verb cannot become perfective, even though it refers to a completed trip. A multidirectional verb without a prefix is needed to express this meaning.
- Similarly, when one says *Оля **приезжала** к нам каждое лето, когда я был маленьким,* the listener understands that the motion of arriving to a particular location (к нам) happened more than once, and every time this was a roundtrip, involving at least two movements—there and back ⇆; the verb is imperfective for this reason.
- However, if one says *Прошлым летом я **поехал** на каникулы в Грузию,* one emphasizes the part of the movement from home (source) to Georgia (goal), but not back! It is either that the speaker never came back from Georgia (Прошлым летом я поехал на каникулы в Грузию, да там и остался) or the speaker is focusing on the one-way part of the trip for a specific reason (Прошлым летом я поехал на каникулы в Грузию, и по дороге со мной случилась интересная история...).

Приставки play an important role in expressing every nuance of movement. *Приставка* ПРИ-, for example, expresses the idea of closeness, adjacency, arrival, and any VoM with this *приставка* will acquire this meaning. Consider the following verbs: *прилетать, прибежать, прийти, принести, приползать,* and *притащить.* Intuitively, you know a lot about prefixes and their meanings. Combining your intuitive knowledge with formal knowledge of aspect and conjugation will help you express meaning more effectively.

Finally, prefixed VoMs form aspectual pairs (imper./perf.), such as *заходить/зайти*, *прилетать/ прилететь*, *убегать/убежать*, and *вывозить/вывезти*, etc., with the exception of the prefix ПО- (поехать, полететь): verbs created with this prefix do not have an aspectual pair.

- **Улетать** из большого аэропорта надёжнее, чем из маленького—шанс надолго застрять в большом аэропорту гораздо меньше. [imp., statement of fact]
- Билеты на самолёт мы купили с таким расчётом[1], чтобы **улететь** из Бостона, а вернуться в Нью-Йорк. [perf., one-time action with result]
- На лето детей **вывозили** в деревню—подальше от городского лета, с его духотой[2] и загазованностью[3]. [imp., repeated action]
- Антон Борисович наконец **вывез** жену на юг, на море, о котором она мечтала уже несколько лет. [perf., one-time action with result]

1. intention/cacluation (here) 2. sweltering heat/stuffiness 3. air pollution

To sum up, with VoMs, one has to pay attention not only to tense and aspect, but also to the directionality and conveyance of the action, as well as the interaction of the VoM with its prefix.

1.3.

Подпишите каждую иллюстрацию, выбрав правильную приставку: ПРИ-, ЗА-, В-, У-, ПОД-, ОТ-, ВЫ-, ПРО-, ПЕРЕ-.

Образец: В-

_____   _____   _____   _____

_____   _____   _____   _____

_____

1.4.

Разбейте глаголы с приставками на пары по принципу антонимов. Не все приставки окажутся в паре!

> **Образец:** Антонимы: приплыл—уплыл, выбежал—вбежал. Непарные глаголы: пробежал.

пришёл • подъехал • обойти • выйдет • взлетел • привела
отвела • слетел • сошлись • войдёт • отъехал • перебежал
забрёл • сбежал • разошлись • взбежал • ушёл • занесла
пробежала • доехать • пролетела • подъедут

Антонимы

_____   _____
_____   _____
_____   _____
_____   _____
_____   _____

Непарные глаголы

_____
_____
_____
_____
_____

Рабочая тетрадь, упр. 4—5

1.5.

Переведите слова в скобках, используя глаголы движения с приставками. Обращайте внимание на направленность, время и вид глагола, а также значение приставки.

1. Отец Давида был военным, им приходилось часто _____ (move, transfer) из одного города в другой, и Давид за свои школьные годы успел поучиться в семи разных школах.

2. Несмотря на будний[1] день, гости _____ (left) очень поздно.

3. По работе Кириллу часто приходится ездить заграницу; вот и сейчас его нет дома, он _____ (left) в Германию.

4. Командировка[2] в Лос-Анджелес оказалась такой насыщенной[3], что у меня не осталось времени _____ (to drive by) к родителям в Сан-Хосе.

5. Твой самолёт _____ (arrives) в аэропорт Хитроу в 8 часов утра, а поезд из Лондона в Эдинбург _____ (departs) только в 4 часа дня. Ты можешь оставить багаж в камере хранения[4] и побродить по Лондону, посмотреть главные достопримечательности.

6. Хотя между центром города и вокзалом ходят и автобусы, и городской трамвай, поехать на общественном транспорте я не успевала. Хорошо, что мой сосед по квартире не успел ещё

_____ (leave) на работу и смог _____ (take) меня до вокзала на своей машине.

7. Мы не успели _____ (leave) из гостиницы, как пошёл дождь, пришлось перенести экскурсию на другой день.

8. 10 лет назад, когда Миша только получил свою первую работу и мы _____ (moved in) в эту квартиру, всё наше имущество[5] помещалось в багажник машины. И вот 10 лет спустя нам пришлось нанимать грузовик[6] и специалистов, которые бы помогли _____ (moved) все наши вещи в новый дом.

1. workday   2.business trip   3. full/heavy (in terms of events on a schedule)   4. baggage storage room   5. belongings
6. truck/moving truck

Generalized meaning of verbs of motion.
Общее значение глаголов движения.

As you know, the English verbs 'come/go' are often used to describe generalized motion, as in 'to go abroad', 'to go places', 'to go out', and so on, where the specific manner of motion (flying, driving, walking, crawling) is not in focus; rather, the meaning of 'go' is generalized to non-specific 'to move, to transport'. The Russian verbs *идти/ходить* and *ехать/ездить* are also often used in the generalized meaning, as in *ходить на занятия, ходить на работу, ходить по магазинам, ходить в гости,* and *ездить заграницу.* However, because of the concept of conveyance, the generalized use of *идти–ходить* and *ехать–ездить* is more nuanced:

а)   Movement within the city limits
Even when in reality someone needs to take a car or another type of transportation to reach their destination, if the destination is within the boundaries of the city, Russians often use the generalized *идти/ходить.* Например, *Вчера мы ходили на концерт Регины Спектор. Концерт был в самом центре города, и нам пришлось ехать сначала на автобусе, а потом на метро.*

б)   Movement outside the city limits
When talking about movement outside of the city limits, Russian does not allow the generalized use of *идти–ходить*: one cannot say #*ходить заграницу/в Россию/в деревню*, only **ездить** *заграницу/в Россию/в деревню. Ездить* in these expressions is also used in the generalized form, since we may in reality take a plane (*летать на самолёте*) or even a ship (*плавать на корабле*).

1.6.

Переведите предложения на русский язык, обращайте внимание на тип движения, вид глагола и нюансы значения (см. информацию выше).

1.   Yesterday we went to the movies.
2.   Did you go to Vermont in the summer like you do every year?
3.   Our neighbors go on a cruise every fall.
4.   I will never be able to go on a study-abroad program because I'm afraid of flying.
5.   My roommate came back from France yesterday. I picked him up at the airport at 6 p.m.
6.   Irina usually drives to work, but when the weather is nice, she walks.

Рабочая тетрадь

- Прочитайте нюансы использования глаголов движения и сделайте упр. 6–8

РАЗДЕЛ 2. В центре внимания: форма слова

Conjugation of verbs of motion. Спряжение глаголов движения.

Some unidirectional-multidirectional VoM pairs may present specific difficulties because the difference between the two verbs in the pair is obscured in pronunciation of the **conjugated** forms.

Запомните эти пары: ехать/ездить, бежать/бегать, лететь/летать.

ехать / ездить	бежать / бегать	лететь / летать
я еду / я езжу	я бегу / я бегаю	я лечу / я летаю
ты едешь / ты ездишь	ты бежишь / ты бегаешь	ты летишь / ты летаешь
он (она) едет / он ездит	он (она) бежит / он бегает	он (она) летит / он летает
мы едем / мы ездим	мы бежим / мы бегаем	мы летим / мы летаем
вы едете / вы ездите	вы бежите / вы бегаете	вы летите / вы летаете
они едут / они ездят	они бегут / они бегают	они летят / они летают

These conjugation patterns are preserved when prefixes are added to the verbs: *я приеду* vs. *я приезжаю*; *он забежит* (на минуту) vs. *он всегда забегает* (в магазин по дороге); *они улетят* vs. *они улетают*.

2.1.

Заполните пропуски в предложениях. Используйте наиболее подходящий по смыслу глагол движения из списка в таблице выше (обращайте внимание на направленность, приставки, время, вид). Обращайте внимание на форму спряжения!

1. Наши родственники из Израиля _____ сегодня утром.
2. Извини, не могу сейчас говорить. Я _____ на лекцию.
3. Теперь в небе _____ не только самолёты и вертолёты, но и беспилотники!
4. Вы _____ по утрам? Да, _____, но сегодня не _____ —погода плохая.
5. Он _____ за мной около шести сегодня.
6. Моя подруга работает пилотом в крупной авиакомпании. Она часто _____ в разные страны.
7. Куда ты так _____? Я не успеваю за тобой!
8. Каждые выходные мои родители _____ в корейские бани. В эти выходные я _____ с ними.

Запомните эти пары: вести/водить and везти/возить.

вести / водить (пешком)	везти / возить (на транспорте)
я веду / я вожу	я везу / я вожу
ты ведёшь / ты водишь	ты везёшь / ты возишь
он (она) ведёт / он водит	он (она) везёт / он возит
мы ведём / мы водим	мы везём / мы вози
вы ведёте / вы водите	вы везёте / вы возите
они ведут / они водят	они везут / они возят

 Обратите внимание: Note that the infinitives of the unidirectional verbs ве**с**ти and ве**з**ти differ in spelling but sound the same. However, the difference between these verbs becomes audible once you start conjugating them:

я ве**д**у/я ве**з**у
ты ве**д**ёшь/ты ве**з**ёшь
он ве**д**ёт/он ве**з**ёт

These conjugation patterns are preserved when prefixes are added to the verbs: *он привезёт мне подарок из Европы* vs. *он привозит мне подарки из каждой поездки*; *завтра к бабушке приведут внука* vs. *к бабушке приводят внука каждый день*.

 **2.2.**

Заполните пропуски. Используйте наиболее подходящий по смыслу глагол движения из списка в таблице выше (обращайте внимание на направленность и приставки). Обращайте внимание на форму спряжения!

1. Каждый день наша мама _____ младшую сестру в школу на машине.
2. Мы очень рады, что живём рядом со школой, и бабушка, которая не водит машину, _____ Дениса в школу.
3. Я не могу починить твой компьютер, тебе придётся _____ его в мастерскую.
4. «Нас сейчас _____ в автобусе на экскурсию по городу. Перезвоню попозже!»
5. Сегодня нас весь день _____ по Праге на автобусе, потому что идёт сильный дождь, и от пешеходной экскурсии пришлось отказаться.
6. На этой картине изображена элегантная дама, которая _____ на поводке маленькую пушистую собачку.
7. Ты не можешь _____ меня в университет сегодня? Я не успеваю на автобус.
8. Наша няня всегда _____ детей гулять, даже в плохую погоду.

 Рабочая тетрадь, упр. 9

Direction/destination and directionality.
Направление и направленность.

A. Both English and Russian indicate whether a place is viewed as a location or as a destination of motion:

EXAMPLE 1

English		Russian	
Where to?	Where?	Куда?	Где?
to a park	**in** a park	**в** парк	**в** парке
to the lecture	**at** a lecture	**на** лекцию	**на** лекции

EXAMPLE 2

English		Russian	
to my friend**'s** (place)	**at** my friend**'s** (place)	**к** другу	**у** друга

Note that in English it is enough to change the preposition to differentiate between location and direction (Examples 1 and 2: TO vs. IN, TO vs. AT) while in Russian the situation is more complicated. Look at Example 1 in Russian and you will notice that the preposition remains the same (В or НА), but the endings of the nouns change. In Example 2, Russian changes both the prepositions and the endings.

English is inconsistent with the distinction between the location and direction of a movement. In Example 3 below, English does not change the preposition, as if there were no difference between the direction of the action and the location of an object. Russian, in comparison, does differentiate between direction and location by changing the endings of nouns.

EXAMPLE 3

English		Russian	
Where to?	Where?	Куда?	Где?
to put **under** the couch	to be **under** the couch	положил **под** диван	лежит **под** диван**ом**
to put **behind** the couch	to be **behind** the couch	положил **за** диван	лежит **за** диван**ом**

Even in questions (see Example 4 below), contemporary English does not differentiate between location and direction, while Russian has different question words to express these concepts.

EXAMPLE 4

English		Russian	
Where are you going?	**Where** are you?	**Куда** ты (идёшь, едешь)?	**Где** ты?

As you see, Russian is very consistent in separating the concept of location of something/somebody from the concept of destination (movement toward a particular position/destination point). The distinction between location and destination is fundamental to the Russian language. It is observed not only in situations with VoMs but also with other actions or activities which are viewed as having directionality or being anchored somewhere. For example, the gendered word 'to get married' that is used for women implies directionality—*выходить замуж* (за Александра), whereas the word 'to be married' implies being anchored in that status—*быть замужем* (за Александром). Applying to a university, program or for a scholarship or a job is viewed as an action that has directionality: you are sending papers/documents **to** a university, program, scholarship, or employer—*поступать* (куда?) *в университет, посылать документы/подавать* (куда?) *на стипендию.* You will need to train yourselves to recognize this distinction in order to express your thoughts correctly in Russian.

2.3.

Определите ситуации, которые предполагают направленность в русском языке, используя (+) и (−).

(+) если есть направленность;
(−) если её нет

to be late for a lecture	опаздывать/опоздать на лекцию	_____
to be getting ready for something	(под)готовиться к чему-либо	_____
to translate into English	переводить/перевести на английский	_____
to be sitting on a chair	сидеть в кресле	_____
to sit down on a chair	садиться/сесть в кресло	_____
to get a job	получать/получить работу	_____
to get on a train	садиться/сесть на поезд	_____
to ride a train	ехать/ездить на поезде	_____
to study to become an engineer	учиться/выучиться на инженера	_____
to enter a university	поступать/поступить в университет	_____
to study at a university	учиться в университете	_____
to apply for a scholarship, internship, or job	подавать/подать на стипендию, стажировку, работу	_____

to hint at something	намекать/намекнуть на что-либо	_____
to love somebody	любить/полюбить кого-либо	_____
to fall in love with somebody	влюбляться/влюбиться в кого-либо	_____
to call the Moscow office	звонить/позвонить в московский офис	_____
to buy a ticket for a concert	покупать/купить билет на концерт	_____
to get mad at somebody	злиться/разозлиться на кого-либо	_____
to become interested in something or somebody	заинтересоваться чем-либо, кем-либо	_____
to invest in something or somebody	инвестировать во что-либо, в кого-либо	_____
to participate in something	участвовать в чём-либо	_____
to influence somebody or something	влиять/повлиять на кого-либо, на что-либо	_____

B. There are several cases that can express the distinction between direction/destination (when movement is implied) and location (a static state). There are two cases that are associated with direction—*винительный* and *дательный*—and three that can be used to express location—*предложный*, *родительный*, and *творительный*.

Винительный падеж	Летом мы ездили (*куда?*) в Германию.
Дательный падеж	Завтра я иду (*куда?*) к зубному врачу.
Предложный падеж	Мы живём (*где?*) в Лос-Анджелесе.
Родительный падеж	Когда мы уезжаем в отпуск, наша собака живёт (*где?*) у соседей.
Творительный падеж	Кошка спряталась (*где?*) под диваном.

In this chapter, we will focus only on *винительный падеж* to express direction/destination, as it is a major function of this case.

Review of the accusative singular.
Повторение окончаний в винительном падеже единственного числа.

Винительный падеж единственного числа уникален тем, что разделяет существительные мужского рода на одушевлённые и неодушевлённые, но не делает этого с существительными женского рода. Существительные среднего рода, как правило, считаются неодушевлёнными: они не изменяются в винительном падеже.

Вспомните правило окончаний винительного падежа:

- Если слово заканчивается на -А или -Я (женский или мужской род), окончание в форме винительного падежа единственного числа _____.
- Если слово женского рода заканчивается на -СЬ, окончание в винительном падеже единственного числа не меняется.
- Если слово заканчивается на -О или -Е (средний род), окончание в форме винительного падежа единственного числа _____.
- Одушевлённые существительные мужского рода, которые заканчиваются на согласную, имеют окончание _____.
- Неодушевлённые имена существительные мужского рода не меняются.

2.4.
Составьте предложения, которые описывают, куда и каким образом (пешком, на самолёте, на машине, и т.д.), передвигаются люди. Возможны разные варианты!

> **Образец:** Дети — школа — каждый день. → *Каждый день дети ходят **в школу**.*
> ИЛИ: → *Каждый день дети ездят **в школу** на автобусе.*

1. Завтра — моя лучшая подруга — Германия — на всё лето.
2. Родители — отпуск — Греция — прошлым летом.
3. Я видела, что Григорий — стадион — сегодня утром.
4. Самолёт — Лондон — 4 часа.
5. Брат — командировка — Вашингтон — завтра.
6. Мы с друзьями — концерт Регины Спектор — вчера вечером.
7. Наша семья — новая квартира — в прошлом году.
8. Друзья — наши вещи — новая квартира, потому что у них есть грузовик.
9. Нужно — срочно — книги — публичная библиотека. Иначе возьмут штраф.

2.5.
В ответ на вопрос объясните, что вы уже делали это действие, или что вы ещё не делали его (не успели). Используйте глаголы *ходить* или *ездить*. Внимание на окончания в винительном падеже.

1. Ты уже был(а) в магазине? Купил(а) хлеб?

   _____

2. Вы когда-нибудь были в городе, где родились ваши родители?

   _____

3. Анна уже была в вашем новом доме?

   _____

4. Вы уже видели мюзикл «Гамильтон»?

   _____

5. Вы когда-нибудь были в Восточной Европе?

   _____

6. Грэг был вчера с вами на концерте?

   _____

2.6.

Как бы вы ответили на эти вопросы? Используйте глаголы _ходить_ или _ездить_.

1. Я тебе звонил(а) сегодня утром, но не застала. Где ты был(а)?
2. Я заметил(а), что тебя не было вчера на лекции. Что случилось?
3. Наташа вернулась аж в 3 часа ночи! Ты не знаешь, где она была?
4. Вчера весь день шёл сильный снег. Чем вы занимались?
5. Я так давно тебя не видел(а)! Где ты был(а) всё это время?

Verbs of positioning, self-positioning and location.
Глаголы позиционирования, самопозиционирования и положения.

In addition to VoMs, Russian has verbs of positioning (глаголы позиционирования), which also indicate movement in a specified direction ("put your books on the table" = move, transport your books to the table). The English verb 'to put' is translated into Russian by a number of specialized verbs:

- to put something/somebody into a horizontal position = класть/положить что-либо (кого-либо) куда-либо
- to put something into a hanging position (to hang something) = вешать/повесить что-либо куда-либо
- to put something into a vertical position = ставить/поставить что-либо куда-либо
- to put someone into a sitting position (to sit someone down) = садить/посадить кого-либо куда-либо

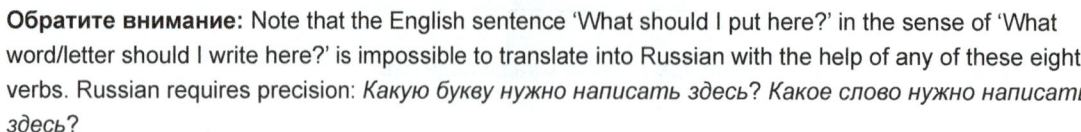 **Обратите внимание:** Note that the English sentence 'What should I put here?' in the sense of 'What word/letter should I write here?' is impossible to translate into Russian with the help of any of these eight verbs. Russian requires precision: *Какую букву нужно написать здесь? Какое слово нужно написать здесь?*

The conjugation of some verbs of positioning presents certain difficulties for Russian speakers (and even for monolinguals!). Pay attention to the following conjugation patterns.

класть (несов.)/положить (сов.)		вешать (несов.)/повесить (сов.)	
я кладу (учебник в рюкзак)[1]	завтра я положу (вещи в чемодан)	я вешаю (брюки в шкаф)	завтра мы повесим (картину на стену)
ты кладёшь (учебник в рюкзак)	завтра ты положишь (вещи в чемодан)	ты вешаешь (брюки в шкаф)	завтра ты повесишь (картину на стену)
он/она кладёт (учебник в рюкзак)	завтра он/она положит (вещи в чемодан)	он/она вешает (брюки в шкаф)	завтра он/она повесит (картину на стену)
мы кладём (учебник в рюкзак)	завтра мы положим (вещи в чемодан)	мы вешаем (брюки в шкаф)	завтра мы повесим (картину на стену)
вы кладёте (учебник в рюкзак)	завтра вы положите (вещи в чемодан)	вы вешаете (брюки в шкаф)	завтра вы повесите (картину на стену)
они кладут (учебник в рюкзак)	завтра они положат (вещи в чемодан)	они вешают (брюки в шкаф)	завтра они повесят (картину на стену)

1. Внимание! Никогда не используйте формы я ложу, ты ложишь, он ложит!

Глаголы позиционирования are different from the verbs of self-positioning (глаголы самопозиционирования), which describe the movement of one's own body: *вставать/встать* 'to stand/to get up/to wake up', *садиться/сесть* 'to sit down', *ложиться/лечь* 'to lie down'.

Глаголы позиционирования и самопозиционирования do not utilize the concept of uni/multidirect-edness, but do require the use of the accusative case to express the direction/destination of the movement (**where to** one puts something? or **where to** one sits, stands, or lies oneself?).

Finally, the Russian language makes use of another category of verbs, verbs of location (глаголы положения), which describe the action of standing, hanging, sitting or lying **in some location:** *лежать, висеть, стоять, сидеть где-то*. These verbs do not have directionality as part of their semantic composition. On the contrary, they will require the use of one of the cases of location (родительный—глава 4, предложный—глава 9, творительный—глава 10).

 2.7.

Объясните, каким образом эти предметы или люди оказались там, где они находятся. Используйте глаголы позиционирования, подходящие по смыслу. Не забывайте следить за окончаниями существительных и прилагательных!

1. Мне никогда не хватает места на полках, поэтому чтобы сэкономить место, я _____ маленькие книги горизонтально поверх уже стоящих книг.
2. Эта картина давно уже висит на стене у дедушки в квартире. Её туда _____ бабушка, когда они только переехали туда.
3. —Почему Аля тут сидит? Двухлетней девочке нечего тут делать! —Потому что папа _____ её сюда и сказал, чтобы я присмотрела за ней.
4. —Мне надоело, что фотографии валяются как попало! —Завтра я их _____ в альбом.
5. —Мне надоело, что фотографии валяются как попало! —Завтра я их _____ на стенку.
6. —Ваза стоит не на месте! Она должна стоять на самой верхней полке шкафа. Пожалуйста, _____ её на место.
7. Наша собака любит сидеть с нами в гостиной. Когда мы _____ перед телевизором, она _____ на свою подушку.
8. Какую букву нужно _____ здесь? Я не уверен в правиле.
9. Спасибо за цветы! _____ их, пожалуйста, в вазу!
10. —Почему у тебя одежда валяется на полу? —Она не валяется. Я её туда специально _____: когда я собираюсь в поездку, я всегда _____ одежду на пол. Так мне легче решить, что брать, а что не брать с собой.

Review of the accusative plural.
Повторение окончаний в винительном падеже множественного числа.

Уникальная черта винительного падежа—разделение существительных на одушевлённые и неодушевлённые—сохраняется и во множественном числе.

В винительном падеже множественного числа НЕОДУШЕВЛЁННЫЕ существительные и прилагательные, которые их описывают, НЕ меняются:

- В прошлом году мы ездили на Гавайск**ие** остров**а**.
- Мы часто ходим на симфоническ**ие** концерт**ы**.
- Сева подал документы в разн**ые** университет**ы**.

2.8.
Вы только что въехали в новую квартиру со своим лучшим другом (подругой). Но когда вы начали расставлять мебель и раскладывать вещи в гостиной, оказалось, что у вас разные вкусы! Обсудите с партнёром, что и куда вы хотите поставить, положить, повесить (может быть, даже посадить!). Настаивайте на своём мнении тактично: всегда можно найти компромисс.

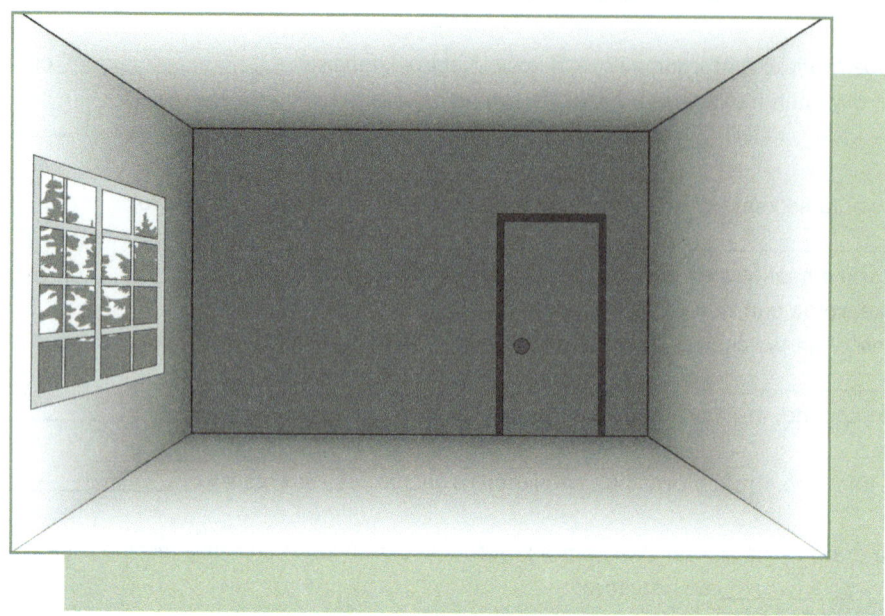

Ваши вещи: журнальный столик, диван, красивый персидский ковёр, книжный шкаф, маленький коврик, два кресла, стулья, фотографии родителей или друзей, школьные или университетские дипломы, хрустальные вазы от бабушки, книги, две декоративные полочки, маленькие статуэтки, овальное зеркало, барабанная установка, пальма в кадке[1], гигантский плюшевый[2] медведь.

1. large flower pot, tub   2. stuffed animal

В винительном падеже множественного числа ОДУШЕВЛЁННЫЕ существительные и прилагательные, которые их описывают, меняются и следуют правилу родительного падежа множественного числа.[1]

- Мы ходили на концерт вчера и там встретили сво**их** стар**ых** друз**ей**, с которыми уже давно не виделись.
- Мои родители редко видят сво**их** двоюродн**ых** брать**ев** и сестёр, потому что мы все живём в разных городах и даже странах.
- Моя тётя с детства учила сво**их** дет**ей** пользоваться общественным транспортом: она сажала их на автобус на своей остановке, а мы встречали их на нашей.

1. Повторите окончания родительного падежа множественного числа в главе 5.

2.9.

Закончите предложения, используя только **одушевлённые существительные во множественном числе**. Придумайте несколько вариантов для каждого ответа.

Образец: В университете можно встретить...
→ преподавателей, студентов, аспирантов...

1. На кампусе нашего университета можно увидеть...

_____.

2. В документальном фильме на канале Discovery показывали...

_____.

4. Моя сестра часто ездит в командировки. В каждой поездке она встречает...

_____.

3. Мы переходили дорогу возле университета и неожиданно наткнулись[1] на...

_____.

5. Когда я в первый раз зашёл в публичную библиотеку Нью-Йорка, я не ожидал увидеть там...

_____.

6. Мои родители завтра едут в аэропорт встречать...

_____.

7. Папа вошёл в комнату и увидел...

_____.

1. ran into

Рабочая тетрадь, упр. 10–14

2.10.

Переведите предложения на русский язык, используя подходящие по смыслу глаголы движения (с приставками и без, разной направленности, разного времени и вида) и винительный падеж единственного или множественного числа.

1. Our grandparents are arriving at JFK tonight. My dad is driving to New York to pick them up.

_____.

2. The car drove into the tunnel.

_____.

3. Please do not enter the room when the red light is on.

_____.

4. We are going to Vermont for the weekend.

   _____.

5. I came home at 5 a.m. after the club, and of course at 8 I had to go to work.

   _____.

6. This train goes from the suburbs to downtown every hour.

   _____.

7. Many international students from all over the world come to study at American universities.

   _____.

8. Their father left the family 5 years ago.

   _____.

9. I saw him jogging this morning.

   _____.

10. Next year we want to travel to Asia.

    _____.

11. We ran out of the house trying to catch the puppy who had escaped!

    _____.

12. She likes walking and frequently walks to work.

    _____.

13. The parents put their toddler in the baby carriage and went for a walk.

    _____.

14. We were approaching the forest when it started raining.

    _____.

15. We went mushroom picking this Sunday.

    _____.

16. I always wanted to cross the Brooklyn Bridge on foot.

   _____.

17. I vividly remember how my dad and my brother were swimming across the river when the storm started.

   _____.

18. I am going to put the paintings here. What do you think?

   _____.

19. Where did you put my backpack? I can't find it anywhere!

   _____.

20. She travels a lot for work but rarely takes vacations.

   _____.

Рабочая тетрадь
- Прочитайте о метафорическом значении глаголов движения и сделайте упр. 15–18

РАЗДЕЛ 3. Подводим итоги

В этой главе вы...

- узнали или повторили глаголы, описывающие движение в пространстве,
- научились различать разные типы и направления движения,
- научились говорить о поездках, переездах и путешествиях,
- повторили или узнали использование концепта «направление» в русском языке,
- повторили правила винительного падежа в единственном и множественном числе.

Проверьте себя.

1. Повторите ключевые характеристики глаголов движения.
   - Какие глаголы называются глаголами движения?
   - Что значит «однонаправленные» и «многонаправленные» глаголы?
   - Какая разница между глаголами типа «идти/ходить» и «ехать/ездить»?
   - Как взаимодействуют глаголы движения с приставками?
   - Как перевести на русский язык глаголы 'to go', 'to take something/somebody somewhere', 'to bring'?

2. Повторите ключевые характеристики глаголов позиционирования, самопозиционирования и местонахождения. Какая разница между этими глаголами? Как перевести на русский язык глагол 'to put'?

3. Проверьте, как хорошо вы знаете формы винительного падежа единственного и множественного числа.

	Существительные (окончания для твёрдой и мягкой основы)	Прилагательные и притяжательные местоимения (окончания для твёрдой и мягкой основы)
Женский и мужской род на -А или -Я		
Женский род на -СЬ	—	
Средний род		
Мужской род на согласный, одушевлённые сущ-ые		
Мужской род на согласный, неодушевлённые сущ-ые		
Множественное число, одушевлённые сущ-ые		
Множественное число, неодушевлённые сущ-ые		

Рабочая тетрадь, упр. 19

Применяем знания на практике.

3.1.

Прочитайте короткий рассказ Анны Флоренской. Выполните задания:

1. Подчеркните все глаголы движения, принадлежащие к классу VoM, и определите их тип (способ передвижения, вид).
2. Обведите все глаголы, которые описывают разные типы движения, но не принадлежат к грамматическому классу VoM (e.g., передвигаться).
3. Найдите все глаголы позиционирования, самопозиционирования и местонахождения.
4. Выделите все случаи винительного падежа в функции направления и направленности.

«География мира»

В приёмной[1] у нотариуса всегда много народу. Напишешь там какую-нибудь доверенность[2], или завещание[3], и сиди жди, пока вызовут в кабинет, подписать всё это в торжественной[4] обстановке. Остаётся только разглядывать людей вокруг. Но тут, вместо людей я неожиданно посмотрела на собственное плечо. Там почему-то сидела божья коровка[5]. Конечно, было неясно, как её занесло в это заведение, и, главное, что с ней делать дальше. Куда её пересадить, чтобы она хоть как-то почувствовала себя на месте. Оглядевшись вокруг, я обнаружила за спиной огромную, во всю стену, карту Советского Союза. Причём она была даже с рельефом[6], объёмная. То есть самое подходящее место для божьей коровки. Туда мы её немедленно и посадили. Она огляделась, немного постояла на месте, потом тронулась в путь. При этом она напоминала луноход на Луне—пересекала какие-то пустыни[7] и равнины[8], медленно переваливалась через горы. Прошла вдоль всей Ангары[9]. Обошла стороной странный населённый пункт под названием Ерофей Павлович. Потом стала подниматься куда-то вверх по среднесибирскому плоскогорью[10], и в итоге скрылась из виду, направляясь к морю Лаптевых. Всё это время я и Петрович наблюдали за её перемещениями с большим интересом. Остальные посетители приёмной с не меньшим интересом наблюдали за нами.

Потом была ещё одна божья коровка, она приземлилась прямо нам под ноги в тот момент, когда мы с Мариной и Петей стояли в порту перед огромным кораблём, на котором мы намеревались отправиться в Стокгольм. И отправились, только сначала опять же перенесли насекомое подальше от проезжей части. Следующая божья коровка слетела с дерева где-то во Франции, недалеко от Женевы, на берегу озера. Она тоже отчасти напоминала луноход, перемещаясь между пакетами с бараниной и свининой. Потом улетела. Четвёртая по счёту, пятая и шестая, три одновременно, сидели на окне уже в Лондоне. Иногда и они ненадолго куда-то отлетали, коллективно, но потом возвращались, и дальше продолжали сидеть. Я в это время детектив читала.

1. waiting room   2. power of attorney   3. living will   4. solemn, formal   5. ladybug   6. relief map   7. deserts   8. valleys   9. река в Сибири   10. high plateau

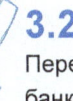

3.2.

Переполох в городе! По радио объявили, что в 3 часа дня неизвестные ограбили центральный банк. Расскажите свой вариант истории ограбления и побега грабителей. Обращайте внимание на выбор правильного глагола движения, позиционирования, самопозиционирования и нахождения и на разницу между пунктом назначения (направленностью) и местонахождением.

Рабочая тетрадь, упр. 20

ГЛАВА 8

КАК ГОВОРИТЬ О ЧУВСТВАХ И ЭМОЦИЯХ, РАДОСТНЫХ И ГРУСТНЫХ СОБЫТИЯХ

В этой главе вы...

- узнаете новые слова, обозначающие эмоции и чувства,
- научитесь описывать чувства и переживания, у которых нет прямых эквивалентов в английском,
- повторите или узнаете функции дательного падежа,
- научитесь правильно писать окончания существительных и прилагательных в дательном падеже,
- узнаете или повторите формы местоимений в дательном падеже,
- научитесь правильно использовать конструкции, требующие дательного падежа.

РАЗДЕЛ 1. В центре внимания: значение слова

1.1

Просмотрите список слов и выражений. Какие из этих слов вы знаете? Определите знание каждого слова по шкале от 1 до 5.

1 Не знаю, никогда не слышал/а это слово.
2 Мне встречалось это слово, но я не уверен/а, что оно значит.
3 Я могу легко догадаться о значении этого слова в контексте.
4 Знаю, использую это слово сам/а.
5 Знаю слово и его синонимы, могу объяснить, что это слово значит и в каком контексте и/или с какими другими словами его нужно использовать.

_____	чувство	_____	радость
_____	радоваться	_____	грустить
_____	тосковать	_____	скука
_____	веселиться	_____	тревожный
_____	тревожиться	_____	беспокоиться

_____	волноваться	_____	обида
_____	обидный	_____	досада
_____	стыдиться	_____	стесняться
_____	злой	_____	сердитый
_____	сердиться		

Посчитайте сумму очков: _____

1.2

Внимательно прочитайте заметки о значении и использовании ключевых слов. Отметьте слова и выражения, которые вам встречаются впервые. Обратите внимание на конструкции, в которых эти слова и выражения используются.

чувство, чувства

чувствовать/ почувствовать _себя как?_

чувствовать/ почувствовать _что?_

We generally speak of five physical senses people posses (_пять чувств человека_). They are: sight (_зрение_), hearing (_слух_), taste (_вкус_), smell (_обоняние_), and touch (_осязание_). Russian also has an idiom parallel to the English 'sixth sense', _шестое чувство._

The difference between the words _чувство_ and _эмоция_ is even more pronounced in Russian than in English. _Эмоция_ can be used in a scientific sense and is used in texts on psychology, psychiatry, and more general talk about health. In nonspecialized conversations about feelings and emotions, Russian speakers use _эмоция_ if they evaluate such feelings negatively:

- С. Я. Лемешев работал на репетициях очень легко, без **ненужных эмоций**, был терпелив, внимателен. (И. Архипова «Музыка жизни», РНК)
- А он сказал очень просто, без **эмоций**, по-деловому: Браво! (И. Архипова «Музыка жизни», РНК)

If we are speaking abstractly of emotional states or talk about unspecific (uncontrolled) emotional responses, we can still use the word _эмоции_, but the word _чувство_ is used more frequently when we talk about feelings/emotions in non-scientific and non-negative contexts.

The adjectives _чувствительный_ (sensitive) and _чувственный_ (sensual) share the root -ЧУВСТВ-. Although _чувствительный_ is more frequently used than _чувственный_, both are fairly infrequent and context specific. If you are interested, you can investigate the meaning and usage of these words on your own using the guidelines for vocabulary work outlined in the Self-Study Guide.

Whenever _(по)чувствовать_ is followed by _себя_, as in _Как ты себя чувствуешь?_, the subject of the conversation is one's health: _я_ **чувствую себя** _неважно_ ('I don't feel well'); _я_ **себя чувствую** _гораздо лучше_ ('I feel much better').

Notice that if you are inquiring about someone's ideas and feelings in regard to a particular subject or person, as in the English sentence 'How do you feel about the new teacher?' in Russian you need to use the verb *думать*, as in *Что ты думаешь о нашем новом учителе?*

радость	The Russian construction 'Noun/Pronoun + *рад*' (to be glad, to be happy, to be pleased) and the verb *радоваться/обрадоваться* (to become glad or happy) differ in an important aspect, i.e., in the reflection of static vs. dynamic experiencing of the feeling. In other words, if the focus is on the experiencer and the feeling, with no change in the emotional state marked in the sentence, Russian speakers use 'Noun/Pronoun + *рад*' construction, as in the following sentence:
радостный	
рад/а/ы (short adj.)	
радоваться/ обрадоваться *чему?*	

- Сейчас мы ждём пятого ребёнка и очень **этому рады**. (Э. Савкина «Если впрягаюсь, то основательно», РНК)
  [static description, no change in state]

If the focus of the discourse is on a change in the emotional state of the experiencer (or the event that brings joy or pleasure and the resulting feeling), the verb *радоваться/обрадоваться* is used:

- Это известие он воспринял спокойно, а вот родители очень **обрадовались**—отдавать сына в армию им совсем не хотелось. (Э. Савкина «Ввиду явного преимущества», журнал «Дело», РНК)
  [dynamic description, a change in state]

The noun *радость* 'joy, pleasure, excitement, satisfaction' and its plural form most often indicate a pleasant or joyful event (or events):

- С тех пор прошло очень много лет, но до сих пор каждый год в день учителя они приходят к своему бывшему классному руководителю, чтобы поделиться своими проблемами и **радостями**. К сожалению, проблем обычно оказывается больше, чем **радостей**.

A milder degree of joy, a certain pleasant feeling, is better expressed through the use of *приятно*:

- После перелёта **приятно** глотнуть свежего воздуха, дожидаясь в короткой очереди такси. («Об Изумрудном острове...», журнал «Туризм и образование», РНК)

грусть (no pl.)	The difference between the two synonyms *грусть* and *тоска* 'sadness' and 'longing' is not easy to discern, especially given the fact that the two are often used together:
грустный	
грустно	
грустить/загрустить *о чём? о ком?*	

- Повторяю: когда вам одиноко, скверно, плохо, когда вы ощущаете **грусть и тоску**, пожалуйста, найдите того, кому ещё хуже, и помогите ему. (В. Шахиджанян «1001 вопрос про ЭТО», РНК)

тоска (no pl.)	A helpful article in the Новый объяснительный словарь синонимов русского языка (ed. Yu. Apresyan) explains that Russian *грусть* can express lighter shades of sadness (*лёгкая грусть, мимолётная грусть*); *тоска* is a more profound feeling and rarely passes quickly.
тоскливый	
тоскливо	• А чего ещё надо человеку для счастья? Телефонная карточка и немного **светлой грусти**. (Т. Соломатина «Сонина Америка», РНК)
тосковать/ затосковать *по кому? чему?*	• Море успокоилось, выглянуло солнце, и всё было бы как прежде, если бы не **тяжёлая тоска** на сердце у Маруси. (А. Дорофеев «Эле-Фантик», журнал «Мурзилка», РНК)

Тоска and its derivatives are good translation equivalents of the casual (i.e., non-clinical) use of the words 'depressed, depression'. For example, '*x* is so depressing!' can be translated into Russian with the phrase *наводить тоску*, as in *Эта книга наводит на меня такую тоску!* The Russian phrase *тоскливое настроение* can be used similarly to the English 'feeling so depressed today': *Что-то у меня сегодня тоскливое настроение.*

• Эти разговоры **наводили** на Георгия Владимировича **тоску**.
• Ей было **тоскливо**, смутно, голова у неё болела от какого-то нерадостного и непонятного чувства, которое исходило прямо из сердца. (А. Берсенева «Возраст третьей любви», РНК)
• В зимние дни поздней осени, когда так длинна ночь, когда мало дано человеку небесного света, я живу плохо. Хвораю (being sick), **тоскую**, места себе не нахожу (am restless). (Ю. Коваль «Сиротская зима», РНК)

Pay attention to the following grammatical patterns and common phrases:
- *кому?* + *грустно*
- *наводить/навести тоску на кого?*

скука (no pl.)	The Russian word *скука* is possibly closer to *грусть* and *тоска* than English *boredom* is to *sadness* and *longing*. This is clear in the following example:
скучный	
скучно	• И там Черненко чувствовал себя неуютно: живопись утомляла, прошлое не интересовало, симфоническая музыка наводила **скуку**. Он оживлялся только в театрах. (И. Земцов «Черненко: Советский Союз в канун перестройки», журнал «Огонёк», РНК)
скучать/заскучать	

At the same time, *скучный* and 'boring' (as in 'a boring movie') are fairly good translation equivalents, as in:

• Фильм не всех приведёт в восторг, кое-кому он покажется затянутым и даже **скучным**.

The verb *скучать* has two basic meanings: 'to be bored' (*скучать*) and 'to miss someone or something' (*скучать по кому-либо или чему-либо*). The perfective of these verbs expresses change in the emotional state:

- Иришка не могла скрыть досаду, томилась, **скучала**, вредничала и задиралась, то соглашалась играть в малышовые игры, а то над ними смеялась. (А. Варламов «Купавна», РНК)
  [static, no change in state]
- И вдруг он понял, что он **скучал** по ней. И ещё как.
  [static, no change in state]
- От безделья я **заскучал**, и в голову полезли мрачные, тёмные мысли.
  [dynamic, change of state]

Pay attention to the following grammatical patterns and common phrases:
- *кому? + скучно*
- *наводить/навести скуку на кого?*

веселье (no pl.)

весёлый

весело

веселиться/ развеселиться *от чего?*

As with other linguistic expressions of emotions, the words with the root -ВЕСЕЛ- do not always have direct equivalents in translation. Notice that the different word forms derived from this root can be rendered with such different English phrases as 'to have fun', 'to feel/look happy', 'to do something enthusiastically or with gusto'. See the following examples and decide for yourself which English equivalents might work in them:

- В десять, когда разъезжалась детвора, зажигали вторую ёлку, для молодёжи и взрослых, и **веселились** до утра. (Е. Душечкина, Л. Берсенева «Три века русской ёлки», журнал «Наука и жизнь», РНК)
- У Тани впервые в жизни не было ни копейки, и ей было от этого забавно и **весело**. (Л. Улицкая «Казус Кукоцкого», РНК)
- Представляю, как это звучит для подавляющего большинства читателей, воображающих себе цирк самым **весёлым** на свете заведением, где наверняка весело живётся всем—и клоунам, и фокусникам... (И. Кио «Иллюзии без иллюзий», РНК)

тревога

тревожный (о событии, о времени, и т.д.)

тревожно

тревожить *кого?*

беспокойство

беспокойный

Тревога 'alarm' and *волнение* 'worry, concern' are usually the result of more objective, external circumstances, whereas *беспокойство* 'concern' may be a result of personal predisposition to worry; hence, *беспокойный* can be used to describe one's temperament, but *тревожный* can only be used to describe an event.

- Мне давно не очень нравятся твои глаза, Миша... В них поселилось много грусти и **беспокойства**. Даже когда ты читаешь очень смешное, глаза не успевают повеселеть. (Г. Горин «Иронические мемуары», РНК)

Тревога also indicates an expectation of distress or trouble of a greater degree than *беспокойство*. *Волнение*, on the other hand, marks a higher intensity of emotion, which may be difficult to control. Notice how the degree and the shade of anxious feeling decreases from the first to the last example:

беспокоиться/ забеспокоиться *о ком? о чём?*	● От **волнения** я чуть не потеряла сознание. Во рту пересохло. (Н. Щербак «Роман с филфаком», журнал «Звезда», РНК) ● Доктора серьёзно **тревожились** за здоровье пациента. ● Где же вы были так долго? — спросила нас мать. — Я уж тут **беспокоиться** начала.
волнение волнительный волнующий взволнованный	Note that the word *беспокойный* means 'restless' or 'anxious' when describing a person, but 'volatile' when refering to events, time periods, etc.
волноваться/ разволноваться *о ком? о чём?*	At the same time, *волнение* and *волноваться* are not strictly negative feelings and in certain contexts mean 'excitement', 'agitation'. ● Весь день Нина пребывала в **радостном волнении**, ожидая приезда мужа.

Notice that *волнительный*, *волнующий* (exciting, worrying, when speaking about events), and *взволнованный* (excited or agitated when speaking about a person) do not express the negativity of the experience but only the degree of agitation.

A necessarily negative type of agitation, which can also be felt not only in the expectation of events but also as a result of some negative events, can be described using the word *нервничать*:

● В первом часу ночи я все ещё сидел у телефона, злясь и **нервничая**. (А. Волос «Недвижимость», журнал «Новый Мир», РНК)

обида обидный обидно обижать/обидеть *кого? чем?* обижаться/обидеться *на кого? за что?* досада досадный досадно досаждать/досадить *кому? чем?*	Various derivatives of the root -ОБИД-/-ОБИЖ- are extremely frequent emotion terms in the Russian discourse. These words indicate an array of feelings from mild displeasure (*Ах, как обидно!* What a shame!) to frustration, hurt feelings, sadness and anger. ● Я очень рада, что этот праздник наконец-то начали отмечать у нас в стране. **Обидно**, что его не было во времена моей юности. [What a shame!] ● Мне казалось, что ему было **обидно** от того, что время проходит попусту. Ощущение невостребованности (no demand for one's talents or qualifications), ненужности (not being needed) было для него мучительно (agonizing). [frustrated] ● И главное, что **обидно**, что никто из них не вспомнит обо мне сегодня, а ведь мы были когда-то друзьями. [hurt, sad] ● Шутки, конечно, помогают жить, но существуют определённые границы, за которыми шутка уже может **обидеть**, оскорбить. [insult]

Although *досада* and *досадный* are not particularly frequent emotion terms in the Russian discourse, their root and its derivatives provide a good translation equivalent for frequent English expressions 'annoyance/annoying' and 'frustration/frustrating'. *Мне/ему/им досадно can* also be used in situations where the experiencer is upset with the situation, which is no one's fault in particular.

- Вы прекрасно себя чувствуете, у вас ничего не болит, но вот незадача (problem) — внешний вид катастрофически испорчен (spoiled) «лихорадкой (fever)»... Это гораздо **досаднее**, да ещё и больно. (Е. Кольцова «Весенние сюрпризы», РНК)
- А когда я узнал, что она умерла, стало даже жаль её. И **досадно**, что она умерла с обидой на меня, и мне никогда не выпросить у неё прощения. (Н. Трофимова «Третье желание», журнал «Звезда», РНК)

The more frequent *расстраиваться/расстроиться* is also used in situations where extenuating circumstances, rather than another person, are the source of negative feelings.

- Визу им не дали, дети **расстроились** до слёз — уж очень они надеялись попасть этим летом на море.

стыд (no pl.) стыдно стыдиться *кого, чего?*	*Стыд* covers the emotional space from mild embarrassment to the feeling of guilt: - Когда он ещё учился в мединституте, ему было **стыдно** признаться своим однокурсникам, что он боится одного даже вида крови. - И тут мне стало **стыдно**, что мой собеседник знает про культуру и историю моего народа гораздо больше, чем я сам. - Андрей Николаевич отчаянно **стыдился** того, что он живёт за счёт своей жены, но с ленью своей поделать ничего не мог. The moral qualms can be expressed using *стыдно* or *стыдиться*, as well as by invoking *совесть*. You may have heard your grandmother appeal to your conscience like this: *У тебя совесть есть?* A good phrase to remember: *угрызения совести* (moral qualms, feeling of guilt; lit. 'gnawing of conscience'). - Я чувствую **вину** и **угрызения совести**, что я так и не смог помочь своей сестре в такой трудный момент. As you can see, *совесть* and the root -СТЫД- relate to moral feelings; the uncomfortable feelings resulting from mild deviations from perceived societal norms are better described by *неловко* and *неудобно*. *Стесняться* and *смущаться* are closer to the English 'to be shy' and 'to feel uncomfortable'. See the difference:

	• Все тягостно молчали, оскорблённая (insulted) Тонина мать сидела красная и злая, крупная в отца Тоня оправдывалась духотой (blamed it on hot weather), а Колюня — странное дело — чувствовал себя **неловко** и **виновато**. (А. Варламов «Купавна», РНК).
	• Глядя в его моложавое (youthful looking) загорелое лицо, Анна вспомнила, как сильно его любила, как **стеснялась** этой любви и скрывала её ото всех.
злость (no pl.) злой зло (no pl.) злить/разозлить *кого? чем?* злиться/разозлиться *на кого? за что?* сердитый сердито сердить/рассердить *кого? чем?* сердиться/ рассердиться *на кого? за что?*	Unlike English, Russian provides two primary terms for anger, *злить*(ся) and *сердить*(ся), with the former being a more intense anger (albeit often shorter in duration) and the latter being a less intense feeling (closer to upset and frustrated). • Мы говорим обо всём на свете и часто спорим и даже ругаемся, **злимся** друг на друга, но недолго... (М. Шишкин «Письмовник», журнал «Знамя», РНК) • Я не понимал, почему мать **сердится**, подумаешь, порвал штаны... Я тогда не понимал, что ей даже починить эти штаны было не на что. Notice the difference between *злой* and *сердитый* in Russian: *злой* can describe a character trait and it definitely taps into the other meaning of *злость*, 'evil': • Начальником был **злой**, крикливый человек, который только мешал работе. *Сердитый* is generally a passing emotional state and is closer to the English word 'upset' than to 'mad' or 'angry'. • Какая гадость, — раздался **сердитый** голос, и из дома вышел Дегтярёв, — только хотел душ принять, а вода закончилась. (Д. Донцова «Доллары царя Гороха», РНК) The repertoire of anger words is, of course, far more extensive than these two terms and you can often find a lot of metaphoric expressions that describe angry states: • Молодой человек не на шутку **разозлился**, **вскипел**, наговорил глупостей. • Всё это меня **раздражало**, **нервировало**, **бесило** и **доводило до белого каления** — но ни в коей мере не удивляло. (А. Волос «Недвижимость», журнал «Новый Мир», РНК)

 Рабочая тетрадь, упр. 1

1.3

Прочитайте предложения в левой колонке. Найдите эквиваленты между русскими словами, выделенными жирным шрифтом в левой колонке, и английскими словами в правой колонке. Обращайте особое внимание на трудности перевода некоторых слов и понятий.

Русские слова и выражения в предложении	Английские слова и выражения
1. —Что с Давидом? Почему он такой **невесёлый**? —Он не попал в баскетбольную команду школы, вот и расстроился.	upset __1__
2. Мише стало **стыдно**, он весь покрылся красными пятнами.	frustrated, hurt ___
3. Мне сегодня грустно, **тоскливо**...	angry ___
4. Хорошая была вечеринка: всем было **весело**, и детям, и взрослым!	awkward, embarrassing ___
5. Маме было очень **приятно**, когда мы подарили ей цветы.	frustrated ___
6. Мне ужасно **обидно**, что ты никогда не звонишь первый!	embarassed, ashamed ___
7. Марина ужасно **разозлилась** на мужа, кричала, топала ногами...	feeling sad, depressed ___
8. Мне **неудобно** просить его о помощи —я его плохо знаю.	to be nervous ___
9. Не **сердись**, пожалуйста, я сейчас помою посуду.	deeply ashamed ___
10. Меня приглашали работать в Европу, а мне —представь себе—не дали рабочую визу. Так **досадно**!	uncomfortable, feeling bad about it ___
11. Вчера, из-за пустяка, нагрубил бабушке, обидел её, теперь меня мучает **совесть**.	upset, mad, cross ___
12. Я так **обрадовался**, когда получил стипендию на поездку в Россию!	excited, happy ___
13. Заниматься шахматами мне не нравилось: сидеть, разбирать партии, решать задачки—**скучное** занятие.	had fun ___
14. Завтра экзамен по физике, и, хотя я хорошо подготовилась, я всё же немножко **волнуюсь.**	pleasantly surprised ___
15. Людям часто становится **неловко**, когда их публично хвалят, даже если в душе они согласны, что действительно это заслужили.	boring, tedious ___

1.4

Прочитайте выражения внизу вслух. Можно ли так сказать по-русски (например, *я рад* или *мне рад*)? Если да, опишите ситуацию, в которой можно было бы использовать эти выражения.

Образец: <u>Мне грустно.</u> → Да, так говорят по-русски. Например, в такой ситуации: *На улице идёт дождь, друзья все заняты, мне одиноко и грустно.*

1. Мне радостно.   2. Мне весело.   3. Мне счастливо.
4. Мне обидно.   5. Мне стыдно.   6. Мне взволнованно.
7. Мне скучно.   8. Мне сердито.   9. Мне страшно.
10. Мне неприятно.   11. Мне неловко.

1.5

Как вы думаете, как он себя чувствует? Придумайте как можно больше разных возможных выражений. Не забывайте использовать глаголы и конструкцию *ему* + *наречие*.

Образец: Ему сегодня невесело. Он **расстроился**.

_____

_____

_____

_____

_____

_____

 Рабочая тетрадь, упр. 2

1.6

Прочитайте короткую пьесу-юмореску о русскоязычных американцах. Обратите внимание на чувства, описанные в этом диалоге.

Обратите внимание на английские заимствования: как бы этот разговор звучал в Москве, по-вашему? Замените подчёркнутые слова на стандартные русские выражения. Если затрудняетесь, смотрите «Подсказку» после текста.

Вечерний разговор

Вечер. В <u>ливинг-руме</u> своей городской квартиры сидят молодожёны, Он и Она. Он сидит на <u>кауче</u> перед телевизором, лениво <u>кликая</u> каналы. Она—в кресле, задумчиво глядит на страницу раскрытого на коленях модного журнала. Кажется, она не читает, а задумалась о чём-то своём.

Он: Тань, что ты там делаешь?

Она: (после небольшой паузы) Ничего особенного... <u>мэгэзин</u> читаю.

Он: Давай, может, <u>муви</u> с Анжелиной Жоли посмотрим?

Она: (вздыхает, но молчит).

Он: Таня, чё[1] случилось? *Чё* ты такая <u>анхэппи</u>?

Она: (громко и с внезапным волнением) А что мне быть <u>хэппи</u>-то? Никакого у меня в жизни нет ни <u>фана</u>, ни <u>эксайтмента</u>! Целый день сижу дома, занимаюсь хозяйством, в <u>шопинг</u> разве что схожу. А ты вечером приходишь—и сразу к телевизору. Это ужасно <u>фрастрейтинг</u>, Алекс.

Он: (тоже повышая голос) А я, думаешь, <u>хэппи</u>? Работаю как проклятый, в <u>трафике</u> торчу, на работе нервотрёпка, вот <u>у меня дэдлайн</u> на следующей неделе. Хоть дома мне можно спокойно отдохнуть?!

Она: Можно, Алекс, можно. Только вот мне обидно, что у тебя работа на первом месте, а обо мне ты совершенно не <u>кэраешь</u>!

Он: (отбрасывает пульт и подбегает к Ней) Танечка, что же ты говоришь! Я <u>кэраю</u>, <u>кэраю</u>! Я просто на работе замотался. Вот *щас*[2] проект закончится, хочешь поедем <u>на вакейшен</u>? Или <u>сделаем что-нибудь</u> <u>фан</u>!

Она: (смахивая слезу) Поедем, Алекс, поедем! Или <u>парти</u> устроим.

Он: (с облегчением) Устроим, Танечка, устроим. Ты только на меня не сердись!

Они обнимаются, радостно улыбаются и садятся вместе смотреть телевизор.

1. разговорная форма слова «что»   2. разговорная форма слова «сейчас»

Подсказка

- ты обо мне совсем не думаешь!
- на диване
- крайний срок сдать проект
- что ты такая невесёлая?
- а чему радоваться-то?
- придумаем что-нибудь интересное
- вечеринку устроим
- в пробках
- поедем отдохнуть
- в жизни никакой радости, ничего интересного

- по магазинам
- журнал
- это ужасно обидно
- а у меня что хорошего?
- на диване
- в гостиной
- я думаю о тебе, думаю!
- переключая каналы
- не сердись

 Рабочая тетрадь, упр. 3–4

РАЗДЕЛ 2. В центре внимания: форма слова

Повторение пройденного материала.

Ответьте на вопросы:

- Какие падежи вы уже знаете?
- Назовите вопросы, на которые отвечают эти падежи.
- Назовите их главные функции.
- Назовите несколько предлогов, которые используются с каждым из падежей.

2.1.

Определите падеж подчёркнутых слов. Напишите над словами название падежа: им. (именительный), род. (родительный) или вин. (винительный).

вин.п.
А на <u>Новый год</u> в семье случилась еще одна радость. <u>Елена</u>, <u>родная сестра</u> <u>отца</u>, приехала погостить из <u>России</u>. <u>Отец</u> не видел <u>Елену</u> уже много <u>лет</u> и ждал <u>её приезда</u> с заметным волнением. Встретить <u>тётку</u> в аэропорту попросили <u>меня</u>, и я привёз <u>её</u> в <u>дом</u> <u>родителей</u> прямо к накрытому новогоднему столу.

За столом сидели до <u>поздней ночи</u>, пили <u>чай</u> с молоком, как любят пить <u>его</u> в Сибири, рассматривали <u>подарки</u>... <u>Елена</u> рассказывала про <u>свадьбу</u> <u>старшего сына</u>, про <u>успехи</u> <u>младшего</u>, про <u>здоровье</u> уже совсем <u>старенькой матери</u>. <u>Вопросы</u> задавала <u>мама</u>, а <u>отец</u> только смотрел на <u>Елену</u>; по его лицу было видно, что в мыслях он далеко, в родном снежном Новосибирске.

Дательный падеж существительных.

Следуйте инструкциям шаг за шагом, чтобы вывести (deduce) правила использования и написания дательного падежа.

Формулируем гипотезу

Шаг 1. Собираем и анализируем языковые данные. Прочитайте предложения и задайте вопросы к подчёркнутым словам, используя интуицию.

1. Я пишу письмо <u>бабушке</u>.
2. Я пишу письмо <u>другу</u>.
3. Миша звонит <u>бабушке</u> каждый день.
4. А Саша звонит <u>брату</u> каждый день.

5. Миша подарил <u>Тане</u> цветы.
6. Таня хочет подарить <u>Мише</u> рубашку.

7. Тебе лучше позвонить по <u>телефону</u> или написать по <u>имейлу</u>?
8. У вас есть учебник по <u>математике</u> или по <u>психоанализу</u>?
9. Я скучаю по <u>маме</u>.
10. В субботу я поеду в гости к <u>подруге</u>.
11. Завтра Лена ведёт Шарика к <u>ветеринару</u>.

12. <u>Маше</u> нравятся старые советские анекдоты.
13. <u>Александре</u> тоскливо. И <u>Александру</u> тоже немного грустно.
14. <u>Лене</u> и <u>Павлу</u> очень трудно сейчас, у них сессия и много важных экзаменов.
15. <u>Наташе</u> было скучно на лекции.
16. <u>Алле</u> всегда холодно.

Шаг 2. Делаем первые наблюдения. На какие вопросы отвечает этот падеж? Какие функции он выполняет? Какие предлоги используются в этом падеже? Как поменялись окончания существительных? Это зависит от рода?

_____

_____

Шаг 3а. Формулируем гипотезу.

В дательном падеже, когда слово отвечает на вопросы «кому? чему?» или «по кому? по чему? к кому? к чему?»,
у существительных мужского рода единственного числа есть окончания _____ или _____,
а у существительных женского рода и мужского рода на -А/-Я единственного числа есть окончания _____.

Шаг 3б. Проверка гипотезы. Допишите окончания в словах. Не забудьте, что Е в безударной позиции слышится как /и/, а после букв Ц, Ш—как /ы/. Пишите не по слуху, а по правилу!

Я звоню...
   брат**у**, друг**у**, профессор_____, Владимир_____, Михаил_____ Степанович_____, Яков_____, отц_____;
   мам**е**, сестр**е**, подруг_____, Светлан_____, Диан_____, Карин_____, тёт_____.

Мы ходили...
   по университет**у**, по коридор**у**, по проспект_____, по город_____, по Берлин_____;
   по комнат**е**, по галере**е**, по квартир_____, по улиц_____, по Москв_____.

Мы скучаем...
   по Миш_____, Саш_____, Паш_____, Алёш_____, Маш_____, Наташ_____.

Вы заметили, что у существительных мужского рода есть два варианта окончаний? В каких случаях окончание дательного падежа должно быть мягким?

Ваш ответ: _____

Я звоню...

секретарь → секретарю, Сергей → Сергею, Алексей →_____, Игорь → _____,

приятель → _____, учитель → _____

Шаг 4а. Уточняем гипотезу. Проанализируйте новые примеры. Какую тенденцию вы наблюдаете?

1. <u>По общежитию</u> распространилась новость, что сегодня на ужин будет бесплатная пицца. (общежитие)
2. На выходные мы ездили загород и катались на лодке по <u>озеру</u>. (озеро)
3. <u>К зданию</u> мэрии подошла группа туристов. (здание)
4. Летом мы путешествовали по <u>Чёрному морю</u>. (море)

Шаг 4б. Уточняем гипотезу. Дополнительные наблюдения. Какие выводы вы можете сделать об окончании слов, которые в именительном падеже заканчиваются на -ИЯ или на -СЬ? Обратите внимание на слова, заканчивающиеся на Ь: к какому роду они относятся?

1. Мы подошли к лаборатор**ии**, к Мар**ии**, к Соф**ии**, к Юл**ии**.
2. Книги по истор**ии**, по хим**ии**, по географ**ии**, по антрополог**ии**, по политолог**ии**
3. Твоё отношение к жизн**и**, к любв**и**, к радост**и**, к новост**и**.

Шаг 5. Формулируем полное правило дательного падежа существительных в единственном числе.

Дательный падеж отвечает на **вопросы** _____.

Дательный падеж выполняет несколько **функций**, например:
- Обозначает непрямое дополнение
- Используется в конструкциях, выражающих чувства, желания, физические состояния людей (например: *брату трудно, сестре грустно*);
- Используется с предлогами _____

В дательном падеже у существительных такие **окончания**:
- в мужском роде (на согласный) _____
- в среднем роде _____
- в женском роде:
  - если слово заканчивается на -А/-Я (также в мужском роде на -А/-Я) _____
  - если слово заканчивается на -ИЯ _____
  - если слово заканчивается на -СЬ _____

2.2.

Ответьте на вопрос. Используйте данные слова в дательном падеже. Внимание на окончания!

По кому или **по чему** вы скучаете?
Я скучаю по...

Аня, Дина, Миша, подруга, дядя, бабушка, друг, дедушка, парень, девушка, Александр Сергеевич, Анна Сергеевна, преподаватель, тренер, приятель;

весна, тепло, снег, море, отдых, лето, работа, компания моих друзей, веселье, дом.

Прилагательные и притяжательные местоимения единственного числа в дательном падеже.

Прочитайте предложения и выделите окончания прилагательных в единственном числе дательного падежа. Притяжательные местоимения по форме похожи на прилагательные, поэтому у них будут такие же окончания, как и у прилагательных. Определите твёрдый и мягкий вариант для каждого рода и запишите правило.

—Я иду в гости к другу.	—Мы скучаем по подруге.	—Эта книга по искусству.
—К какому другу? —К своему новому хорошему другу Пете.	—По какой подруге? —По нашей симпатичной прекрасной подруге Тане.	—По какому искусству? —По русскому авангардному искусству.

Окончания прилагательных и притяжательных местоимений единственного числа дательного падежа:
в мужском роде _____ или _____
в среднем роде _____ или _____
в женском роде _____ или _____

Обратите внимание:

1. Некоторые существительные по форме являются прилагательными, например *мороженое, знакомый, животное*. Окончания у этих существительных в любом падеже как у прилагательных: *я хочу позвонить одному знаком**ому**.*
2. Неизменяемые существительные не меняют окончания: *подойти к такси, по пальто ползёт жук.*
3. Местоимение *весь* следует правилу дательного падежа для прилагательных и имеет следующие формы: *я скучаю по **всей** моей семье; по **всему** дому валяются его вещи; по **всему** зеркалу пошли трещинки.*

2.3.

Раскройте скобки, используя дательный падеж. Внимательно пишите окончания!

1. (Мой младший брат) _____ очень повезло в жизни: он попал в хорошую школу и смог поступить в очень престижный университет.

2. (Наш новый преподаватель) _____ надоело, что мы постоянно опаздываем.

3. Я хочу подарить (своя лучшая подруга) _____ билеты на концерт её любимой группы.

4. (Этот молодой человек) _____ трудно разговаривать с девушками. Он очень застенчивый.

5. Ты не знаешь, сколько лет (эта симпатичная девушка) _____?

6. (Опытный шахматист) _____ было досадно и стыдно за то, что он проиграл партию (начинающий игрок) _____.

7. Я очень скучаю по (твоё прекрасное чувство юмора) _____.

8. Вся наша группа скучала по (любимый преподаватель) _____, когда он ушёл на пенсию. Мы часто его вспоминали.

9. У Анны дома я видел прекрасный альбом по (современное французское искусство) _____.

10. Как потом выяснилось, (наш новый знакомый) _____ было неудобно попросить нас о помощи, потому что он считал, что ещё плохо нас знает.

Рабочая тетрадь, упр. 5–6

Личные местоимения в дательном падеже.

Используя интуицию, заполните таблицу формами личных местоимений. Если вы не уверены, ваш преподаватель подскажет вам.

Кто? (им.п.)	Кому сейчас трудно, легко, скучно? (дат.п.)
я	
ты	
он, оно	
она	
мы	
вы	
они	

Рабочая тетрадь, упр. 7

2.4.

Дательный падеж нужен для того, чтобы сказать, сколько *кому* лет. Спросите своих одноклассников, сколько им лет.

А теперь составьте предложения о возрасте этих людей. Напоминаем, что после цифры 2 нужно использовать родительный падеж единственного или множественного числа: два, три, четыре <u>года</u>, 5, 6, 7 <u>лет</u> (НО! один <u>год,</u> двадцать один <u>год</u> и т.п.)

Человек	Возраст
брат	21
он	35
дядя	47
она	19
сестра	13
вы	43
мы	24
они	51

Описание эмоциональных состояний.

В русском языке разные эмоциональные состояния человека можно описать по-разному в зависимости от ситуации. Статичное состояние обычно описывается, используя дательную конструкцию *КОМУ + наречие*. Изменение в эмоциональном состоянии лучше описать глаголами, чтобы показать динамичное развитие ситуации. Например:

> **Кате было грустно** весь день, она сама не знала отчего. [статическое состояние]
> Андрей не звонил ей уже третий день, **Катя загрустила**. [изменение состояния]

Предложения *КОМУ + наречие* относятся к настоящему времени. Чтобы выразить эту же мысль в прошедшем времени, нужно добавить глагольную форму *было*: *мне <u>было</u> грустно*. «Нейтральная», т.е. средняя, форма глагола в таких конструкциях обязательна. Чтобы говорить о будущем, используйте глагольную форму *будет*: *завтра уезжает мой лучший друг, мне опять <u>будет</u> грустно*.

2.5.

Перефразируйте статичные конструкции с дательным падежом в динамичное сообщение и наоборот.

A. Используйте глаголы.
     Что случилось?

Образец: Мише было грустно. → Миша <u>загрустил</u>.

---

1. Катя очень <u>рада</u>, что летом едет в Париж.
2. У Сергея Ивановича на душе сегодня с утра <u>тоскливо</u>: ему приснился родной город, в котором он не был уже 20 лет.
3. Ефиму всегда <u>скучно</u> на занятиях по литературе.
4. Елене Борисовне <u>страшно</u> летать на самолётах.

5. Софии до слёз <u>обидно</u>, что её парень ничего не подарил ей на День Святого Валентина.

6. У моей бабушки постоянная <u>тревога</u> на сердце за всех её детей и внуков—вдруг с ними что-нибудь случится?

Б. Используйте конструкцию *кому + наречие* в нужном времени. Обратите внимание, что не всегда можно использовать однокоренные слова в обеих конструкциях.

Что они чувствуют/что они почувствовали?

Образец: Таня хорошо провела время. → <u>Тане</u> было <u>весело</u>.

---

1. Учительница очень <u>обрадовалась</u>, получив от нас цветы в подарок на день рождения.

2. Давид ни за что накричал на своего соседа по комнате и теперь <u>стыдится</u> своего поведения.

3. Яна не смогла пойти на концерт своей любимой группы, потому что следующим утром ей нужно было сдавать экзамен. Она очень <u>расстроилась</u>.

4. Максиму русский язык <u>даётся</u> с трудом.

5. Маша <u>обиделась</u> на соседку по комнате за то, что та выдала её секреты.

6. Сашу <u>грызёт совесть</u> за то, что он наврал маме.

7. Вера получила новую работу и переехала в маленький город. Вдали от друзей, семьи и шумной столичной жизни она быстро <u>заскучала</u>.

8. Михаил Сергеевич очень <u>расстроился</u> и даже немного <u>рассердился</u> на себя, когда понял, что пропустил важную рабочую встречу.

Существительные, прилагательные и местоимения множественного числа в дательном падеже.

Прочитайте предложения и выделите окончания существительных, прилагательных, притяжательных и указательных местоимений в форме множественного числа дательного падежа. Обратите внимание на твёрдые и мягкие основы. Запишите правило.

Позвонил кому?	Позвонил каким друзьям?	Позвонил каким друзьям?
друзьям, родителям, братьям, подругам, студентам	старым, добрым, хорошим, любимым друзьям	этим, моим, нашим, вашим, их, его, её[1]

1. Обратите внимание: формы *их*, *его*, *её* не меняются

Окончания множественного числа дательного падежа:

у существительных: _____ или _____

у прилагательных и притяжательных местоимений: _____ или _____

2.6.

Ответьте на вопросы, раскрывая скобки. Внимательно пишите окончания.

1. Кому трудно учиться в университете? (ленивые студенты)
2. По кому ты скучаешь? (школьные друзья, двоюродные братья)
3. Кому можно доверять? (честные люди)
4. Кому нужно напомнить о контрольной работе завтра? (мои одноклассники)
5. Кому хочется сказать спасибо? (мои родители)
6. Кому понравилась вчерашняя лекция? (все наши студенты)
7. Кому придётся идти пешком? (пассажиры, которые опоздали на автобус)
8. Кому сегодня весело? (младшие сёстры)
9. Кому не бывает скучно? (любознательные люди)

Рабочая тетрадь, упр. 8–9

2.7.

Измените число подчёркнутых словосочетаний на множественное, сохраняя дательный падеж.

1. Каждую пятницу я звоню <u>моему другу</u>.
2. Это памятник <u>солдату</u> Второй мировой войны.
3. <u>Ребёнку</u> нельзя есть мороженое. У него болит горло.
4. <u>Нашей маме</u> досадно и неприятно, что мы не интересуемся русской культурой.
5. Я закончу читать эту книгу к <u>выходному дню</u>.
6. Благодаря <u>нашему тренеру</u> наша команда выиграла чемпионат.
7. <u>Этому американцу</u> за границей не хватает арахисового масла и картофельных чипсов.
8. <u>Русскому человеку</u> за границей не хватает селёдки и чёрного хлеба.
9. <u>Иммигранту</u> было трудно адаптироваться к новым условиям жизни.

Рабочая тетрадь, упр. 10

Глаголы, требующие дательного падежа.

Ряд глаголов в русском языке требует использования дательного падежа существительных:

А) глаголы *нравиться/понравиться* (мне нравится путешествовать), *везти/повезти* (мне повезло на экзамене), *надоедать/надоесть* (мне надоело ругаться с тобой), *сниться/присниться* (вчера мне приснился страшный сон), *хотеться/захотеться* (мне ужасно захотелось увидеть Париж ещё один раз), *хватать/хватить* (мне тебя не хватает).

Рабочая тетрадь, упр. 11

Б) глаголы, использование которых предполагает реципиента действия (recipient of action). Например:

отвечать/ответить *кому? на что?*	to answer, to respond	отвечать другу на письмо
мешать/помешать *кому? чему?*	to bother, to disturb	мешать брату
верить/поверить *кому? чему?*	to believe, to trust	поверить другу
помогать/помочь *кому? чему?*	to help	помогать родителям
звонить/позвонить *кому?*	to call (on the phone)	позвонить друзьям
врать/соврать *кому? чему?*	to lie, to tell a lie	врать учителю
объяснять/объяснить *кому? чему?*	to explain	объяснить соседу
обещать/пообещать *кому? чему?*	to promise	пообещать папе
радоваться/обрадоваться *кому? чему?*	to rejoice, to feel happy about	обрадоваться подарку
разрешать/разрешить *кому? чему?*	to allow, to permit, to let	разрешать сестре
запрещать/запретить *кому? чему?*	to forbid	запрещать брату
предлагать/предложить *кому? чему?*	to offer, to suggest, to propose	предлагать подруге
относиться/отнестись к *кому? чему?*	to relate to something, to feel a certain way about something	относиться к собакам
привыкать/привыкнуть к *кому? чему?*	to be used to, to get used to	привыкнуть к зиме

В) глаголы *приходиться/прийтись* (автобус сломался, и мне пришлось идти пешком) и модальные слова *можно, нельзя, нужно (надо)*.

Рабочая тетрадь, упр. 12

2.8.

Составьте 10–12 предложений с глаголами, которые требуют использования дательного падежа. Обращайте внимание на окончания прилагательных и существительных!

> **Образец:** Он не ответил своей девушке на письмо, и теперь она злится на него.

Рабочая тетрадь

• Прочитайте о трудностях перевода и сделайте упр. 13–16

Разные окончания — разное значение — разные падежи.

Как вы уже понимаете, окончания несут в себе значение, и разные конструкции требуют использования разных падежей. Например, сравните окончания в этих двух предложениях. В чём разница? О чём нам говорят окончания?

а) Я подарил машину подруг**е**. (Вопрос к слову «подруге»: _____; падеж: _____)

Значение: _____

б) Я подарил машину подруг**и**. (Вопрос к слову «подруги»: _____; падеж: _____)

Значение: _____

Разделить функцию слов в предложении и правильно написать окончания существительных помогают предлоги. Сравните следующие пары предложений:

а) подарок **для** бабушк**и** (*для кого?* род.п.)
vs.
иду в гости **к** бабушк**е** (*к кому?* дат.п.)

б) **для** Миш**и** адаптация к новой школе была не простым делом (*для кого?* род.п.)
vs.
Миш**е** было трудно привыкнуть к новой школе (*кому?* дат.п.)

2.9.

Допишите окончания, определяя падеж. Обращайте внимание на окончания существительных, а значит, на смысл всего предложения!

1. Она идёт по лестниц_____.
   У нас в доме нет лестиц_____.

2. У Миш_____ новая машина.
   На день рождения родители подарили Миш_____ новую машину.

3. Тан_____ и Паш_____ было трудно адаптироваться к жизни в новой стране.
   Для Тани_____ и Паш_____ адаптация к новой стране была трудным процессом.

4. К мам_____ в гости приехали родственники из Новосибирска.
   У мам_____ гостят родственники из Новосибирска.

5. Бабушка скучает по внучк_____.
   Бабушка купила подарок внучк_____
   Бабушка печёт торт, потому что у внучк_____ сегодня день рождения.

2.10.

Перефразируйте сочетания с родительным падежом, чтобы получилась дательная конструкция.

> Для моей мамы эмиграция из бывшего СССР была трудным испытанием. → (Кому? →) Моей маме было трудно эмигрировать из СССР.

1. Эта книга — подарок для Иосифа.
2. Для университета выгодно давать стипендии для малоимущих, но талантливых студентов.
3. Для Наташи было бы лучше поехать на лето во Францию, эта стажировка ей просто необходима!
4. Освоить английский язык в эмиграции было для Бориса Петровича нелегко.
5. Бабушка вяжет свитер для своей внучки.
6. Для мальчика было бы полезно побольше гулять на свежем воздухе.
7. Эмма хотела сделать что-то приятное для мамы на день рождения.
8. Всё в большом городе было новым и непонятным для мальчика из маленького городка.

Рабочая тетрадь

- Прочитайте информацию о значении предлогов в разделе «Интегрируем пройденные падежи» и сделайте упр. 17А,Б–19

РАЗДЕЛ 3. Подводим итоги

В этой главе вы...

- узнали или повторили ключевые слова по теме чувства и эмоции,
- научились описывать чувства и переживания, у которых нет прямых эквивалентов в английском,
- повторили или узнали функции дательного падежа,
- научились правильно писать окончания существительных и прилагательных в дательном падеже,
- узнали или повторили формы местоимений в дательном падеже,
- научились правильно использовать конструкции, требующие дательного падежа.

Проверьте себя.

1. Просмотрите список слов и выражений. Какие из этих слов вы знаете? Определите знание каждого слова по шкале от 1 до 5.

1 Не знаю, никогда не слышал/а это слово.

2 Мне встречалось это слово, но я не уверен/а, что оно значит.

3 Я могу легко догадаться о значении этого слова в контексте.

4 Знаю, использую это слово сам/а.

5 Знаю слово и его синонимы, могу объяснить, что это слово значит и в каком контексте и/или с какими другими словами его нужно использовать.

	чувство		радость
_____	чувство	_____	радость
_____	радоваться	_____	грустить
_____	тосковать	_____	скука
_____	веселиться	_____	тревожный
_____	тревожиться	_____	беспокоиться
_____	волноваться	_____	обида
_____	обидный	_____	досада
_____	стыдиться	_____	стесняться
_____	злой	_____	сердитый
_____	сердиться		

Сравните сумму очков с результатами, которые вы получили в начале главы: _____

2. Ответьте на вопросы о дательном падеже
   - На какие вопросы отвечает дательный падеж?
   - Какие предлоги используются в дательном падеже?
   - Какие функции выполняет этот падеж?
   - Какие глаголы требуют дательного падежа (назовите категории и хотя бы 10 разных глаголов)?
   - В каких конструкциях используется этот падеж?

3. Помните ли вы все окончания дательного падежа? Заполните таблицу окончаний существительных, учитывая твёрдые и мягкие варианты.

Род и число	Окончания для твёрдой основы	Окончания для мягкой основы
Женский и мужской род с окончанием на -А/-Я		
Нюанс существительных женского рода: слова с окончанием -ИЯ	—	
Женский род с окончанием на -СЬ	—	
Мужской род с окончанием на согласную и средний род		
Множественное число		

4. Какие окончания у прилагательных и притяжательных местоимений в дательном падеже?

Прилагательные и притяжательные местоимения мужского и среднего рода: _____ или _____.
Прилагательные и притяжательные местоимения женского рода: _____ или _____.
Прилагательные и притяжательные местоимения множественного числа: _____ или _____.

Применяем знания на практике.

3.1.

Найдите все примеры использования дательного падежа в тексте и укажите функции, которые он выполняет.

«Аптекарша»

Всё давно уже уснуло. Не спит только молодая жена провизора[1] Черномордика, содержателя

б-ской аптеки. Она ложилась уже три раза, но сон упрямо не идёт к ней — и неизвестно отчего.

Сидит она у открытого окна, в одной сорочке,[2] и глядит на улицу. Ей душно, скучно, досадно...

так досадно, что даже плакать хочется, а отчего — опять-таки неизвестно. Какой-то комок лежит

в груди и то и дело подкатывает к горлу... Сзади, в нескольких шагах от аптекарши, прикорнув

к стене, сладко похрапывает сам Черномордик. Жадная блоха[3] впилась ему в переносицу,[4]

но он этого не чувствует и даже улыбается, так как ему снится, будто все в городе кашляют

и непрерывно покупают у него капли датского короля.[5] Его не разбудишь теперь ни уколами,

ни пушкой, ни ласками.

—*А.П. Чехов*

1. an old word for "pharmacist."   2. nightgown.   3. flea.   4. bridge of the nose.   5. the elixir pectorale regis Daniae, an old traditional remedy for cough

Рабочая тетрадь, упр. 20

3.2.

Повторите использование дательного падежа в конструкциях, трудных для перевода. Письменно переведите эти предложения на русский, используя правильные грамматические конструкции.

1. I almost never talk on the phone.
2. Fortunately, I was prepared for the exam and was not nervous.
3. My grandparents like to watch Russian soap operas on Russian TV.
4. Misha was accepted to a very good university, to everybody's delight.
5. Can we talk on Skype?
6. People buy a lot of stuff on the Internet.
7. Have you seen my chemistry textbook?
8. Send me instructions by e-mail, please!
9. Thanks to modern medicine, people live longer.
10. They sent us a letter in the mail.
11. What's on TV?

12. Unfortunately, the party was no fun.

13. Have you ever listened to a soccer game on the radio?

14. To my huge surprise and happiness, she agreed to go out with me.

15. Have it your way!

16. This word is spelled with two *n*'s, according to grammar rules.

3.3.

Найдите в Интернете картину Фёдора Решетникова «Опять двойка» и опишите её, используя новые слова и выражения. Расскажите о том, что, возможно, чувствует каждый из персонажей. Сделайте предположения о том, какие отношения существуют между людьми на картине.

Рабочая тетрадь, упр. 21

ГЛАВА 9

КАК ГОВОРИТЬ О ТОМ, ГДЕ МЫ ЖИВЁМ

В этой главе вы...

- узнаете или повторите слова, которые позволят вам говорить о том, где люди живут,
- научитесь описывать свои квартиры, дома, комнаты в общежитии, города и т.д.,
- повторите или узнаете функции предложного падежа,
- научитесь правильно писать окончания существительных и прилагательных в предложном падеже,
- узнаете или повторите формы местоимений в предложном падеже,
- научитесь правильно использовать конструкции, требующие предложного падежа.

РАЗДЕЛ 1. В центре внимания: значение слова

1.1.

Просмотрите список слов и выражений. Какие из этих слов вы знаете? Определите знание слова по шкале от 1 до 5.

1. Не знаю, никогда не слышал/а это слово.
2. Мне встречалось это слово, но я не уверен/а, что оно значит.
3. Я могу легко догадаться о значении этого слова в контексте.
4. Знаю, использую это слово сам/а.
5. Знаю слово и его синонимы, могу объяснить, что это слово значит и в каком контексте и/или с какими другими словами его нужно использовать.

_____	горожанин	_____	пригород
_____	за́город, за́городом	_____	посёлок, поселковый
_____	деревня, деревенский	_____	столица, столичный
_____	мегаполис	_____	провинция, провинциальный
_____	квартал	_____	общественный транспорт

225

_____	жилищный комплекс		_____	однокомнатная, двух-, трёх-,
_____	задний двор			четырёх-, пятикомнатная квартира
_____	снимать/снять комнату (квартиру,		_____	удобства
	дом)		_____	сдавать/сдать комнату (квартиру,
_____	сосед по комнате (по дому,			дом)
	по квартире)		_____	делать ремонт, ремонтировать

Посчитайте сумму очков: _____

1.2.

Внимательно прочитайте заметки о значении и использовании ключевых слов. Отметьте слова и выражения, которые вам встречаются впервые. Обратите внимание на конструкции, в которых эти слова и выражения используются.

жить жильё жилище, жилища жилец (no fem), жильцы	The verb *жить* means, as you well know, 'to live' in the sense of 'to exist', as well as in the sense of 'to reside' (in this second meaning it is synonymous to the word *проживать*, which we covered in Chapter 5). This stem is quite productive: there are many words in Russian derived from the same root. *Жильё* is a general noun meaning 'housing', 'accommodation' (*жилищная ситуация*), and 'lodging' or 'dwelling' (*жилище*). ● Согласно опросам, всего 3% студентов заявили, что их «не устраивает» или «совершенно не устраивает» их **жильё**. Однако, почти 40% людей среднего возраста недовольны своими **жилищными условиями.** ● Сейчас стало модно приглашать дизайнеров для ремонта своего **жилища**, каким бы скромным оно не было. We have already seen the **noun** *житель* (*жительница, жители*), which refers to the residents of a geographic location (*жители городов, житель деревни, жительница посёлка Переделкино*); however, when we refer to residents of a specific house, housing community, or even district, we use the word *жильцы* (*жилец*, no fem. form): *жильцы дома, жильцы нашего общежития*, and *жильцы спального района*. This latter noun also refers to 'renters', as in the example below: ● Мы сдаём первый этаж нашего дома. Наши **жильцы**—молодая пара из Перу.
город, города городской пригород в пригороде пригородный	The word *город* (city, town) is also quite productive: *городские жители, горожане, пригородные районы*, and *загородные коттеджи*, among others. Notice that the words *пригород, пригородные районы* loosely refer to the 'suburbs' (*в пригороде* 'in the suburbs'), and *загородом* means 'in the country'. Rarely, *загород* is used to denote the 'countryside'.

загородом загородный горожанин, горожанка, горожане деревня посёлок, посёлки	• Многие жители крупных **городов** переезжают из центральных районов в **пригород**, подальше от городской суеты и автомобильных пробок. • У наших родственников есть небольшой коттедж **загородом**. Я люблю приезжать туда осенью посреди недели, когда в дачном посёлке нет никого, кроме сторожа. • Двухэтажный домик, в котором жила Мария Сергеевна, и вовсе утопал в зелени: это был один из десятка совершенно тождественных коттеджей, построенных пленными немцами на углу Беговой и Хорошевки, — писательский посёлок, **загород в городе**. Деревья, кусты, лужайки, беседки; деревянная лестница на второй этаж; одна комната очень светлая, другая очень тёмная. (А. Найман «Рассказы о Анне Ахматовой», РНК) Two other words that relate to the concept of countryside are *деревня* and *посёлок*; although both refer to specific types of settlements (and administrative units), *деревня* is often used in the sense of 'countryside', in opposition to *город* and *городская жизнь*. • Маня плохо ела, быстро утомлялась и часто плакала. Я подумала, что, может быть, простая **деревенская жизнь** даст ей сил, что лес, свежий воздух и столь ясно ощутимый **в деревне** круговорот природы со снегом, дождём, травой, солнцем, жужжанием насекомых подтолкнут развитие ребёнка. (С. Синицкая «Бобылево»)
квартал проспект бульвар переулок	*Города* are typically divided into *районы*, and, in turn, *городские районы* are divided into *кварталы* (blocks). The types of streets (*улицы*) one might see in Russia are: *проспект* (avenue), *бульвар* (also 'avenue', sometimes 'boulevard'), and *переулок* (alley); notice that the Russian word *аллея* describes a walkway, a lane lined with trees, and sometimes a parkway (*аллеи парка*, *берёзовая аллея*).
здание, здания многоквартирный дом, многоэтажный дом (разг. многоэтажка) жилищный комплекс (жилой комплекс) частный дом дача	In the cities one will also find *многоэтажные здания* (*разг. многоэтажки*), *многоквартирные дома* (apartment buildings), *жилищные комплексы* (subdivisions), etc. You are probably aware that the word *дом* in Russian refers not only to cottages but to larger buildings as well. If someone says *«В нашем доме не работает лифт»*, you know they mean a multi-story residential building. *Жилищный комплекс*, also known as *жилой комплекс*, is a type of a residential complex which usually includes one or more residential buildings complete with *парковка* (parking lot) or *гараж*, *внутренний двор* (courtyard), and sometimes even *спортивный зал* (gym), *бассейн* (swimming pool), *консьерж* (concierge), or *другие услуги* (other services). *В пригороде*, *загородом*, *в деревне*, and *в посёлке*, one is more likely to see *частные дома* (single-family homes), *коттеджи*, and *дачи*.

квартира	The Russian word *квартира* refers both to apartments and condominiums. To specify that a property is a rental, one may say *съёмная квартира*.
комнаты: гостиная, столовая, спальня, подвал, чердак, мансарда, ванная	Unlike in English, when one counts the number of rooms in one's apartment, the living room is included in the count: thus, a one-bedroom apartment is *двухкомнатная квартира*, a two-bedroom is *трёхкомнатная квартира*, and a studio is *однокомнатная квартира* (similarly: *двух-, трёх-, четырёх-, пятикомнатный дом*). Notice, that in the recent years, the word *студия* has come to be used sometimes (specifically, in design and architecture literature) to describe a remodeled one-room apartment in which the walls between the room, kitchen and entryway have been removed to achieve a more open living space.
снимать/снять комнату, квартиру, дом	
сдавать/сдать комнату, квартиру, дом	In Russian houses, *подвал* (basement) and *чердак* (attic) are not generally habitable parts of the house. If they are, in fact, habitable, other terms may apply: *цокольный этаж* for the basement and *мансарда* for the attic.
	Other rooms in an apartment or a house may include: *гостиная* (living room), *столовая* (dining room), *спальня* (bedroom), *ванная* (washroom), *туалет* (toilet room), and *прихожая* (hallway, entryway).
	Снимать/снять комнату (*квартиру, дом*) means 'to rent a room (apartment, house) from a landlord'; whereas *сдавать/сдать комнату* (*квартиру, дом*) means 'to rent a room (apartment, house) out'.
	One may often rent *меблированная квартира* (furnished apartment) with *необходимая мебель* such as *кровать, диван, кухонная мебель*, and *бытовая техника* such as *стиральная машина, посудомоечная машина*, and *холодильник*.
делать/сделать ремонт	A favorite pastime of many Russians is *делать ремонт в квартире* (to remodel or upgrade one's apartment). The final goal of *ремонт* is not only *красивая квартира*, but also *квартира со всеми удобствами* (with all the conveniences).
ремонтировать/ отремонтировать	• На небольшое наследство, полученное от бабки, Малышев купил старую квартиру в пригороде. **Ремонтировал** её два года, своими руками. Спал на раскладушке, готовил в микроволновке. А через два года сдал **отремонтированную** и уже «элитную» квартиру **со всеми удобствами** одной обеспеченной семье за хорошие деньги.

 Рабочая тетрадь упр. 1

1.3.

Прочитайте объявления о съёме и сдаче жилья из русскоязычной американской газеты. Перефразируйте эти объявления, чтобы они стали понятны тем, кто не говорит по-английски.

> **Образец:** Сдаётся недорогой <u>апартмент</u> в университетском районе. Идеальное жильё для студента! Звонить по тел. 216-234-5678 после 12-ти часов. → Сдаётся **недорогая квартира** в университетском районе. Идеальное жильё для студента! Звонить по тел. 216-234-5678 после 12-ти часов.

1. Ищу <u>руммейта</u> в <u>двух-бедрумную</u> квартиру в Бэй-Ридже. В квартире есть вся необходимая мебель и бытовая техника. С вопросами обращаться по имейлу manya@gmail.com
2. Сниму <u>студию</u> в пригороде Бостона (в Уолтаме или в Ньютоне). Тел. 814-234-5678
3. Сдаётся квартира в районе университета в большом <u>бейсменте</u> частного дома. Квартира светлая, просторная, со всеми удобствами. Парковка во дворе дома. Дополнительную информацию можно получить по адресу kvartira@gmail.com
4. Сдаётся <u>одно-бедрумная</u> квартира в многоэтажном <u>кондоминиуме</u> вблизи от линии метро. В комплексе есть <u>джим</u>, сауна, подземная парковка. Тел. 503-234-5678
5. Сдам <u>апартмент</u> на короткий срок в элитном районе Лос-Анджелеса Уэствуд-Вилладж. Писать по адресу arenda@hotmail.com
6. Сдаётся просторная мансарда в двухэтажном частном доме в пригороде Чикаго. В квартире произведён полный <u>ремоделинг</u>! Большой <u>бэк-ярд.</u> 312-234-5678, спросить Николая.
7. <u>Возьму в рент</u> комнату или <u>студию</u> на линии метро Y. Срочно! Тел. 917-234-5678
8. Ищем <u>девушку-руммейта</u> в трёхкомнатную квартиру в районе Квин-Эн. В <u>билдинге</u> есть сауна, спортзал, <u>паркинг</u>. Пишите Алине на seattleapartment@gmail.com

1.4.

Это объявления о сдаче квартир и домов в Москве на одном из российских сайтов. Они содержат разную необходимую информацию, но они написаны специфическим языком: здесь много сокращений и неполных предложений. Прочитайте и «расшифруйте» сокращения в этих объявлениях. Отметьте слова, которые вы не знаете, переведите их или объясните их значение.

☆ **3 комнаты**   **Сдаётся**
55000 руб.

3-х комн. квартира, 12й э., около м. «Киевская». Новый элитный дом в р-не Мосфильма. Квартира меблированная, просторная, светлая. Сдаётся впервые после свежего ремонта. Гостиная, спальня, комната свободного назначения, гардеробная, совмещённые ванная и туалет. В кухне стильный кухонный гарнитур со всей бытовой техникой, вкл. посудомоечную машину. 3 кондиционера, бойлер, интернет, нтв+. Видеодомофон, консьерж, огороженная территория, парковка во дворе.

Всё, что нужно для полноценного и комфортного проживания!

Показать ПОХОЖИЕ ОБЪЯВЛЕНИЯ по цене и району

☆ **2 комнаты**   **Сдаётся**
36000 руб.

Сдаётся 2-х комн. меблированная квартира на ул. Маяковского, 4й э. Новая мебель: в гостиной мягкая мебель, стенка, журнальный столик; в спальне спальный гарнитур, встроенный шкаф; в кухне встроенный кухонный гарнитур.

Бытовая техника: стиральная машина, большой двухкамерный холодильник; кондиционеры в обеих комнатах, мелкая бытовая техника. Свежий ремонт. Интернет, спутниковое ТВ.
Огороженная территория. Возможно парковочное место в подземном гараже. Консьерж. Спортивный зал и сауна.

Тел. 410-47-98

Показать ПОХОЖИЕ ОБЪЯВЛЕНИЯ по цене и району

☆ **4 комнаты**   **Сдаётся**
58000 руб.

Сдаётся 4-х комн. квартира в ЖК «Алые паруса» в р-не «Щукино». 12 э. Элитный дом, внутренний двор, парковка. Расположен на берегу Москвы-реки. Свежий дизайнерский ремонт. Гостиная, столовая, две спальни, просторная кухня. Вся встроенная бытовая техника. Посудомоечная машина. Два полных санузла. Джакузи. ТВ. Интернет. Спутниковое ТВ. Консьерж.

Тел. 410-47-98

Показать ПОХОЖИЕ ОБЪЯВЛЕНИЯ по цене и району

Рабочая тетрадь упр. 2

1.5.

Трудности перевода. Прочитайте предложения и найдите эквиваленты между выделенными словами или фразами в левой колонке с английскими словами в правой колонке.

	Английский эквивалент
1. Мне было восемь лет, когда мои родители получили новую квартиру в спальном районе города. Я быстро подружился с новыми мальчишками **со двора**.	parkway _____
2. **На заднем дворе** нашего деревенского дома была летняя кухня, где в хорошую погоду готовили обед.	alleys _____
3. На лето мы сняли небольшой коттедж в штате Вермонт. Лучшая часть этого дома — это большая **веранда**, на которой стоит старая плетёная мебель, висит гамак...	rug _____
4. После капитального ремонта **мансарду** и подвал дома можно будет сдавать жильцам.	block, courtyard, quadrangle _____
5. Раньше **на чердаке** этого старого парижского дома жили только бездомные кошки, а теперь новые жильцы затеяли ремонт и «обживают» новое пространство.	building _____
6. **По** тенистым **аллеям** парка бродили горожане, спасаясь от жары и шума городских улиц.	backyard _____
7. После института Толя снимал комнату в старом двухэтажном доме в тихом **переулке**, чудом сохранившемся посреди быстро растущего современного мегаполиса.	carpet _____
8. **В доме** опять не работает лифт, нужно звонить в жилищную контору.	built-in closets _____
9. В нашем посёлке все **дома** были одноэтажные, даже школа и поселковая администрация.	back porch _____
10. В новой квартире, которую мы снимаем в старом районе города, деревянные полы, а не **ковёр**.	walk-in closet _____
11. В гостиной на полу лежит **ковёр**, который мои родители купили в Иране.	houses _____
12. В российских квартирах только недавно стали устанавливать **встроенные шкафы**, раньше у всех стояли платяные шкафы и комоды.	attic (non-habitable) _____
13. Когда мы переехали в Сан-Антонио и сняли там дом за небольшие, как нам казалось, деньги, мы были поражены его размерами. В этом новом доме **гардеробная** больше, чем моя спальня в старой квартире в Нью-Йорке!	attic (habitable) _____

1.6.

Коммунальные квартиры. Прочитайте текст о коммунальном жилье в Советской России. Ответьте на вопросы:

1. Почему в советских городах не хватало жилья?
2. Что такое «квартирный вопрос»? Как он решался?
3. Кто жил в коммунальных квартирах?
4. Как выглядела коммунальная квартира?
5. Существуют ли коммуналки в современной России?
6. Существует ли похожий тип жилья в США или в Европе?

«Коммуналки»

Процесс индустриализации и урбанизации, начавшийся в России ещё до революции и ускорившийся в 20-х и 30-х годах, привёл к тому, что в городах категорически не хватало жилья. Одним из решений «квартирного вопроса» (и далеко не худшим на тот момент) было расселение вчерашних жителей деревень и посёлков в так называемые коммунальные квартиры.

Коммуналки представляли собой многокомнатные квартиры, в которых каждая семья занимала всего одну комнату и делила с другими «места общего пользования», т.е. туалет, ванную и кухню, а также коридор и прихожую. С 20-х годов по 50-е годы двадцатого столетия значительная часть советских горожан жила в коммуналках, особенно в «престижных» городах, таких как Москва и Ленинград. Конечно, в коммуналках проживали не только бывшие жители сельских районов: жильцами коммунальных квартир были и инженеры, и поэты, и работники партии, и студенты.

Коммунальные квартиры стали неотъемлемой частью советского быта, его истории и культуры. О них написано много историй и анекдотов, спето немало песен и снято фильмов. И хотя в сознании современных россиян коммуналки существуют, главным образом, в этих памятниках культуры, даже в современной России в коммуналках проживает немалое количество людей. Причина живучести коммуналок не только в том, что старые коммуналки невозможно расселить[1]. Дело в том, что постоянно появляются новые такие квартиры, особенно в городах-мегаполисах. Студенты, рабочие мигранты, молодые люди, только начинающие свою профессиональную жизнь, часто снимают квартиры на несколько человек или семей, образуя, таким образом, коммунальные квартиры нового типа.

1. to move residents from communal flats into individual apartments

РАЗДЕЛ 2. В центре внимания: форма слова

Повторение пройденного материала.

Ответьте на вопросы.

- Какие падежи вам уже известны?
- На какие падежные вопросы отвечает каждый из этих падежей?
- Назовите функции родительного падежа. Приведите примеры.
- Назовите 6–7 предлогов, которые используются с родительным падежом.
- Какие функции выполняет винительный падеж?
- Назовите все предлоги в конструкциях с винительным. Какие из них «неверные»? Приведите примеры.
- Какие функции у дательного падежа?
- Почему дательный и винительный часто употребляются вместе в одном предложении? Приведите пример.
- Какие предлоги у дательного падежа? Они «верные» или «неверные»?
- А что такое именительный падеж? Для чего он нужен?

2.1.

Определите падеж подчёркнутых слов. Надпишите над словами название падежа: им. (именительный), род. (родительный), вин. (винительный) или дат. (дательный).

После войны мы переехали из Казани в Москву. Родителям дали комнату в коммуналке недалеко от станции метро «Кировская». Квартира была огромная: в ней было шестнадцать комнат. Длинный тёмный коридор, по которому, как по городскому проспекту, сновали[1] жильцы и даже катались на велосипедах дети помладше, заканчивался с одной стороны туалетом и ванной, с другой — кухней. В кухне всегда царило оживление: тут готовился чей-то завтрак или обед, шипела на сковороде картошка, в кастрюле булькал суп. Детей из кухни, как правило, прогоняли — это было место для взрослых, здесь обсуждали последние новости (иногда шёпотом), рассказывали нецензурные[2] анекдоты, жаловались на начальников. Я часто заходил к соседу напротив, Илье Петровичу, у него сохранилось огромное количество книг, которыми он с удовольствием делился.

1. rush there and back   2. salacious

Предложный падеж существительных.

Следуйте инструкциям шаг за шагом, чтобы понять правила использования и написания предложного падежа.

Формулируем гипотезу

Шаг 1. Собираем и анализируем языковые данные
Прочитайте предложения и задайте вопросы к подчёркнутым словам. Какие из этих вопросов *логические*, а какие *падежные*? Можно ли перефразировать логические вопросы падежными в этих предложениях?

1. **В** Берлин**е**, столиц**е** Германии, много иммигрантских общин, это удивительно многонациональный город.
2. Мои коллеги делают ремонт **в** квартир**е**, которую они недавно купили.
3. Жители крупных городов стремятся провести отпуск **на** дач**е** или **на** мор**е**, подальше от городской суеты[1].
4. Шмидты снимают симпатичную однокомнатную квартиру **в** Мидтаун**е.**
5. **На** улиц**ах** мегаполисов всегда много машин, автобусов, троллейбусов и другого транспорта.
6. Большинство американцев живут **в** пригород**ах**.
7. Я снимаю таунхаус **в** центр**е** города, мне не нравится жить **в** пригород**е**.
8. Нам сегодня трудно представить, что наши дедушки и бабушки жили **в** коммуналк**ах.**
9. **В** посёлк**ах** и **в** деревн**ях** не встретишь много многоэтажных зданий.

1. hustle and bustle

Шаг 2. Делаем первые наблюдения.

- На какие вопросы отвечает предложный падеж?
- Какие функции он выполняет?
- Для чего нужен этот падеж? Какие предлоги используются в этом падеже?
- От чего зависит разница в окончаниях существительных в примерах?
- Окончания в этом падеже имеют два варианта в единственном числе—один для твёрдой основы, другой для мягкой основы?
- А во множественном числе?
- Окончание зависит от рода слова в единственном числе?

Шаг 3а. Формулируем гипотезу.

В предложном падеже, когда слово отвечает на вопросы _____,
в конце существительных единственного числа нужно писать _____,
а в конце существительных множественного числа нужно писать _____.

Шаг 3б. Проверка гипотезы. Допишите окончания в словах. Не забудьте, что **Е** в безударной позиции слышится, как **И**, а после буквы **Ц**—как **Ы**. Пишите не по слуху, а по правилу!

—**Где** родился твой друг?

—Мой друг родился...

в Москв**е**, на Гавай**ях**, в Иллинойс_____, в Мичиган_____, в Нью-Йорк_____,

в Сиэтл_____, в Санкт-Петербург_____, на Карибских остров_____, в Ереван_____,

в Киев_____, в Минск_____, в Кишинёв_____, в деревн_____, в посёлк_____ Диксон.

—**Где** ты это нашёл?

—Я нашёл это...

на улиц_____, в гараж_____, в подвал_____, на крыш_____, на лестниц_____,

на веранд_____, на чердак_____, в холодильник_____.

—**Где** живут люди?

—Люди могут жить где угодно:

в квартир**е**	в квартир**ах**
в дом_____	в дом_____
в палатк_____	в палатк_____
в пригород_____	в пригород_____
в подвал_____	в подвал_____
на чердак_____	на чердак_____
в коттедж_____	в коттедж_____
в посёлк_____	в посёлк_____

Шаг 4а. Уточняем гипотезу. Проанализируйте новые примеры. Какую тенденцию вы наблюдаете?

Место	Где произошло это событие?
общежит**ие**	в общежит**ии**
собран**ие**	на собран**ии**
занят**ие**	на занят**ии**
лаборатор**ия**	в лаборатор**ии**
Росс**ия**	в Росс**ии**
Калифорн**ия**	в Калифорн**ии**
Итал**ия**	в Итал**ии**
Герман**ия**	в Герман**ии**
лекц**ия**	на лекц**ии**

Какие выводы вы можете сделать об окончании слов в предложном падеже, которые в именительном падеже заканчиваются на -**ИЯ** или -**ИЕ**? _____.

Шаг 4б. Уточняем гипотезу. Сравните окончания слов мужского и женского рода в таблице. Обратите внимание на существительные женского рода на -СЬ в предложном падеже.

Женский род на -А/-Я	Женский род на -СЬ	Мужской род на -СЬ
квартира → в квартире	тетрадь → в тетради	шампунь → в шампуне
кухня → на кухне	площадь → на площади	июль → в июле
столица → в столице	радость → в радости	камень → на камне
мансарда → в мансарде	дверь → на двери	календарь → в календаре
улица → на улице	жизнь → в жизни	рояль → на рояле

Ваши выводы: _____

Шаг 5. Формулируем полное правило предложного падежа

Предложный падеж отвечает на **вопросы** _____.

Этот падеж выполняет следующую **функцию:** с предлогами В и НА он обозначает местонахождение (location).

В предложном падеже в окончании существительных единственного числа любого рода нужно писать _____, КРОМЕ
а) слов, которые в именительном падеже заканчиваются на -ИЯ или -ИЕ, и тогда надо писать _____,
б) слов женского рода, которые в именительном падеже заканчиваются на -СЬ, и тогда надо писать _____.

В этом падеже в единственном числе нет разницы в окончаниях слов с твёрдой и мягкой основой.

В окончании существительных множественного числа, нужно писать _____ или _____.

1. **Обратите внимание:** В русском языке существует следующее **исключение** из правила предложного падежа: оно касается существительных мужского рода, которые состоят из одного слога, и касается только ситуаций, в которых эти слова отвечают на вопрос *где?* Таких слов в русском языке около 40.

	Где?
шкаф	→ в шкафу́
сад	→ в саду́
мост	→ на мосту́
нос	→ в носу́
глаз	→ в глазу́
угол	→ в углу́

2. **Обратите внимание:** Заимствованные слова, которые заканчиваются на О, У или И, не имеют падежных окончаний: например, *У меня есть друзья в Баку, в Цинциннати, в Чикаго, в Осло.* Иностранные имена, которые не соответствуют русской системе рода, не меняются.

Рабочая тетрадь упр. 3

2.2.
Скажите, на каких континентах и в каких странах находятся эти города?

> **Образец:** Каир находится в Египте. Египет находится в Африке.

Города	Страны	Континенты
Каир Касабланка Триполи Найроби Кампала Аддис-Абеба	Египет Марокко Ливия Кения Уганда Эфиопия	Африка
Париж Осло Мюнхен Лиссабон Стамбул Баку Ереван	Франция Норвегия Германия Португалия Турция Азербайджан Армения	Европа
Дели Багдад Тегеран Пекин Куала-Лумпур Улан-Батор Бангкок Манила Хиросима Бейрут	Индия Афганистан Иран Китай Малайзия Монголия Таиланд Филиппины Япония Ливан	Азия
Буэнос-Айрес Монреаль Гавана Лос-Анджелес Рио-де-Жанейро Кито Богота Лима	Аргентина Канада Куба США Бразилия Эквадор Колумбия Перу	Америка

2.3.

Назовите города и страны, в которых вы когда-либо побывали или где живут ваши друзья и родственники. Следите за окончаниями слов!

Образец: Я был(а) в Москве. Мой друг живёт в Канаде.

Рабочая тетрадь

- Прочитайте информацию о предлогах В и НА в Рабочей тетради и сделайте упр. 4 и 5

Дополнительные функции предложного падежа.

А. Отвечая на вопросы «На чём ты ездишь?», «На чём ты любишь кататься?», нужно использовать предложный падеж, потому что когда мы называем вид транспорта, на котором куда-то ездим или на котором катаемся, мы имеем в виду место, т.е. мы находимся НА этом виде транспорта. Обратите внимание, что в этом случае с предложным падежом используется предлог НА: *я езжу на работу на машине, мой брат любит кататься на лыжах.*

2.4.

Ответьте на вопросы и допишите окончания в словах. Вам нужен предложный падеж единственного и множественного числа. Будьте внимательны!

—**На чём** ты ездишь на работу или в университет?

—Я езжу на...

на машин**е**, на автобус_____, на трамва_____, на троллейбус_____, на электричк_____, на метр_____.

—**На чём** ты любишь кататься?

—Я люблю кататься...

на мотоцикл_____, на велосипед_____, на мопед_____, на самокат_____, на коньк_____, на лодк_____, на сноуборд_____, на байдарк_____, на лыж_____.

Б. По этой же логике, когда мы говорим, что играем на каких-то музыкальных инструментах, мы используем предложный падеж, потому что имеем в виду место: мы двигаем пальцами, т.е. играем, НА инструменте. Заметьте, что в английском языке предлога нет (as in *I play the piano*), а в русском он обязателен.

> —**На** как**их** музыкальн**ых** инструмент**ах** ты играешь?
> —Я хорошо играю **на** скрипк**е**, **на** флейт**е** и **на** гитар**е**.
> —А я ни **на чём** не играю.

2.5.

Спросите одноклассников, на каких инструментах они играют или хотели бы играть. Обращайте внимание на предлог и окончание (выбирайте правильное число в предложном падеже)!

> **Образец:** —Ты играешь на музыкальных инструментах?
> —Да, я хорошо играю на флейте.
> —А я раньше играла на гитаре.

Музыкальные инструменты:

виола	тромбон	гитара
труба	виолончель	флейта
саксофон	контрабас	барабаны
арфа	рояль	фортепьяно (пианино)

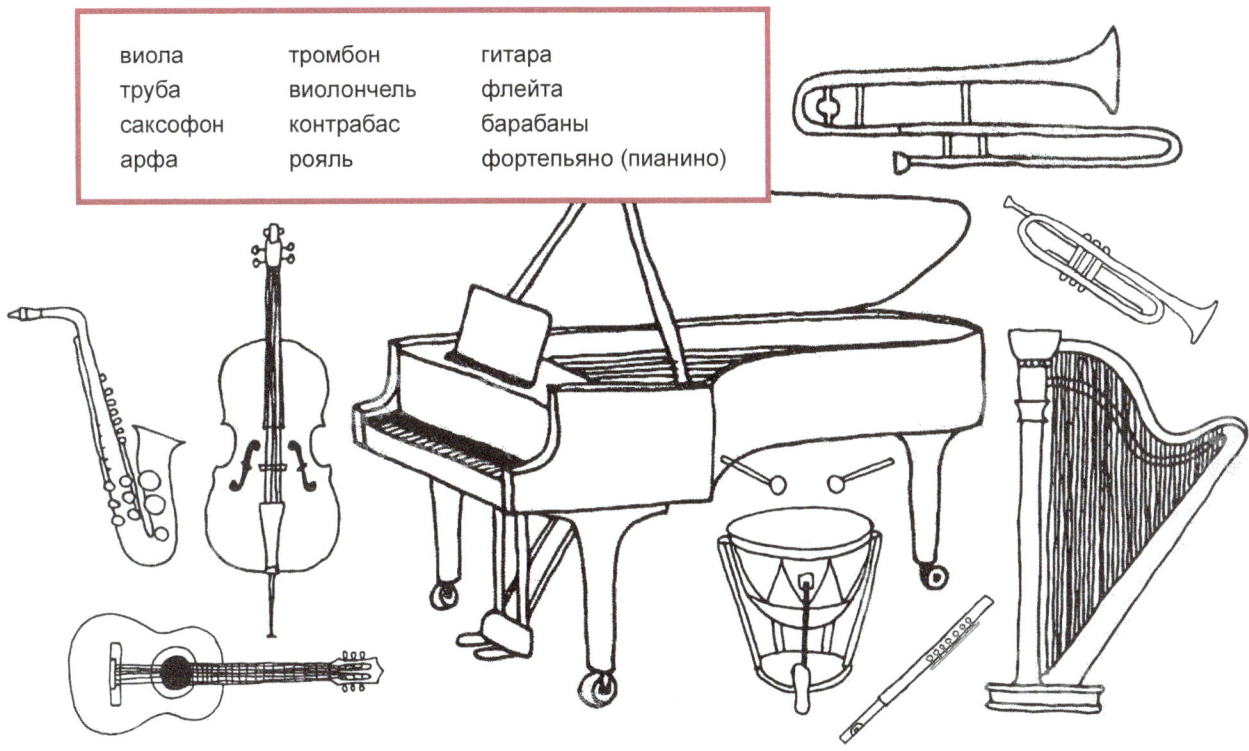

В. Предложный падеж используется в конструкциях с предлогом О (ОБ) в значении 'about'.
    —**О чём** была эта лекция?
    —Эта лекция была...

     о театр**е**, **об** истори**и** метро, **о** деревн**ях** Мексики, **об** архитектур**е** городов.

Сравните эти же слова в сочетании с другим предлогом, который означает 'about', предлогом ПРО:
    —**Про что** была эта лекция?
    —Эта лекция была...

     про театр, **про** историю метро, **про** деревни Мексики, **про** архитектуру городов.

Очевидно, что эти два предлога требуют использования разных падежей, хотя их значение одинаково: предлог О (ОБ) требует использования предложного падежа, а предлог ПРО—винительного.

2.6.

Замените выражения с предлогом ПРО в этих предложениях на выражения с предлогом О (ОБ). Следите за окончаниями существительных!

1. Лектор интересно рассказывал <u>про историю</u> русского балета.
2. Мои родители любят рассказывать <u>про свою молодость</u> в Советском Союзе.
3. Газета «The Village» опубликовала интервью с авторами документального фильма <u>про коммуналки</u>.
4. Подруга рассказала мне <u>про своё общежитие</u>, и после её рассказа я решила, что моя жилищная ситуация не совсем плохая!
5. До этого курса я ничего не знал <u>про войну</u> России с Наполеоном.
6. Интересно, что американцы очень мало знают <u>про жизнь</u> в Советском Союзе или современной России.

Г. Так как предложный падеж используется с предлогом О (ОБ), многие глаголы речи (говорить, сказать, рассказывать/рассказать, мечтать, болтать, объявлять, спрашивать, петь, писать), а также глаголы, связанные с выражением мысли (думать, задумываться, советоваться, узнавать/узнать) и чувств (грустить, тревожиться, плакать, жалеть), употребляются именно с предложным падежом.

- Я не люблю <u>спорить о политике</u>.
- Родители не часто <u>говорят</u> со своими детьми <u>о сво**их**</u> проблем**ах**.
- В юности мы редко <u>жалеем о</u> времен**и**, которое проводим впустую.
- Я <u>мечтаю о</u> собак**е**.

Заметьте, что предложный падеж обязательно используется в этих конструкциях (сравните также предлог в русском предложении с предлогом в английском):

Он совсем не <u>уверен</u> в сво**ём** друг**е**.	→ He is not at all <u>sure</u> <u>about</u> his friend.
Они не <u>разбираются</u> в искусств**е**.	→ They are not <u>savvy</u> <u>about</u> art.
Я <u>беспокоюсь</u> <u>о</u> сво**ей** жилищн**ой** ситуаци**и**, снимать жильё стало очень дорого.	→ I am <u>concerned</u> <u>about</u> my living situation; rent has gone up significantly.
Правительство должно <u>заботиться</u> <u>о</u> граждан**ах** своей страны.	→ Government should <u>take care</u> <u>of</u> its citizens.
Мой брат <u>женился</u> <u>на</u> сестр**е** своего друга.	→ My brother <u>married</u> his friend's sister.
Умные <u>учатся</u> <u>на</u> ошибк**ах** других!	→ Smart people <u>learn</u> <u>from</u> the mistakes of others.

2.7.

Расскажите, о ком или о чём вы беспокоитесь (или не беспокоитесь), мечтаете (или не мечтаете) или о чём (о ком) вы никогда не говорите. Обращайте внимание на число существительных!

—работа, общежитие, машина, своя жизнь, поездка на море, учёба, жилищная ситуация, любовь
—оценки, экзамены, путешествия, каникулы, болезни, чувства других людей, проблемы
—ваши варианты ответа

Рабочая тетрадь упр. 6

Личные местоимения в предложном падеже.

Используя свою интуицию, заполните таблицу формами личных местоимений. Если вы сомневаетесь, вам поможет преподаватель. Запомните, как пишутся формы местоимений в предложном падеже!

Кто?	О ком он беспокоится? О ком они говорят?
я	обо мне
ты	о…
он, оно	о…
она	о…
мы	о…
вы	о…
они	о…

2.8.

Допишите недостающие местоимения в предложном падеже.

1. У меня завтра сложный экзамен по программированию. Я всё время думаю о _____.
2. Ты знаешь Наташу с первого курса? Мы хотим порекомендовать её на должность секретаря нашего клуба. Что ты можешь сказать о _____?
3. Вы можете положиться на Мишу и Сашу в этом деле. Я абсолютно уверен в _____.
4. Цикл жизни заключается в том, что сначала наши родители заботятся о _____, а потом мы заботимся о _____.
5. Шон, я очень беспокоюсь о _____. Как ты себя чувствуешь?
6. Я удивляюсь, что ты можешь такое даже подумать обо _____! Ведь ты меня не первый год знаешь!

Рабочая тетрадь упр. 7 и 8

Прилагательные и притяжательные местоимения в предложном падеже.

Женский род, единственное число

Начальная форма	Окончания	Примеры
коммунальная квартира тихая улица твоя лучшая подруга	-ОЙ -ЕЙ (без ударения после Ж Ш Щ Ч Ц или в мягких прилагательных)	Я выросла в коммунальн**ой** квартире, о чём совершенно не жалею. Сдаётся однокомнатная квартира на тих**ой** улице в районе Квинс-Эн. Ты уверена в тво**ей** лучш**ей** подруге?

Мужской и средний род, единственное число

Начальная форма	Окончания	Примеры
современное искусство лучший жилищный комплекс своё мнение твоё благополучие (well-being)	-ОМ -ЕМ (без ударения после Ж Ш Щ Ч Ц или в мягких прилагательных) -ЁМ (в словах *моём, твоём, своём, всём*)	Завтра состоится лекция о современн**ом** искусстве Средней Азии. Мы сняли квартиру в лучш**ем** жилищн**ом** комплексе города. Он настаивает на сво**ём** мнении. Они заботятся о тво**ём** благополучии.

Множественное число

Начальная форма	Окончания	Примеры
крупные азиатские города американские дома старые чердаки наши общежития	-ЫХ -ИХ (после Г К Х Ж Ш Щ Ч или в мягких прилагательных)	Я изучаю урбанистику, но пока мало знаю о крупн**ых** азиатск**их** городах. В американск**их** домах обычно есть встроенные шкафы. На стар**ых** чердаках можно найти интересные вещи. В наш**их** общежитиях не очень удобно жить.

Обратите внимание: Слово *весь* следует правилу прилагательных в предложном падеже и имеет следующие формы: женский род — *всей*, мужской и средний род — *всём*, множественное число — *всех*.

Например: **во всей квартире** стоял вкусный запах жареного; **во всём городе** нет ни одного русского магазина; как она успевает подумать **о всех родственниках** и всем купить подарки?

Рабочая тетрадь упр. 9

2.9.

Прочитайте короткий отрывок из романа Алексея Варламова «Купавна». Допишите пропущенные окончания, используя правило предложного падежа.

Ребёнком он никогда не задумывался, тесно или просторно, бедно или богато они живут, а бабушка безо всякого назидания[1], но, просто бескорыстно[2] любя воспоминания, рассказывала, что прежде в шестнадцатиметров_____ комнат_____ в коммунальн_____ квартир_____ в соседн_____ двор_____ жили она, старший Колюнин дядя, дядя Толя, с женой и двумя детьми, которых за неимением кроватки клали спать в открытые чемоданы, а еще другой дядя, Глеб, с женой — они и зимой, и летом почивали[3] на балкон_____ в спальн_____ мешк_____ (множ.ч.), даром что были туристами и даже свадьбу сыграли в лес_____ у костра — и, наконец, Колюнины родители с маленькой и горластой[4] сестрой Валей.

— РНК

1. moral teachings   2. selflessly   3. sleep (this word is dated and not commonly used)   4. loud-mouthed

Рабочая тетрадь упр. 10 и 11

2.10.

Добавьте предлоги и используйте слова в скобках, чтобы закончить предложения. Обращайте внимание на окончания!

1. В нашей семье никогда не задумывались _____ (материальное положение).
2. Моя бабушка родилась и выросла _____ (маленький посёлок, Украина).
3. В моей семье все знают и ценят классическую музыку. Мои родители хорошо разбираются _____ (история музыки), бабушка прекрасно играет _____ (фортепьяно), а я неплохо играю _____ (классическая гитара).
4. Мой младший брат мечтает жениться _____ (самая красивая девочка в его классе).
5. Мы с другом часто спорим _____ (мировая политика и современные американские политики).
6. — Ты уверен _____ (этот человек)? — Да, я не сомневаюсь, что он не подведёт[1].
7. Ты когда-нибудь был _____ (Олимпийские игры)?

8. Умные учатся _____ (чужие ошибки),
   а глупые — _____ (свои).

9. Дома мы всегда говорим _____ (русский язык), но читать я
   предпочитаю _____ (английский).

10. Он страшно жалел _____ (потерянное время).

1. to fail someone

Рабочая тетрадь

● Прочитайте информацию о правописании предлогов в Рабочей тетради и сделайте
  упр. 12

Выражение времени в русском языке.

Время в русском языке является сложной концепцией. Когда речь идёт о нецикличных периодах
времени длиной в неделю или больше (таких как *неделя*, *месяц*, *год*, *век*, *тысячелетие*),
используется предложный падеж. Если период времени меньше недели, используется винительный
падеж: *в понедельник, в среду, в пятницу*. Русскоязычный мир определяет части дня (утро, день,
вечер) и сезоны года (зима, весна, осень, лето) как цикличное время. Для такого цикличного
времени используется творительный падеж, о котором вы узнаете в Главе 10. Глава 11 подведёт
итоги сложной системы выражения времени в русском языке.

2.11.

Выражение времени при помощи предложного падежа. Ответьте на вопросы ниже.

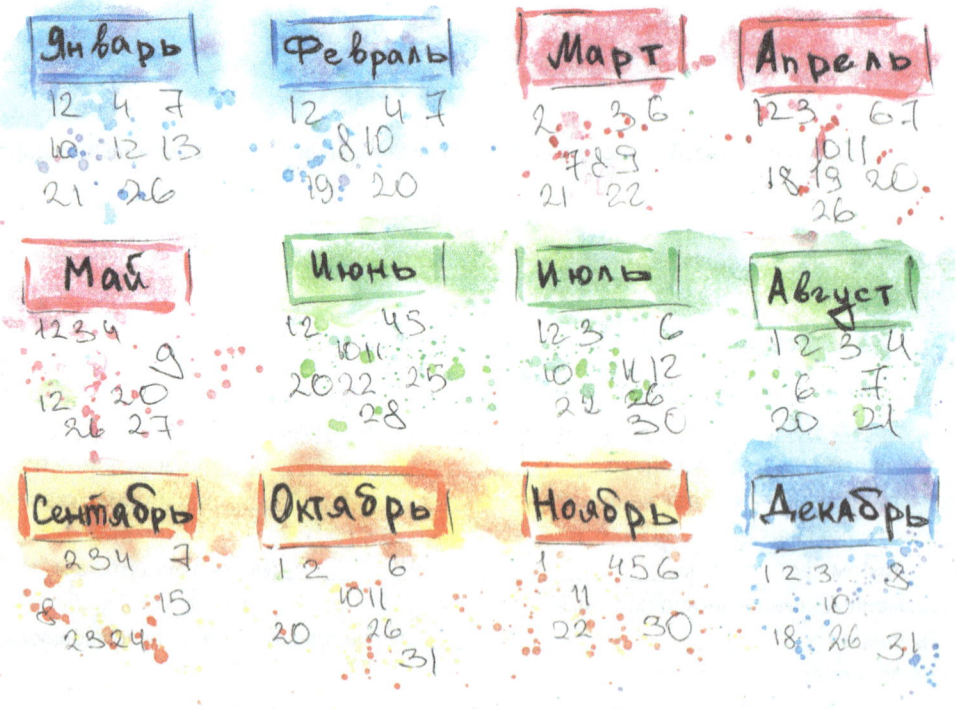

1. В как**ом** месяц**е** ты родился (родилась)?
2. В как**ом** месяц**е** начался семестр?
3. В как**ом** месяц**е** закончится семестр?
4. В как**ом** месяц**е** празднуют Рождество, Новый год, Пасху, Рамадан, Хануку, День Святого Валентина, День независимости?
5. В как**ом** год**у**[1] эмигрировали ваши родители?
6. В как**ом** год**у** вы родились?
7. В как**ом** год**у** вы поступили (или поступите) в университет?
8. В как**ом** год**у** вы закончили (закончите) школу?

1. Заметьте, что слово год имеет окончание У в предложном падеже, когда отвечает на вопрос когда!

Рабочая тетрадь

- Прочитайте информацию о выражении времени и временном предлоге ПРИ в Рабочей тетради и сделайте упр. 13–15

2.12.

Перепишите предложения, изменяя число подчёркнутых слов на противоположное: с единственного на множественное или наоборот.

1. Мои родители рассказывали мне, что дедушка с бабушкой раньше жили <u>в коммунальных квартирах</u> _____, и они даже скучают по коммунальному жилью.
2. <u>В шкафу</u> _____ у бабушки хранились старинные вещи: фотографии её родителей, брошка из слоновой кости, дореволюционные монеты. Я любила расспрашивать бабушку об этих вещах.
3. <u>В восьмидесятом году</u> _____ произошло много важных событий в СССР.
4. Наша семья любит проводить много времени <u>в художественных музеях</u> _____.
5. Мой папа так часто ездит в командировки, что это ему ужасно надоело. Он очень не любит жить <u>в гостиницах</u> _____.
6. Я езжу в университет <u>на городском автобусе</u> _____.

РАЗДЕЛ 3. Подводим итоги

В этой главе вы...

- узнали или повторили слова по теме «Где живут люди»,
- научились описывать свои квартиры, дома, комнаты в общежитии, города и т.д.,
- повторили или узнали функции предложного падежа,
- научились правильно писать окончания существительных и прилагательных в предложном падеже,
- узнали или повторили формы местоимений в предложном падеже,
- научились правильно использовать конструкции, требующие предложного падежа.

Проверьте себя.

1. Просмотрите список слов и выражений. Какие из этих слов вы знаете? Определите знание слова по шкале от 1 до 5.

1 Не знаю, никогда не слышал/а это слово.

2 Мне встречалось это слово, но я не уверен/а, что оно значит.

3 Я могу легко догадаться о значении этого слова в контексте.

4 Знаю, использую это слово сам/а.

5 Знаю слово и его синонимы, могу объяснить, что это слово значит и в каком контексте и/или с какими другими словами его нужно использовать.

_____	горожанин	_____	пригород
_____	загородом	_____	посёлок, поселковый
_____	деревня, деревенский	_____	столица, столичный
_____	мегаполис	_____	провинция, провинциальный
_____	квартал	_____	общественный транспорт
_____	жилищный комплекс	_____	однокомнатная, двух-, трёх-,
_____	задний двор		четырёх-, пятикомнатная квартира
_____	снимать/снять комнату	_____	удобства
	(квартиру, дом)	_____	сдавать/сдать комнату (квартиру, дом)
_____	сосед по комнате (по дому,	_____	делать ремонт, ремонтировать
	по квартире)		

Сравните сумму очков с результатами, которые вы получили в начале главы: _____

2. Повторите функции предложного падежа
   - На какие вопросы отвечает предложный падеж?
   - Какие предлоги используются в предложном падеже?
   - Какие функции выполняет этот падеж?
   - В каких конструкциях используется этот падеж?

3. Проверьте, как хорошо вы знаете формы предложного падежа. Заполните таблицу окончаний существительных.

Род и число	Окончание
Женский и мужской род с окончанием на -А/-Я	
Нюанс: женский род с окончанием на -ИЯ	
Женский род с окончанием на -СЬ	
Мужской род с окончанием на согласную и средний род с окончанием на -О/-Е	
Нюанс: средний род с окончанием на -ИЕ	
Множественное число	

Вспомните окончания прилагательных и притяжательных местоимений в предложном падеже:

мужской и средний род _____ или _____
женский род _____ или _____
множественное число _____ или _____

Рабочая тетрадь упр. 16

Применяем знания на практике.

3.1.

Прочитайте интервью. Найдите примеры конструкций с предложным падежом и подчеркните их. Будьте внимательны!

«Авторы фильма про петербургские коммуналки — о культуре соседства»[1]

Оператор-постановщик из Италии Франческо Криваро и выпускница Санкт-Петербургского архитектурно-строительного университета Елена Александрова сняли фильм «Эпоха коммуналок» — часовое эссе о коммунальной жизни в России. Фильм снимали в разных коммунальных квартирах в центре Петербурга; в кадр попали самые разные герои, которые рассказали, почему не все хотят уезжать из петербургских коммунальных квартир и почему иметь соседей по квартире вовсе не обязательно плохо.

— Лена, расскажите про ваш опыт проживания в коммуналке.
Елена: Я родилась в Ленинграде и всё детство провела в коммуналке на «Чернышевской» — только когда я училась в шестом классе, мы с семьёй переехали в отдельную квартиру. Кусочек той коммуналки, в которой у меня до сих пор две комнаты, можно увидеть в фильме. Когда мы его снимали, останавливались в этих комнатах. Это было как возвращение в детство.

— Что с тех пор изменилось?
Елена: Время и вместе с ним — люди. Мы уже живём не при социализме. Но интерьеры коммуналок изменились мало. Ремонт как не делали 40 лет назад — так и не делают. Если коротко: дух коммуналок сохранился, а жильцы изменились — уже нет разборок[2] на кухнях, как раньше.

— Менталитет поменялся?
Елена: Скорее контингент. В социалистический период людей в эти квартиры селили без разбора, основным критерием было количество квадратных метров на человека. Семья большая — значит, заселят в комнату побольше. Маленькая — в комнату поменьше. А сейчас в коммуналках живут либо те, кто не могут уехать, старожилы, либо те, кто снимают, — студенты и сезонные рабочие.

— Как на вас повлияло то, что вы росли в коммуналке?
Елена: Я довольна тем, что моё детство прошло в коммунальной квартире. Мне кажется, это помогает более спокойно воспринимать остальных людей — с их недостатками, особенностями,

которые мне не очень близки. Это учит терпимости. Мне кажется, если человек вырос в коммуналке, он более философски относится к тому, что происходит вокруг.

—Франческо, вас-то почему заинтересовала тема коммуналок?

Франческо: В Европе люди часто живут в одном доме и не знают никого из своих соседей, здесь есть реальный дефицит общения. Вот сейчас модным направлением становится кохаузинг—вид жилищного сообщества, когда люди, например, имеют общую кухню или прачечную на несколько квартир. Такой вид проживания позволяет людям общаться между собой. В коммуналках России, конечно, противоположная проблема—слишком много общения. Понятно, что должен быть баланс общественного и частного пространств, а также баланс между личным комфортом и экологической устойчивостью.

—из интервью газете The Village,
журналист Юля Галкина, 19 января 2015

1. being a neighbor   2. fights/arguments/bickering

3.2.

Ролевая игра. Представьте, что вы хотите снять квартиру в Москве. Позвоните агенту по недвижимости и узнайте, подходит ли вам квартира, которую он(а) рекламирует.

- В каком районе города, на какой улице или в каком жилищном комплексе находится квартира?
- Какой общественный транспорт есть рядом?
- Сколько комнат в квартире? Какие?
- Сделан ли в квартире ремонт?
- Какая мебель есть в разных комнатах квартиры?
- Какая бытовая техника есть в квартире?
- Есть ли парковка, двор, спортивный зал и другие удобства?
- Ваши вопросы _____
_____

Рабочая тетрадь упр. 17

3.3.

Обсудите плюсы и минусы коммунального проживания. Продумайте аргументы для своей позиции. Обращайте внимание на лексику (используйте правильные слова) и форму слов.

ГЛАВА 10

КАК ГОВОРИТЬ О СВОИХ ПРОФЕССИОНАЛЬНЫХ И ЛЮБИТЕЛЬСКИХ ИНТЕРЕСАХ

В этой главе вы...

- повторите или узнаете, как использовать ключевые слова по теме,
- научитесь говорить о своих профессиональных интересах, увлечениях и хобби,
- повторите или узнаете функции творительного падежа,
- научитесь правильно писать окончания существительных и прилагательных в творительном падеже,
- узнаете или повторите формы местоимений в творительном падеже,
- научитесь правильно использовать конструкции, требующие творительного падежа.

РАЗДЕЛ 1. В центре внимания: значение слова

1.1.

Просмотрите список слов и выражений. Какие из этих слов вы знаете? Определите знание каждого слова по шкале от 1 до 5.

1 Не знаю, никогда не слышал/а это слово.

2 Мне встречалось это слово, но я не уверен/а, что оно значит.

3 Я могу легко догадаться о значении этого слова в контексте.

4 Знаю, использую это слово сам/а.

5 Знаю слово и его синонимы, могу объяснить, что это слово значит и в каком контексте и/или с какими другими словами его нужно использовать.

_____ профессиональная деятельность	_____ карьера
_____ карьерист	_____ специалист
_____ опыт работы	_____ жизненный опыт
_____ заниматься/заняться	_____ увлекаться/увлечься
_____ увлечение	_____ посвящать/посвятить время
_____ досуг	_____ на досуге

_____ страсть	_____ любимое дело
_____ любитель	_____ заниматься бизнесом
_____ кругозор	

Посчитайте сумму очков: _____

1.2

Внимательно прочитайте заметки о значении и использовании ключевых слов. Отметьте слова и выражения, которые вам встречаются впервые. Обратите внимание на конструкции, в которых эти слова и выражения используются.

заниматься/заняться чем? с кем?	The verb _заниматься/заняться_, as well as words derived from it (_занятия, занятость, занятой_), is a key lexical item in this chapter.
заниматься бизнесом	_Заниматься/заняться_ has a number of meanings and is used in a number of frequent constructions that are useful for describing professional, educational, and vocational interests (_профессиональные, учебные и любительские интересы_).
занятие	It can have the general meaning of 'to do' (синонимы: _делать, выполнять_):

● —Чем ты **занимаешься**?
　—Делаю домашнее задание на завтра.

It can mean 'to work' (синонимы: _работать, трудиться, действовать_). This meaning can be seen in the common expression _заниматься бизнесом_ 'to be a businessman or an entrepreneur', and in such colloquial expressions as _Антон занимается машинами_ 'Anton is in the car business' or _Мира занимается недвижимостью_ 'Mira is in real estate':

● Он много лет успешно **занимался** бизнесом, у него была редкая деловая хватка (acumen).

It also has the meaning of 'to study' (синонимы: _изучать, учиться, исследовать, рассматривать_):

● В столовых и кафе студенты часто сидят часами, болтая или даже **занимаясь**. (О. Панфилова «Америка от А до Я»)
● Кроме того, Форрестер **занимался** изучением применения компьютеров для решения различных задач, разрабатывая методы имитационного моделирования. («В эти дни», журнал «Computerworld», РНК
● Мэрии нужно внимательно **заняться** вопросом о расселении мигрантов в более подходящее (appropriate) жильё.

Заниматься/заняться also means 'to practice' (синонимы: *практико-* *вать, практиковаться, тренироваться*):

- Олег сокрушался (lamented), что музыкой совсем не **занимается**, нет времени, а инструмент кому-то отдал. (Запись в Живом Журнале, РНК)
- Моя старшая сестра серьёзно **занимается** плаванием. В соревнованиях она уже не участвует, но надеется стать тренером.

Notice that in order to translate the English construction 'to do' + activity (she does ballet, he does fencing) the construction *заниматься + чем?* is required (*она занимается балетом, он занимается фехтованием*).

It can also be used in the sense of 'to engage' (синонимы: *занять себя, найти дело*)

- Чем **занять** подростков летом?
- А ещё волонтёры **занимаются** благоустройством (beautification) парка и его окрестностей (surrounding areas).

It is necessary to pay close attention to the context to determine the specific nuanced meaning of *заниматься/заняться*.

Similarly, the noun *занятие* can refer to
1) work and professional occupation (*он нашёл наконец себе хорошее занятие: работает в администрации медицинской клиники*),
2) activity or engagement (*поработать в штабе предвыборной* [election headquarters] *кампании — хорошее занятие для молодого человека*),
3) lessons (*занятия по испанскому языку*),
4) practice (*вечером у меня занятия по волейболу*), or
5) hobbies (*любимое занятие*).

профессия

профессиональная деятельность

специальность

специализироваться (no perf.) *в чём?*

карьера (no pl.)

профессиональные интересы

опыт

опытный

When speaking about a professional occupation, you will find the following nouns useful: *профессия* (*профессиональная деятельность*), *карьера, специальность*, and *род занятий*.

Профессия is a type of professional activity that requires specialized training and that is usually a source of income (*выбрать профессию, поменять профессию; по профессии он инженер, но работает в торговле*).

To inquire about someone's occupation, we can ask *Кто он по профессии? Кто вы по профессии?* Similarly, to inquire about someone's professional interests, one may ask *Какие профессии тебя привлекают? Какую профессию ты хочешь выбрать?*

Специальность, as we know from the disussion of education in Chapter 6, means 'major, area of specialization'. It can also be used as a synonym for the word *профессия* (*у него редкая специальность — врач-реабилитатор*), but it usually refers to the range of specialized skills one masters within a cho-sen profession.

- Каждый специалист, работающий в нашей компании, в совершенстве владеет 2–3 **специальностями**. Любой может быть и программистом, и веб-дизайнером, и веб-аналитиком.

The verb *специализироваться* may equally refer to an area of study or to an area of expertise: *он экономист, специализируется в области аудита*.

Given that obtaining *профессия* or *специальность* requires special training, these words are rarely used to describe such occupations as *официант, продавец, уборщик*, or *таксист*. In the formal register, such occupations may be subsumed under such categories as *работники торговли, работники сервисной сферы*, or *работники физического труда*.

The word *карьера* refers to the progress a person makes in his or her professional occupation or place of employment. Note the following examples of the use of the word *карьера*: *сделать блестящую карьеру* 'to make significant progress in one's profession', *делать карьеру* 'to build a career/ to strive for a professional success', *пожертвовать карьерой ради семьи* 'to give up the possibility of significant progress in one's career for the sake of one's family', *удачная карьера* 'successful career'—this usually denotes significant professional achievement.

- Нужно было участвовать в конференциях, писать статьи, публиковаться, словом, делать академическую **карьеру**.

Notice that the noun *карьерист* defines a person who exploits circumstances and colleagues to gain career advances. The noun has negative connotations, akin to those of the English word 'opportunist'.

- Как в любом мегаполисе, здесь найдётся немалое число авантюристов (reckless adventure seekers), **карьеристов** и криминалов, но есть и приличные (decent/respectable) люди.

To describe a person with a successful career (without the negative overtones), you can say *она добилась больших успехов в карьере, она сделала успешную карьеру*, or *у него сложилась блестящая карьера*.

Additionally, one can describe a professional using such nouns as *специалист, профессионал, эксперт, работник с большим опытом*, and *опытный сотрудник*.

Notice that while the meaning of the Russian word *опыт* may overlap with English in some instances (*опыт работы* 'work experience', *опытный руководитель* 'experienced manager', *жизненный опыт* 'life experience'), to translate the English concept of 'experience' in the sense of events, occasions, memories or adventures, Russian requires different structures:

- We had a great experience at this entertainment center → *Нам понравилось в этом центре развлечений.*
- Laura had a few interesting experiences in Mexico. → *У Лоры было несколько интересных случаев в Мексике.*

 Обратите внимание: In the plural, *опыты* can only mean 'experiments'.

увлекаться/увлечься чем?

увлечение

хобби (неизм.)

The Russian verb *увлекаться/увлечься* 'to love' or 'to enjoy' can serve as a synonym to *заниматься/заняться*, with a stress on the pleasure taken from the activity:

- Ольга Васильевна **увлекается** выращиванием редких и экзотических растений. В её саду можно встретить даже цветущую опунцию (prickly pear). («Я живу в удивительном мире», журнал «Сад своими руками», РНК)

Similarly, the noun *увлечение* (and its plural form *увлечения*) may refer to either an interest (which can be fleeting, as in *мимолётное увлечение*) or an activity done regularly in one's leisure time for pleasure:

- Для одних **увлечение** игрушечной железной дорогой остаётся обычным хобби, а другим — открывает путь в будущую профессию.

Увлечение, in the sense of *любимое занятие* or *хобби*, usually suggests a certain level of sustained attention, effort and time devoted to an activity and the knowledge and experience derived from it.

- У Йозефа Баумерта в Германии есть маленький пруд (pond), в котором он разводит цветных карпов кои (Amur carp). Это очень редкое и недешёвое **хобби**, им занимаются совсем немного людей, все они друг друга хорошо знают и представляют собой что-то вроде сплочённой мировой рыбной диаспоры. (Д. Соколов-Митрич «Медленно и неправильно», журнал «Русский репортёр», РНК)

любитель

любительский

When one devotes serious time and effort to a hobby and, possibly, achieves certain level of success, we may refer to this person as *любитель*. Notice that *любители* may be as good as *профессионалы*, but they don't normally rely on the chosen activity for livelihood.

- Вся программа обучения пилотов-**любителей** поделена на 125 учебных дней. (В. Александров «Если вам летать охота...», газета «Финансовая Россия», РНК)

Likewise, the adjective *любительский* is used for non-porfessional activities and hobbies, as in *любительский театр*, *любительский хор*, *любительская коллекция современного искусства*, *любительское и спортивное рыболовство*, and *любительские интересы*.

	• Система **любительского** и профессионального обучения лётному мастерству в США находится под строгим контролём FAA—Федеральной авиационной администрации. (В. Александров «Если вам летать охота…», газета «Финансовая Россия», РНК)
кругозор (no pl.) круг общения (no pl.) круг интересов (no pl.)	Ideally, both *профессия* and *личные интересы и хобби* support self-realization (*самореализация*) and sense of fulfillment (*чувство удовлетворения*); both *профессиональная деятельность* and *увлечения* should help you grow as a person (*развиваться как личность*) and widen your horizons (*расширять кругозор и круг общения*). • Не секрет, что увлечения не только помогают в борьбе со стрессом, расширяют **кругозор** и **круг общения**, но и характеризуют личность человека. («Хобби как профессия. Профессия как хобби», журнал «Кем быть?» http://www.kem.by/abiturients/хобби-как-профессия/)
досуг (no pl.)	Although words *досуг* and *свободное время* are both often translated as 'leisure time' or 'free time', they have different meanings: *свободное время* is the more neutral—and frequently used—term, whereas *досуг* is likely to be found in a more formal register, in phrases such as *сфера досуга и развлечений*, *организация досуга учащихся*, and *досуговый центр*. • В этой первоклассной здравнице (health resort) гостям обеспечен (guaranteed) высокий сервис, созданы все условия для полноценного (full-fledged) отдыха и культурного **досуга**. (И. Авереннова «Геленджик», журнал «Туризм и образование») The construction *на досуге* has the more specific meaning of 'at one's convenience' or 'at one's leisure': • Лиза, я сейчас скажу тебе одну вещь, она может показаться тебе обидной и несправедливой. Я не настаиваю на том, что я права. Я только предлагаю тебе **на досуге** обдумать мои слова. • Сразу просто так, **на досуге**, никто не становится ни писателем, ни журналистом.

Рабочая тетрадь, упр. 1

1.3.

Прочитайте предложения и выберите глагол, наиболее подходящий по смыслу.

1. В досуговом центре открыт компьютерный класс, где ребята (*интересуются, занимаются, увлекаются*) после школы и во время летней лагерной смены[1].
2. Кажется, он с самого детства (*интересовался, занимался, увлекался*) животным миром: собирал букашек[2], даже полевых мышей в дом приносил.
3. В юности Васильев (*интересовался, занимался, увлекался*) космосом, собирался даже поступать в лётную школу.

4. Я хочу не только добиться успеха в карьере, но ещё и жить полноценной жизнью: я хочу путешествовать, встречаться с друзьями, (*заниматься, интересоваться, увлекаться*) своим хобби...

5. Отец страстно[3] увлекался шахматами, (*посвящал, проводил, занимался*) ими всё свободное время: разбирал гроссмейстерские партии, играл в клубе.

6. В обществе сложилось мнение, что правительство не собирается (*заниматься, посвящать время, проводить*) обещанными реформами.

7. Основная цель американского образования—дать практические знания, а разработкой научных теорий там (*занимаются, специализируются, интересуются*) единицы, поэтому любым «светлым головам»[4] в Америке просто рады. (О. Панфилова. «Америка от А до Я», РНК)

8. Виктор работает архитектором в крупной компании, (*интересуется, специализируется, занимается*) в области экологического дизайна.

9. Алиса, которая, как казалось, в юности интересовалась только модными журналами, удивила всех близких: она (*сделала удачную карьеру, выбрала удачную карьеру, выбрала удачную профессию*) в компьютерной лингвистике.

10. Если старшеклассник интересуется политикой, советуем поработать в штабе предвыборной кампании, это (*отличное занятие, отличный интерес, отличный опыт*) для молодого человека.

11. Психологи настоятельно[5] рекомендуют родителям поощрять[6] «нешкольные» интересы своих детей: даже (*мимолётные увлечения, мимолётные хобби*) помогают ребёнку развить (*кругозор, досуг, интересы*) и расширить круг общения.

1. camp session   2. bugs (colloq.)   3. passionately   4. bright intellect (idiomatic expression)   5. pressingly/emphatically
6. encourage

1.4.

Хобби и профессия. Прочитайте текст и выберите термин, наиболее подходящий по смыслу.

У многих из нас есть (*досуг, увлечения, свободное время*), которым мы посвящаем (*своё свободное время, свой досуг*). Кто-то увлекается рисованием, кто-то играет на гитаре, а кто-то проводит (*свободное время, досуг*) в гараже, разбираясь в устройстве машины. У большинства людей эти (*занятия, увлечения, хобби*) останутся на уровне (*занятия, увлечения, хобби*), которому они будут посвящать свободное от работы время. Но ведь мы проводим на работе бо́льшую половину времени, почему бы не совместить[1] свои (*занятия, увлечения, хобби*) с будущей профессиональной деятельностью? Это, конечно, не означает, что если у вас есть художественный талант, то вам непременно[2] нужно стать художником; творческий талант и (*опыт, занятия*) работы с цветом и формой необходимы во многих разных интересных профессиях, например, в работе графического дизайнера, галериста и учителя. Одним словом, если (*карьера, профессиональная деятельность, работа*) может стать продолжением ваших увлечений и интересов, то работа будет для вас не только источником[3] заработка[4], но и источником вдохновения[5]!

1. combine   2. necessarily   3. source   4. income   5. inspiration

1.5.

Синонимы, антонимы и «контекстуальные соседи». Прочитайте короткие тексты внизу и подчеркните слова и фразы, которые могут служить синонимом, антонимом или «контекстуальным соседом» ключевых слов. «Контекстуальным соседом» может быть любое слово или фраза, которые часто используются вместе с ключевым словом, создавая устойчивые выражения, например: широкий кругозор (широкий является «соседом» слова *кругозор*), богатый опыт (*богатый* является «соседом» слова *опыт*), организовать досуг для кого-либо (*организовать* и *для кого-либо* являются «соседями» слова *досуг*).

Образец:
ключевое слово — увлекаться/увлечься

гореть делом (синоним)

Ведь если человек «горит» делом, он обязательно достигнет в этом успеха.

остыть к чему-либо (антоним)

Раньше увлекался японским кино, а сейчас остыл.

Ключевые слова: **увлечение**, **интерес**, **любимое занятие**

Андрей Понкратов — автор и ведущий программ телеканала «Моя планета», путешественник

с неиссякаемым[1] энтузиазмом. Его тяга[2] к путешествиям поистине заразительна[3]. Глядя на

телевизионные сюжеты с его участием, не захотеть повторить его маршрут сможет только

самый закоренелый домосед[4]. Другое дело, что угнаться за Андреем попросту невозможно: ведь

путешествия для него — это и работа, и отдых, и хобби одновременно.

— А. Понкратов, И. Кашницкий «Не хотеть побывать
в Конго немыслимо!», журнал «Зеркало мира», РНК

У папы было немало увлечений, в том числе и рыбная ловля. Помню, как все шкафы в большом

коридоре нашей огромной коммунальной квартиры были буквально забиты различными

рыбацкими приспособлениями[5]: удочками[6], лесками[7], какими-то баночками. Но была у папы особая

страсть[8] — благородная страсть к учению. Он всю жизнь преклонялся[9] перед знаниями, стремился

узнать что-то новое.

— И. Архипова. «Музыка жизни», РНК

Что касается самой «мобиломании» — думаю, это пройдёт. Обычное увлечение новой игрушкой,

вещь того же порядка[10], что увлечение каким-либо фильмом или актёром. Захватывает[11] целиком,

потом либо проходит без следа, либо переходит в более спокойную фазу.

— «Наши дети: Подростки», РНК

1. unending/inexhaustible   2. passion (in this context)   3. contagious   4. confirmed homebody/couch potato   5. devices
6. fishing rods   7. fishing lines   8. passion   9. worshipped   10. of the same degree   11. captivates

Рабочая тетрадь, упр. 2

1.6.

Прочитайте заметку о том, как проводят свободное время россияне. Какие цифры вас удивили? Какие занятия вам кажутся необычными, скучными или бесполезными?

Ежедневные Новости

25% россиян свободное время проводят у телевизора
И лишь 3% ходят в театр — таковы данные опроса
Фонда «Общественное мнение»

«Перед телевизором» проводят свободное время 25% россиян, ещё 10% просто сидят дома, лежат на диване или спят. Кроме того, 15% проводят время с семьёй, занимаются детьми и внуками. 11% читают книги или газеты, 8% гуляют, столько же сидят за компьютером, и столько же проводят время с друзьями и знакомыми, 7% занимаются домашними делами, 6% ездят на дачу и занимаются огородом,

5% отдыхают на природе, ездят на охоту или рыбалку, 4% вяжут, вышивают или шьют, столько же занимаются спортом или активно отдыхают, 3% ходят в гости и принимают гостей, столько же ходят в театр, в кино, на выставки или концерты.

—*по материалам https://www.bfm.ru/news /212986*

Представьте, что вы пишете похожую заметку об американцах (о молодых американцах до 25 лет, о молодых европейцах и т.д.). Как будет выглядеть ваша статистика? Чем занимаются в свободное время представители этой группы?

1.7.

А как любят проводить досуг ваши одноклассники? Расспросите вашего одноклассника о его/её интересах. Вам помогут следующие вопросы:

1. У тебя есть серьёзные увлечения? Какие?
2. Какие у тебя были хобби в детстве? Чем ты увлекаешься сейчас?
3. Что ты любишь делать в свободное время? Как ты проводишь досуг?
4. Какие у тебя профессиональные интересы?
5. О какой карьере ты мечтаешь?
6. Как связана твоя специальность и твои любительские интересы?

РАЗДЕЛ 2. В центре внимания: форма слова

Повторение пройденного материала.

- Какие падежи вам уже известны?
- На какие **падежные** вопросы отвечает каждый из этих падежей?
- Назовите главные функции каждого падежа. Приведите примеры.
- Какие предлоги ассоциируются с какими падежами?

2.1.

Определите падеж подчёркнутых слов. Напишите над словами название падежа: им. (именительный), род. (родительный), вин. (винительный), пред. (предложный) или дат. (дательный).

В восьмом классе у родителей встал вопрос о том, что мне делать дальше: то ли переводиться в

спортивную школу — я профессионально занималась плаванием, то ли во французскую, так как

мне язык давался очень легко, и к этому моменту я знала его великолепно. Папа был за спорт,

а мама видела моё будущее во французском языке.

С. Ткачёва «День влюбленных...», журнал «100% здоровья», РНК

Творительный падеж существительных.

Следуйте инструкциям шаг за шагом, чтобы понять правила использования и написания творительного падежа.

Формулируем гипотезу

Шаг 1. Собираем и анализируем новые языковые данные
Прочитайте предложения и задайте вопросы к подчёркнутым словам. Какие из этих вопросов **логические**, а какие **падежные**? Можно ли перефразировать логические вопросы падежными в этих предложениях?

1. Рядом с большим шкафом стоит обеденный стол.
2. За обеденным столом стоят антикварные стулья у самого окна. Ими обычно не пользуются.
3. Перед столом стоит небольшой диван, а под диваном спит кошка.
4. Над диваном висит копия картины Ван Гога «Звёздная ночь».

5. Рядом с <u>картиной</u> висит фотография молодой пары: девушка с тонкой <u>шеей</u> и молодой человек с <u>бородкой</u> и в очках.
6. Между <u>диваном</u> и <u>столом</u> на полу лежит персидский ковёр.

Шаг 2. Делаем первые наблюдения

На какие вопросы отвечает творительный падеж? Какие предлоги используются в этом падеже?

Какую функцию выполняют эти предлоги?_____

_____

Какие окончания у существительных в этом падеже? Зависят ли окончания существительных от рода? Сформулируйте свою гипотезу таким образом:

В творительном падеже, когда слово отвечает на вопросы «чем? кем?» после предлогов *над*, *под*, *между*, *с*, *рядом с*, *за* и *перед*,
в конце существительных мужского рода нужно писать _____,
а в конце существительных женского рода нужно писать _____.

Шаг 3. Проверка гипотезы. Допишите окончания в словах, следуя вашей гипотезе.

1. На кухне между венским и железным стул_____ стоит тумбочка.
2. Над тумбочк_____ между календар_____ с фотографи_____ Пушкина и портрет_____ Пугачёвой висит плакат с Олимпийским Мишк_____.
3. Под стул_____ сидит кот, он смотрит на плиту, где жарится рыба.
4. Над кот_____ висит телефонный аппарат.
5. За другим стул_____ стоят лыжи, а между ними и вход_____ на кухню пристроился ещё и велосипед!

Шаг 4а. Уточняем гипотезу. Проанализируйте новые примеры. Какой род у существительных в левой колонке? Как окончания этих слов изменяются в предложениях в правой колонке? Какую новую тенденцию вы наблюдаете в творительном падеже?

кольцо	Эти серёжки нужно носить в наборе[1] с <u>кольцом</u>.
дерево	Рядом с <u>деревом</u> стояла кормушка[2] для птиц.
письмо	Анна нашла свою кредитную карточку на столе под <u>письмом</u>, которое она получила сегодня утром.
платье	Под <u>платьем</u> она всегда носила кулон[3], который ей подарила бабушка.
полотенце	На крючках[4] между <u>полотенцем</u> и халатом висела её пижама.

1. as a set   2. bird feeder   3. pendant   4. hooks

Какие выводы вы можете сделать об окончании слов среднего рода в творительном падеже?

_____

_____

Шаг 4б. Уточняем гипотезу. Как вы знаете, окончания существительных женского рода на -СЬ отличаются от окончаний других существительных женского рода. Кроме того, окончания женского рода на -СЬ и мужского рода на -СЬ отличаются друг от друга в родительном, винительном, дательном и предложном падежах. Сравните теперь окончания слов двух типов женского рода в таблице друг с другом и с мужским родом на -СЬ.

Женский род на -А/-Я	Женский род на -СЬ	Мужской род на -СЬ
вера → с вер**ой**	жизнь → с жизн**ью**	словарь → со словар**ём**
надежда → с надежд**ой**	любовь → с любов**ью**	календарь → над календар**ём**
тревога → с тревог**ой**	радость → с радост**ью**	день → (день) за дн**ём**
забота → с забот**ой**	грусть → с груст**ью**	корабль → над корабл**ём**
песня → с песн**ей**	боль → с бол**ью**	любитель → с любител**ем**

Какие выводы вы можете сделать об окончании существительных женского рода на -СЬ в творительном падеже в отличие от существительных мужского рода на -СЬ и существительных женского рода на -А/-Я?

_____

Шаг 4в. Проанализируйте новые примеры

1. <u>Между листами</u> старой книги он нашёл своё неотправленное письмо к девочке, в которую был влюблён в 1-ом классе.
2. На этой фотографии я <u>вместе с моими одноклассниками</u> в начале последнего класса школы.
3. <u>Рядом с друзьями</u> я забываю о всех своих проблемах.
4. <u>За старыми домами</u> был маленький двор, в котором мы любили играть в прятки[1].

1. hide and seek

Шаг 5. Формулируем полное правило творительного падежа существительных.

Творительный падеж отвечает на вопросы _____ и используется с предлогами _____, которые обозначают местонахождение, и с предлогом С («вместе с»).

Окончания существительных мужского и среднего рода в творительном падеже единственного числа: _____ или _____.

Окончания существительных женского рода на -А/-Я (и мужского рода на -А/-Я): _____ или _____.

Окончания существительных женского рода на -СЬ: всегда _____.

Во множественном числе окончания существительных в творительном падеже:
_____ или _____.

Обратите внимание:

1. Заимствованные слова, которые заканчиваются на -О, -У или -И не изменяются по падежам: *рядом с такси, между Чикаго и Филадельфией, под пальто, между Баку и Ереваном.*
2. В творительном падеже есть два исключения из правила — *люди* и *дети*: с дет**ьми** и с люд**ьми**.

2.2.

Допишите окончания в словах на основе правила, которое вы сформулировали выше. Обращайте внимание на число существительных и выбирайте самый логичный вариант.

1. Миша вспомнил о том, что забыл дома зарядку для телефона, уже в самолёте, где-то над Атлантическим океан_____ между Европ_____ и Америк_____.
2. Музей изящных искусств[1] Бостона находится рядом с площад_____ Копли.
3. Перед экзамен_____ Борис никогда не спал, он предпочитал заниматься до самого утра.
4. За новым здани_____ библиотеки был маленький дворик, который оказался зажатым[2] между общежити_____ и лаборатори_____.
5. Что случилось с моими шахмат_____? Кто-то их брал? Я не могу найти королеву!
6. Тим хотел записать телефон организации, но под рук_____ не оказалось ни карандаша, ни ручки. Пришлось запоминать номер.
7. В России и других бывших советских республиках многие молодые люди живут со своими родител_____ даже во взрослом возрасте.
8. Наш кот всегда любил спать между кроват_____ и тумбочк_____, рядом с батаре_____[3].
9. Многие люди теперь общаются с друз_____ чаще всего по Интернету.
10. В промежутке между своими выступлени_____[4] на конференции Лена познакомилась со своим будущим муж_____.

1. fine arts   2. squeezed   3. батарея—(here) heating radiator   4. выступление—speech/conference paper

Рабочая тетрадь, упр. 3

Дополнительные функции творительного падежа.

Проанализируйте использование падежа в этих примерах.

1. Вчера мы с подругой ходили на концерт Бостонского симфонического оркестра.
2. Я очень хочу провести летние каникулы со своей девушкой.
3. Валера серьёзно поругался с братом, и теперь они вообще не разговаривают.
4. Мы с другом часто ходим в походы и ездим на слёты Клуба самодеятельной песни[1].
5. Интересно, что американцы обычно едят десерт вилками, а русские ложками.

6. В русской школе экзамены пишут всегда <u>ручкой</u>. <u>Карандашом</u> писать нельзя даже домашние работы.

7. Импрессионисты предпочитали рисовать <u>тонкими кисточками</u>, чаще всего <u>маслом</u>, но иногда <u>акварелью</u>.

1. Клуб самодеятельной песни (КСП) — неформальное движение, объединяющее любителей «бардовской» песни. Бардовские или авторские песни отличаются тем, что их исполняют под гитару авторы, которые сами пишут и текст, и музыку.

Как вы можете объяснить разницу между использованием предлога *с* в примерах 1–4 и отсутствием предлога *с* в примерах 5–7? Какой вывод о функции творительного падежа вы можете сделать?

_____

_____

Проанализируйте новые примеры творительного падежа в следующих предложениях. Обращайте особое внимание на глаголы.

1. Борис Пастернак в юности серьёзно занимался <u>музыкой</u>, но стал <u>поэтом</u> и <u>писателем</u>, получившим Нобелевскую премию по литературе.

2. Мой папа увлекается <u>литературой</u> и даже пытается писать стихи.

3. Не знаю, к чему приведёт твоё чрезмерное увлечение <u>этой девушкой</u>.

4. В нашей семье всегда интересовались <u>политикой</u>, читали газеты, слушали новости и часто спорили до хрипоты.

5. В детстве я хотела стать <u>космонавтом</u> и очень интересовалась <u>астрономией</u>, а стала <u>учителем</u> русского языка.

6. Мой брат абсолютно не интересуется <u>русским языком</u>, к большому сожалению бабушки и дедушки.

7. <u>Какими красками</u> ты предпочитаешь пользоваться: <u>акриловыми</u>, <u>масляными</u> или <u>акварелью</u>?

8. Мой дед не признаёт электронные словари, он пользуется только <u>бумажными словарями</u>.

Какую функцию творительный падеж выполняет тут? С какими глаголами используется

творительный падеж? _____

_____

Суммируем функции творительного падежа.

Творительный падеж отвечает на вопросы *кем? чем?* и используется:
- с предлогами РЯДОМ С, НАД, МЕЖДУ, ПОД и ЗА, которые обозначают местонахождение, и с предлогом *с* в значении «вместе» (together with/accompanied by);
- для обозначения **инструмента действия**: каким инструментом, при помощи чего производится действие → всегда без предлога С;
- с определёнными глаголами, например: *интересоваться*[1], *увлекаться, стать, заниматься, пользоваться.*

1. помните о суффиксе -ОВА- в глаголах *интересоваться* и *пользоваться.*

Рабочая тетрадь, упр. 4

2.3.

Раскройте скобки и закончите предложения. Используйте предлог С (в значении «вместе») только там, где он необходим.

1. Можно пользоваться (компьютер) _____ для написания эссе?
2. Виктор обожает суп (грибы) _____. Он может есть его (тарелки) _____.
3. Я люблю пиццу (помидоры и моцарелла) _____.
4. Вы любите чай (молоко) _____?
5. Как правильно есть бифштекс? (нож и вилка) _____.
6. Она предпочитает рисовать (акварель[1] или мелки[2]) _____.
7. Иван увидел Антона и издалека помахал ему (рука) _____.
8. Со злости Георгий пнул в стенку (нога) _____ так, что в стене образовалась вмятина[3].
9. Это бутерброд (сыр и ветчина) _____?
10. Интересно, что в разных культурах люди придумали разные способы, как есть пищу: (столовые приборы: вилки, ложки, ножи) _____, (палочки) _____ или просто (руки) _____.
11. Моя мама никогда не пользуется (дорогая косметика) _____, но всегда выглядит замечательно.

1. water-color (жен.род)   2. pastel (множ.ч.)   3. dent

Прилагательные и притяжательные местоимения в творительном падеже.

Обратите особое внимание на написание окончаний прилагательных и притяжательных местоимений.

Род и число	Окончание	Примеры
Мужской (ед.ч.)	-ЫМ -ИМ (после Г К Х Ж Ш Щ Ч или в мягких прилагательных)	с м**оим** нов**ым** хорош**им** другом
Средний (ед.ч.)	-ЫМ -ИМ (после Г К Х Ж Ш Щ Ч или в мягких прилагательных)	увлекаться подводн**ым** плаванием рядом с **этим** общежитием
Женский (ед.ч.)	-ОЙ -ЕЙ (без ударения после Ж Ш Щ Ч Ц или в мягких прилагательных)	с м**оей** нов**ой** хорош**ей** подругой рядом с Красн**ой** площадью
Множественное число	-ЫМИ -ИМИ (после Г К Х Ж Ш Щ Ч или в мягких прилагательных)	с м**оими** нов**ыми** хорош**ими** друзьями

Обратите внимание: Слово *весь* следует правилу и имеет следующие формы в творительном падеже: женский род — *всей*, мужской и средний род — *всем*, множественное число — *всеми*. Например: как ты можешь жить рядом со **всем** этим мусором?; они ко мне относились со **всей** **душой**; жить рядом со **всеми** родственниками и хорошо, и плохо.

 ### Рабочая тетрадь, упр. 5–6

 2.4.

Ответьте на вопросы. Допишите окончания в словах, следуя правилу творительного падежа.

1. **Чем** ты интересуешься?

    Я интересуюсь современн_____ музык_____, классическ_____ литератур_____, высш_____ математик_____, прикладн_____ физик_____, вычислительн_____ лингвистик_____.

2. **Чем** ты занимался (занималась) в детстве?

    Я занимался настольн_____ теннис_____, спорт_____[1], баскетбол_____, американск_____ футбол_____, классическ_____ балет_____, фигурн_____ катани_____.

3. **Чем** ты увлекаешься сейчас?

4. **Кем** ты хотел стать в детстве? **Кем** ты хочешь стать сейчас?

1. Обратите внимание, что слово «спорт» в русском языке используется только в единственном числе. Если вы хотите сказать sports, вам нужна фраза «виды спорта»: *я занимался разными видами спорта*.

 ### Рабочая тетрадь, упр. 7–8

Личные местоимения в творительном падеже.

Используя вашу интуицию, заполните таблицу формами личных местоимений. Затем проверьте формы по словарю. Запомните, как пишутся формы местоимений в творительном падеже!

Кто? (им.п.)	Рядом с кем? (тв.п.)
я	рядом со…
ты	рядом с…
он, оно	рядом с…
она	рядом с…
мы	рядом с…
вы	рядом с…
они	рядом с…

2.5.

Замените существительные в этих предложениях на местоимения в творительном падеже или используйте местоимения в скобках.

1. Мы с <u>папой</u> вместе занимаемся спортом. По утрам мы бегаем, а вечером ходим в спортзал.
2. Между <u>Аликом и Машей</u> как будто чёрная кошка пробежала, и они вообще перестали общаться друг с другом.
3. Я хочу пойти с <u>Эммой</u> в кино завтра.
4. Мы с <u>сестрой</u> никогда не ссоримся.
5. Ты не хочешь пойти в магазин с (я)?
6. У нас с (ты) очень похожие увлечения. Наверное, поэтому нам так легко дружить.
7. Мои родители часто встречаются со <u>своими друзьями</u> детства.
8. Артур планирует поехать на курорт в Мексику с <u>нашими многочисленными родственниками</u>.

Рабочая тетрадь

• Прочитайте информацию о verbs of using и сделайте упр. 9–10

Глаголы, требующие творительного падежа.

В конструкциях, которые в русском языке требуют творительного падежа, у русско-английских билингвов часто бывают ошибки, потому что они переносят эти конструкции с доминантного для них английского языка на русский.

Запомните, как правильно говорить по-русски эти конструкции.

По-английски	По-русски неправильно	По-русски правильно
I am **interested in** sports.	Я ~~интересуюсь в~~ спорте.	Я **интересуюсь спортом**, а он **интересуется шахматами**. интересоваться *чем?*
My dad **works as** a physician.	Мой папа ~~работает как~~ врач.	Мой папа **работает врачом**. Я хочу **работать программистом**. работать *кем?*
My friend and I like shopping.	~~Моя подруга и я~~ любим ходить по магазинам.	**Мы с подругой** любим ходить по магазинам. **Он с родителями** ездил отдыхать в Мексику. кто *с кем?*
People usually eat soup **with a spoon.**	Обычно супы ~~едят с ложкой~~.	Наши бабушки и дедушки учились **писать пером**[1] **и чернилами**[2]. Хлеб нужно **резать специальным хлебным ножом**. делать *чем?*

1. quill   2. ink (always pl.)

2.6.

Разница в конструкциях по-английски и по-русски. Переведите предложения на русский язык. Обращайте особое внимание на сложные для билингвов конструкции.

1. At 7 Vadim became interested in dinosaurs, but he did not grow up to be a paleontologist.

   _____

2. He became a pediatrician and now uses his collection of toy dinosaurs to distract children.

   _____

3. My parents and I try to travel every year. We have learned to travel with only one small suitcase per person.

   _____

4. My older brother graduated from the university last year and now works as a research assistant in a pharmaceutical lab. We now rarely see each other.

   _____

5. I love sushi, but I don't know how to eat with chopsticks, so I always ask for a fork.

   _____

Ещё по теме: Кроме глаголов *интересоваться* (чем), *увлекаться* (чем), *заниматься* (чем), *работать* (кем), творительный падеж используется с разными другими глаголами и краткими прилагательными. Многие из этих глаголов являются возвратными и предполагают существование партнёра, с которым это действие выполняется. Поэтому эти глаголы используются с предлогом С: *разговаривать* (с кем), *общаться* (с кем), *спорить* (с кем), *ссориться* (с кем), *дружить/ подружиться* (с кем), *знакомиться/познакомиться* (с кем), *встречаться/встретиться* (с кем), *путать* (что с чем, кого с кем) и т.д.

Творительный падеж также используется с глаголами, которые не предполагают существование партнёра. Обратите внимание, что в этих конструкциях по-русски нет предлогов, в отличие от английского. Запомните эти конструкции!

гордиться *кем/чем?*	to be proud of somebody or something	Я горжусь своим братом. Он гордится своими достижениями в спорте.
(не)доволен *чем? кем?*	to be upset/disappointed with somebody or something	Наш преподаватель не был доволен моей работой.
пользоваться *чем/кем?*	to use something/ somebody	Люди теперь могут пользоваться ай-фоном, чтобы платить за покупки.

2.7.

Составьте предложения из списка слов. Вы можете менять порядок слов и вставлять предлоги там, где они необходимы.

1. мой начальник, доволен, наш проект
2. Артур, пользоваться, только, натуральный, дезодорант
3. Ника, проводить время, пляж, друзья
4. брат, любить спорить, все
5. мы, сестра, никогда, ругаться
6. папа, серьёзно, заниматься, шахматы, раньше
7. даже, родители, путать, мы, брат-близнец
8. первый, день, я, подружиться, девочка, которая, стать, лучшая, подруга
9. друг, всегда, мечтать стать, онколог; сейчас, работать, педиатр, онкологическая клиника

Рабочая тетрадь

- Прочитайте информацию о предлоге С и сделайте упр. 11А,Б–14

Глагол 'to be' и творительный падеж.

Как вы знаете, глагол 'to be' не используется в настоящем времени в русском языке: *мой папа геолог; я актриса*; но он появляется в предложениях прошедшего и будущего времени и после других глаголов — *хотеть, планировать, собираться* и т.п.: *мой папа был геологом; я буду актрисой; я хочу быть инженером.* Обратите внимание на падеж существительных в этих предложениях.

> Мой папа был геолог**ом**. Мой папа геолог.
> Я буду актрис**ой**. Я актриса.
> Я хочу быть инженер**ом**.

После глагола *быть* в форме прошедшего времени, будущего времени или в форме инфинитива существительные используются в творительном падеже, но в настоящем времени творительный падеж не требуется.

Интересно, что в прошедшем (и только прошедшем!) времени иногда возможны два варианта:

> Мой папа был геолог**ом**.
> Мой папа был геолог.

Именно поэтому в предложениях типа 'when I was little, I was/did . . .' прилагательное используется в творительном падеже (*когда я был маленьк**им**; когда я была маленьк**ой**; когда мы были маленьк**ими***) или именительном падеже (*когда я был маленький; когда я была маленькая; когда мы были маленькие*).

2.8.

Работа в парах. Опишите себя в детстве. Внимание на окончание слов в творительном и других падежах!

1. Чем вы занимались, увлекались, когда вы были маленькими?
2. Кем вы хотели стать в детстве? А сейчас на кого вы учитесь?
3. Какими вы были по характеру? (капризный, послушный, внимательный, тихий, стеснительный, т.п.)
4. У вас был лучший друг (лучшая подруга) детства? Как вы с ним (с ней) познакомились? Что вы любили делать вместе?

2.9.

Работа в парах. Расскажите о своих родственниках.

1. Что вы знаете о бабушке и дедушке со стороны мамы? Со стороны отца?
2. Знаете ли вы что-нибудь о прабабушках и прадедушках?
3. Какими они были? Кем они работали? Кто они были по национальности?
4. Что вы знаете о жизни своих родителей до иммиграции? Какими они были? Кем они были по профессии? Кем они работали?
5. Что вы знаете о том, какими они были в детстве? В юности?

Рабочая тетрадь, упр. 15–18

РАЗДЕЛ 3. Подводим итоги

В этой главе вы...

- повторили или узнали, как использовать ключевые слова по теме «Профессиональные и любительские интересы»,
- научились говорить о своих профессиональных интересах, увлечениях и хобби,
- повторили или узнали функции творительного падежа,
- научились правильно писать окончания существительных и прилагательных в творительном падеже,
- узнали или повторили формы местоимений в творительном падеже,
- научились правильно использовать конструкции, требующие творительного падежа.

Проверьте себя.

1. Просмотрите список слов и выражений. Какие из этих слов вы знаете? Определите знание каждого слова по шкале от 1 до 5.

1 Не знаю, никогда не слышал/а это слово.

2 Мне встречалось это слово, но я не уверен/а, что оно значит.

3 Я могу легко догадаться о значении этого слова в контексте.

4 Знаю, использую это слово сам/а.

5 Знаю слово и его синонимы, могу объяснить, что это слово значит и в каком контексте и/или с какими другими словами его нужно использовать.

_____	профессиональная деятельность	_____	карьера
_____	карьерист	_____	специалист
_____	опыт работы	_____	жизненный опыт
_____	заниматься/заняться	_____	увлекаться/увлечься
_____	увлечение	_____	посвящать/посвятить время
_____	досуг	_____	на досуге
_____	страсть	_____	любимое дело
_____	любитель	_____	заниматься бизнесом
_____	кругозор		

Сравните сумму очков с результатами, которые вы получили в начале главы: _____

2. Повторите функции творительного падежа
- На какие вопросы отвечает творительный падеж?
- Какие предлоги используются в творительном падеже?
- Какие функции выполняет этот падеж?
- С какими глаголами используется этот падеж?
- На какие конструкции творительного падежа вы должны обращать особое внимание?

3. Проверьте, насколько хорошо вы знаете формы творительного падежа. Заполните таблицу окончаний существительных.

Род и число	Окончания для твёрдой основы	Окончания для мягкой основы
Женский и мужской род с окончанием на -А/-Я		
Женский род с окончанием на -СЬ	—	
Мужской род с окончанием на согласную и средний род		
Множественное число		

Вспомните, какие исключения из правила есть в творительном падеже:

_____

_____

Вспомните окончания прилагательных и притяжательных/указательных местоимений в творительном падеже:

мужской и средний род _____ или _____
женский род _____ или _____
множественное число _____ или _____

Вспомните, по какому принципу выбирают гласную в окончании прилагательных: должна это быть гласная твёрдого или мягкого ряда?

_____

_____

Применяем знания на практике.

3.1.
Прочитайте отрывок из статьи о профессиях и увлечениях. Найдите примеры конструкций с творительным падежом.

Увлечение может стать профессией. Равно как и профессия может быть увлекательной. Идеальный вариант для человека—ситуация, когда его профессия является одним из его увлечений. Хобби, приносящее помимо радости и удовлетворения ещё и деньги,—это то, о чём, пожалуй, в наше время мечтают практически все. Как правило, люди, у которых есть «работа-хобби», являются самыми счастливыми, получают от профессиональной деятельности максимум удовольствия и ходят на работу с желанием и энтузиазмом. Если это не так, то человек ищет возможности реализовать[1] свои интересы и склонности[2] где-то ещё, а к профессии относится как к вынужденной[3] деятельности, средству[4] удовлетворения других потребностей[5].

1. apply one's interests/build on one's interests   2. dispositions/inclinations   3. forced/of necessity   4. means/way to   5. needs

Рабочая тетрадь, упр. 19–20

3.2.
Перефразируйте подчёркнутые фразы, используя конструкции *заниматься чем* или *увлекаться чем*.

Образец: Миша с детства играл на скрипке. → Миша с детства **занимался скрипкой**.

1. Анна начала ходить на спортивную гимнастику в 5 лет.
2. Вика училась игре на гитаре в музыкальной школе.
3. Мои друзья танцуют бальные танцы всю свою жизнь. Они не пропускают ни одного вечера в клубе бальных танцев.
4. Ты играл в американский футбол в старших классах?
5. Я играю на виолончели с детства.

6. Моя сестра <u>участвует в университетской команде по гребле</u>.

7. Даня <u>серьёзно тренируется</u>: он плавает в бассейне по 4 часа в день.

8. Маша—<u>фанат зумбы</u>. Она рекомендует всем <u>ходить на зумбу</u>.

9. Он никогда <u>не учился музыке</u>, но очень хорошо играет на аккордеоне.

10. Мише было 5 лет, когда мама отвела его на шахматы. С тех пор он <u>играет в шахматы</u> каждый день и даже стал гроссмейстером!

3.2.

Ролевая игра. Вы директор (или менеджер) одного из этих учреждений: детский летний лагерь, штаб предвыборной кампании, больница, маленькая стартап-компания (выберите свою специализацию). Вы нанимаете на работу нового человека и хотите убедиться в том, что этот человек сможет сработаться с вами и другими членами команды. Это во многом зависит от сходства ваших профессиональных интересов и личных увлечений. Проведите интервью с партнёром, который хочет получить работу в вашей компании.

Рабочая тетрадь, упр. 21

ГЛАВА 11

ПОДВОДИМ ИТОГИ

Мы надеемся, что в течение работы с учебником вы узнали много нового о русском языке в частности, и о языке вообще. Одна из важнейших целей нашего учебника—показать, что язык—это сложная, интересная и постоянно развивающаяся (developing) система, заниматься которой и интересно, и полезно. В течение всего курса мы говорили о языке как о *системе* (а не просто о наборе случайностей [randomness]), в которой взаимодействуют (interact) смыслы и формы. Вы увидели, что в языке существуют и формальные правила грамматики, и исключения из правил, которые часто зависят от особенностей использования языка. В языке существуют паттерны, а также и своеобразные (unique), идиоматические использования структур или отдельных слов. Поэтому каждая глава учебника стремилась показать вам грамматику как систему, помочь вам вывести правила при помощи наблюдений за поведением этой системы, а также показать, как те или иные грамматические и лексические структуры используются говорящими на русском языке. Подводя итоги нашей работы, коротко повторим основные концепты русского языка, которые подробно разбирались в учебнике.

Категории рода и числа (См. Вводную главу).

Категория рода и числа—фундаментальная категория русского языка, на которой строятся многие формальные (formal in the sense of structural or grammatical) характеристики речи, например, принцип согласования (согласование существительных с прилагательными и с притяжательными местоимениями, согласование существительных с формами прошедшего времени глаголов). От категории рода и числа также зависят все падежные формы существительных, притяжательных местоимений и прилагательных.

Род одушевлённых существительных в русском языке базируется на объективных, физических параметрах: так род одушевлённых существительных обычно соответствует биологическому роду существительных. В то же время целый ряд очень частотных слов (папа, дедушка, Миша, Даня) нарушают эту логику, заставляя говорящих формально нарушать правило согласования (пап**а** добр**ый**, Дан**я** умн**ый**). Кроме того, мы наблюдаем навязывание (imposition) рода в случае с существительными общего рода (плакса, пьяница, счастливчик), а также с профессиями, которые традиционно используются в форме мужского рода (учитель, режиссёр, политик). Поэтому в русском языке мы встречаем предложения типа «Борис капризный мальчик и ужасный плакса», где биологический род совпадает с грамматическим родом в выражении *капризный мальчик*, но не со словом *плакса*; а выражение *ужасный плакса* не согласуется по роду. В случае со словами типа *учитель, режиссёр, политик* и другие, язык «разрешает» использовать разные формы — *Она хорош**ий** врач* и *Она хорош**ая** врач*.

Важно понимать, что главным образом категория рода существует как абстрактная, формальная категория, которая навязывает род на целый ряд существительных, не имеющих биологического рода (т.е. все неодушевлённые объекты и абстрактные слова). Несмотря на то, что в русском языке существуют устойчивые паттерны окончаний для каждого рода (мужской — на согласный, женский — на А/Я и т.д.), количество исключений достаточно велико, и поэтому род новых для нас слов часто приходится запоминать.

Проверьте себя: Какие окончания сигнализируют какой род в русском языке? (См. главу 0)

_____

_____

Несмотря на некоторую арбитрарность категории рода, эта система фундаментальна для русского языка и в формальном, и в мировоззренческом (worldview [adj.]) смыслах.

От рода зависит и формирование множественного числа.

Проверьте себя: Какие окончания множественного числа есть у существительных разного рода? (См. главу 0)

_____

Категория **числа** также берёт своё начало в объективной, физической реальности: так, например, исчисляемые существительные (человек, дерево, мысль) действительно можно посчитать, а неисчисляемые — невозможно (песок, снег, злость). По этой же причине физической реальности есть слова, которые используются только во множественном числе (ножницы, брюки).

Помнить о формальных признаках рода и числа необходимо, чтобы правильно использовать слова в предложении.

Категория падежа (См. главы 4, 5, 6, 8, 9, 10).

Категория падежа — важнейший концепт в системе русского языка. Как мы убедились, падежные окончания не просто декоративные элементы русской грамматики, они выполняют смыслообразующую (meaning-creating) функцию. Именно благодаря падежным окончаниям мы знаем, какую роль слова выполняют в предложении, а значит, какую роль они играют в передаче смысла (transmission of meaning). Ошибки в падежных формах могут привести к нарушению этого смысла и к непониманию со стороны слушателя: это подарок бабушк**е** (кому подарок?) — это подарок бабушк**и** (чей подарок? от кого?); рисовать карандаш (рисовать что?) — рисовать карандаш**ом** (рисовать чем?); изменять муж**а** (кого? to change one's husband) — изменять муж**у** (кому? to cheat on one's husband).

Категория падежа напрямую связана с выражением таких смыслов как субъект действия (т.е. агент действия, кто делает действие), объект действия (прямое дополнение), реципиент действия (непрямое дополнение), место действия, направление действия и так далее; другими словами, падеж помогает нам описать то, что происходит в нашем мире, который состоит из агентов, реципиентов действий, мест, времени и так далее.

Субъект и объект.

Субъект совершает действие и, как правило, обозначается формой именительного падежа, а то(т), на кого направлено действие, т.е. объект (или прямое дополнение), обозначается формой винительного падежа.

Придумайте предложения, в которых есть субъект и объект действия:

_____

В некоторых контекстах необходимо указывать также и реципиента действия (непрямое дополнение); этот элемент обозначается формой дательного падежа.

Приведите пример: _____

В русском языке также есть особый субъект, который не делает что-то, а испытывает что-то, например: в предложениях типа *Мне скучно, а Марине весело*, субъекты «я» и «Марина» что-то переживают, чувствуют. В этой роли субъект называется experiencer и выражается дательным падежом.

Приведите пример: _____

Ещё одна роль субъекта—притяжательный субъект (subject of possession or genitive subject): *У меня есть спортивная машина, у них есть маленький ребёнок*. Мы понимаем, что какой-то субъект является агентом действия иметь, но по-русски мы должны показать это при помощи родительного, а не именительного падежа: *у меня, у него, у наших родителей* и т.д.

Падежные окончания важны и для обозначения других дополнительных элементов предложения, таких как место, время, способ действия (manner of action) и т.д.

Дополнение места: место нахождения, место направления и место отправления.

Когда мы говорим по-русски, необходимо различать, происходит ли действие в каком-то месте (anchored in space), направлено ли оно куда-то (directed) или оно происходит откуда-то (originated). Эти различия отражаются в падежной форме:

> *Мы живём **в** квартир**е**.* (где? место нахождения)
> *Мы переезжаем **в** нов**ую** квартир**у**.* (куда? место направления)
> *Мы переехали **из** маленьк**ого** город**а**.* (откуда? место отправления)

В русском языке существуют важные различия между конкретным местом (здание, стадион, город, страна, остров) и идеей места (работа, лекция, родители, преподаватель). В зависимости от этого, мы используем разные падежи и разные предлоги!

в квартир**е** (где? enclosed space)   **в** квартир**у** (куда? enclosed space)

на стадион**е** (где? open space)   **на** стадион (куда? open space)

на работ**е** (где? idea of space, inanimate)   **на** работ**у** (куда? idea of space, inanimate)

у родител**ей** (где? idea of space, animate)   **к** родител**ям** (куда? idea of space, animate)

Место отправления в русском языке выражается родительным падежом, НО с разными предлогами.

из квартиры (откуда? enclosed space)

со стадиона (откуда? open space)

с работы (откуда? idea of space, inanimate)

от родителей (откуда? idea of space, animate)

Примеры, которые приведены выше, напоминают нам, что некоторые предлоги используются только с одним падежом («верные» предлоги), а некоторые могут использоваться в двух различных функциях («неверные» предлоги).

Проверьте себя: Какие предлоги верные, а какие неверные?

_____

_____

Напишите несколько предложений, в которых одни и те же предлоги имеют разные функции и, значит, используются с разными падежами.

_____

_____

Пространственные предлоги.

Для более точного описания людей и предметов в пространстве (их местонахождение, точка отправления и пункт назначения) в русском языке используется целый ряд различных предлогов: НАПРОТИВ, В, У, ПОД, ОКОЛО, НА, МЕЖДУ, ЗА, СЛЕВА/СПРАВА ОТ, НАД, РЯДОМ С, ВОЗЛЕ, ВОКРУГ, (НЕ)ДАЛЕКО/БЛИЗКО ОТ, ИЗ, С, ЧЕРЕЗ, ПЕРЕД.

Проверьте себя:

1. Разделите все пространственные предлоги по падежам, с которыми они используются.

> Родительный _____
>
> Винительный _____
>
> Дательный _____
>
> Предложный _____
>
> Творительный _____

2. Вспомните глаголы местоположения, позиционирования и самопозиционирования. Заполните таблицу «Где, куда, откуда?», используя различные предлоги и глаголы (См. Главу 7).

Где?	Куда?	Откуда?
Книга лежит **на столе.** [предл.п.]	Положи, пожалуйста, книгу **на стол.** [вин.п.]	Убери книгу **со стола.** [род.п.]

Итак, значения предлогов меняются в зависимости от того, в какой пространственной концепции они используются: в значении места нахождения или места направления.

Категория времени.

Различные выражения времени в русском языке требуют конструкций с разными падежами и предлогами. Концептуально время в русском мировоззрении делится на цикличное (cyclical) и нецикличное. Для выражения цикличного времени нужен творительный падеж:

Проверьте себя: продолжите список выражений цикличного времени.
    зим**ой**, весн_____, ранн_____ осень_____, поздн_____ лет_____
    ноч**ью**, дн_____, _____, _____

Нецикличное время делится на разные категории, и для разных категорий используются разные конструкции.

Систематизируем выражения времени: Добавьте по несколько дополнительных примеров в третий столбец.

отрезки времени меньше недели (время на часах, дни недели)	винительный	—**Во сколько** начинается урок? —**В** три часа, **в** двенадцать часов, в... —**В какой день** недели у вас курс по русскому? —В понедельник, во вторник, в среду, в...
отрезки времени больше недели (неделя, год, век, тысячелетие)	предложный	— Когда вы переезжаете? —**В** январе, **в** начале мая, **в самом** конце весны,... —Когда это случилось? —**В прошлом** тысячеле**тии**, **в** две тысячи пятнадцат**ом** год**у**, в...
продолжительность	винительный (родительный после цифр больше 1)	—Как долго вы собираетесь путешествовать? —Цел**ый** месяц, одн**у** недел**ю**, пять недель, семь дней,... —Как долго вы собираетесь учиться? —Один год, всю жизнь, четыре года, несколько месяцев,...
повторяемость действия	винительный или дательный	—Как долго они будут в Калифорнии? —**Весь** день, целый месяц, всю недел**ю**, три дня... —Когда ты ездишь к родителям? —Кажд**ую** суббот**у**, кажд**ый** месяц,... или —Когда ты ходишь в спортзал? —По понедельник**ам**, по вторник**ам**, по...
срок действия	винительный (с предлогом ЗА)	—Как быстро ты сможешь закончить проект? —За час, за недел**ю**,...
даты (только число и месяц или число, месяц и год)	родительный (без предлогов!)	—Какого числа произошло/произойдёт это событие? —Двадцать пят**ого** мая, шестнадцат**ого** июн**я** две тысячи пят**ого** год**а**... —Когда первый человек полетел в космос? —Двадцать второго апреля тысяча девятьсот шестьдесят первого года.

Временные предлоги.

Выражения времени могут использовать предлоги С, ДО, ВО ВРЕМЯ, ПОСЛЕ, ЧЕРЕЗ, В ТЕЧЕНИЕ. Эти предлоги требуют родительного падежа: *магазин работает с двух до пяти, я занят до понедельника* и т.д.

Мы также можем обозначать временные рамки очень условно: *после обеда, до ночи, во время лекции* и т.д.

> Проверьте себя: Добавьте по несколько дополнительных примеров для каждого предлога С, ДО, ВО ВРЕМЯ, ПОСЛЕ, ЧЕРЕЗ, В ТЕЧЕНИЕ.
>
> _____
>
> _____
>
> _____

Категория времени и вида глаголов (См. главы 2 и 3).

Две основные концепции, которые имеют отношение к глаголу — это концепции времени и вида. Как вы помните, у глагола в русском языке есть три времени: прошедшее, настоящее и будущее. Усложняется эта ситуация тем, что русские глаголы должны одновременно передавать информацию не только о времени действия, но и о завершённости или незавершённости действия:

— действие в процессе → несовершенный вид,
— повторяющееся действие → несовершенный вид
— однократное (one-time) действие, которое имеет результат → совершенный вид

Проверьте себя:

A. Заполните таблицу предложениями, используя разные формы глаголов. Вспомните типы формирования совершенного вида.

	Прошедшее время	Настоящее время	Будущее время
Несовершенный вид			
Совершенный вид		—	

Б.   Придумайте короткую историю, в которой органично используются разные глаголы в разном времени и виде.

Конкуренция вида.

Использование совершенного или несовершенного вида иногда зависит от того, как говорящий хочет представить действие. Есть также контексты, в которых можно использовать любой вид. Как правило, такие ситуации возникают в разговорной (диалогической) речи, а не в нарративах (пересказах, рассказах, сообщениях и т.п.), когда в контексте практически нет других деталей. Прочитайте следующие пары диалогов и сравните их по смыслу и по форме глаголов:

—Ты уже обедала?	—Ты уже пообедала?
—Да.	—Да.
—Кто это готовил?	—Кто это приготовил?
—Моя подруга.	—Моя подруга.

Ситуации, в которых возможно использование любого вида, называются *конкуренцией вида*. Такая вариативность возможна только в разговорной речи, когда нет дополнительных деталей, помогающих установить контекст.

Глагольное управление (См. главы 4, 5, 6, 7, 8, 9, 10).

Помните, что глаголы в значительной степени влияют на выбор падежа существительных и местоимений. В таких случаях мы говорим «глагол требует X-ого падежа». Глаголы также могут требовать использования определенного предлога, поэтому в учебнике мы всегда показывали глаголы в конструкции, т.е. «полюбить *кого? что?*», «интересоваться *кем? чем?*», «выходить замуж *за кого?*» и т.д. Знание глагола предполагает знание падежа существительного, с которым он используется, и знание предлога! Изучая язык, мы должны изучать не только слова, но и грамматическое поведение этих слов по отношению к другим словам. Мы называем этот феномен «сочетаемость».

Сочетаемость.

Сочетаемость в языке касается не только глаголов и существительных, но и существительных и прилагательных, и вообще, целых выражений. Очень часто людей, говорящих на иностранном языке, отличает не только акцент, но и то, как они строят фразы. Эту ситуацию можно проиллюстрировать с помощью известного советского анекдота, в котором два советских гражданина говорят «как бы» на английском языке:

—How much time?
—Three hours.
—Ah! You speak in English! MGU[1] finished?
—Ask!

1. **М**осковский государственный университет

Если перевести эти фразы на русский язык слово в слово, этот разговор по-русски будет звучать совершенно естественно (naturally). Такой дословный (word for word, literal) перевод слов и выражений с одного языка на другой называется «калька» (calque). В речи американских русских (а также немецких, французских, израильских, финских русских) много калек, и это естественно в ситуации билингвизма. Однако, кальки часто порождают непонимание, если вы говорите с русскими монолингвами. В учебнике мы регулярно обращали ваше внимание на то, какие конструкции (а не только слова) нужно использовать для выражения разных смыслов: например, *говорить по телефону* (а не #*на телефоне*), *регистрироваться на курс* (а не #*брать курс*), *интересоваться математикой* (а не #*интересоваться в математике*).

Примените свои знания на практике: Переведите предложения на русский язык.

1. I was working on an important project all day today. I am really tired.
2. My college-mate has a large apartment; he throws parties there almost every week.
3. I had a strange dream last night.
4. My step-brother was a gifted child, he started school when he was only 4.
5. My parents met when they were freshmen at the university.
6. I have a terrible headache. Do you have a pill for headaches?
7. You can take a bus; it will take you to the mall.
8. Yossi transferred to another job; he now works as a computational linguist.
9. Emigration out of the USSR resumed under Gorbachev.
10. Abel fell in love with his childhood friend Leila.
11. Last semester I took a class on Soviet history and did really well. I decided to take another history class next semester.
12. Are you mad at me?
13. Sasha is a young man of many talents. When he was a child, he studied piano; later he became interested in chemistry and biology; these days he is studying archeology. Sasha's brother, Misha, is quite different: he is only interested in chasing girls. Last night he brought home another new girlfriend.

Кальки представляют собой большую сложность для билингвов, хотя они также открывают большие возможности для языковой игры! В отличие от правил падежных окончаний или правил спряжения глаголов, мы не можем дать вам правила использования всех конструкций. Мы только можем дать вам несколько советов:

1. Поговорки (proverbs) (например, "every cloud has a silver lining"), идиомы ("lazybones"), фразеологические обороты и различные фразы ("gray hair," "on the other hand," "what's up?" etc.), которых в нашей речи очень много, почти никогда нельзя перевести дословно! Представьте себе дословный перевод таких английских выражений, как "What's up?," "to hang out," "couch potato," "in the middle of nowhere." «Диванная картошка», конечно, забавная фраза, но мало полезная в ситуации реального общения. Записывайте и запоминайте русские фразы и идиомы!
2. Помните о тенденции английского языка использовать «лёгкие» (light or semantically bleached verbs with a noun that completes their meaning) глаголы. В русском языке конструкций с такими глаголами очень мало; вам скорее всего понадобится смысловой глагол: take a swim—поплавать, make a request—попросить, do makeup—краситься/накраситься и т.д.
3. Помните о значении предлогов. Концепции пространства и времени в русском языке не похожа на английскую, в ней есть своя логика.

4. Помните о концепции местонахождения и направленности. Действие в русском языке всегда либо закреплено (anchored) в пространстве, либо направлено (directed) куда-либо/на что-либо. От этой разницы зависит выбор конкретной (specific) конструкции с глаголом, предлогом и падежом.

5. Когда мы говорим о чувствах и переживаниях, в русском языке доминируют глаголы, а в английском—прилагательные (я расстроился 'I was upset', она обрадовалась 'she was happy', мама устала 'mom is tired').

6. И главный совет—будьте любознательны!

На прощание.

Билингвизм, т.е. умение говорить на двух (или более) языках, считается в современном мире уже не роскошью (luxury), а необходимостью (necessity). В билингвизме есть много преимуществ (benefits/advantages), и когнитивных, и практических, и эмоциональных. С точки зрения когнитивного развития, билингвы в бо́льшей степени способны концентрироваться на какой-то задаче и не обращать внимание на отвлекающие (distracting) факторы во время выполнения задачи; у них лучше развита (developed) память. Одно из самых важных преимуществ билингвизма касается здоровья человека. У билингвов, которые *регулярно* используют оба языка *всю свою жизнь*, значительно снижаются шансы заболеть деменцией или болезнью Альцгеймера. Кроме того, билингвизм означает и бикультурность: двойная культурная идентификация позволяет билингвам лучше понимать представителей других стран, сообществ, классов. А это важный социальный навык (skill), который высоко ценится как в профессиональном мире, так и в личной жизни. Знание двух языков—это всегда преимущество в поиске работы в самых разных сферах, от бизнеса, экономики, службы компьютерной безопасности до банковского дела, здравоохранения, образования и т.д. И наконец, русский язык для вас—это самый близкий путь к пониманию ваших родных и близких, а, значит, к пониманию себя. Возможность говорить с бабушками и дедушками и другими близкими и дальними родственниками на «взрослые» темы, уметь понять историю их жизни во всех деталях, их ценности, их настроения—это, возможно, одно из самых больших преимуществ вашего билингвизма.

Так получилось, что вы выросли в двуязычной среде и без особых усилий (effort) получили в подарок дар билингвизма. Ваши родители, бабушки и дедушки дали вам всё, что могли, и именно благодаря им вы сегодня говорите на двух языках. Задачей этого учебника было помочь вам понять свой родной язык лучше, разобраться в его системе, научиться думать о языке как об интересном, занимательном и полезном предмете изучения. Теперь подарок билингвизма в ваших руках—читайте по-русски, смотрите фильмы на русском языке, слушайте русские радиопередачи и аудиокниги, разговаривайте на русском с друзьями и близкими, задавайте им вопросы, и наконец, творите (create), создавайте, придумывайте и ищите себя в языке! Только тогда ваш билингвизм будет жить.

Credits

Unless noted below, all illustrations are by Anna Florenskaya, © Georgetown University Press or used with permission.

Page 41, letters holding hands: Images by Natalia Dubinina, © Georgetown University Press.

Page 48, man with hat: Photograph by Irina Dubinina.

Page 48, couple: Photograph by Anna Florenskaya, used with permission.

Page 56, woman applying makeup: Image by Natalia Dubinina, © Georgetown University Press.

Page 99, goat: Image by Natalia Dubinina, © Georgetown University Press.

Page 103, twins: Image by Natalia Dubinina, © Georgetown University Press.

Page 145, exercise 3.2 text: Nikalai Zlobin, "Amerika: Zhivut zhe ljudi," © Eksmo, used with permission.

Page 176, a round trip: Image by Natalia Dubinina, © Georgetown University Press.

Page 178, man walking with child and car driving: Images by Natalia Dubinina, © Georgetown University Press.

Page 192, empty room: Image by Natalia Dubinina, © Georgetown University Press.

Page 208, faces: Images by Natalia Dubinina, © Georgetown University Press.

Page 222, exercise 3.1 text: Anton Chekhov, "Aptekarsha," public domain.

Page 244, calendar: Image by Natalia Dubinina, © Georgetown University Press.

Page 258, room: Image by Natalia Dubinina, © Georgetown University Press.